刑事裁判・少年審判における事実認定

―― 証拠評価をめぐる
コミュニケーションの適正化

中川孝博

現代人文社

はしがき

　現在、大規模な司法制度改革が進行している。この改革は、刑事裁判や少年審判における事実認定プロセスに否応なく影響を与えるだろう。しかし、その結果がどのようなものになるかという問いが投げかけられたならば、私はそれに対しポジティブな解答をすることをためらってしまう。事実認定の改革にあたりまずもって据えるべきだと考えている「証拠評価をめぐる訴訟関与者のコミュニケーションの適正化」という視点が、改革の中に含まれていない、あるいは十分でない、と感じているからである。
　現状に問題があり、それを解消しようとするのであれば、制度改革を急ぐ前に、問題の正体をまずつきとめる必要がある。刑事裁判や少年審判における事実認定は、訴訟・審判に関与する様々な人の相互作用の結果なのであるから、事実認定に関して改革をしようというのであれば、訴訟関与者の相互作用のありようそのものを実証的に明らかにする作業が先行しなければならないと私は考える。しかし、そのような作業が行われた形跡はない。

　前著『合理的疑いを超えた証明——刑事裁判における証明基準の機能』（2003年、現代人文社）は、上記のような思いを抱きながら、実証研究と理論研究の一体化を目指したものであった。本書はその続編となる。
　前著の「おわりに」で私は次のように書いた。「本書で注目したのは、上級審と下級審の関係、および合議体裁判所内部の関係だが、当事者間における、証拠評価をめぐるコミュニケーションや、当事者と裁判所の間におけるコミュニケーションも重要である。これらのコミュニケーションがどのようになされているのか、どのようにあるべきなのかを検討する必要がある。また、これらのコミュニケーションを豊かにするためのツールを整備する必要もあろう。例えば注意則は、これらのコミュニケーションを豊かなものにする重要なツールであるべきだが、果たしてそうなっているか、そうするためには今後注意則研究をどのように進めていくべきか検討しなければならない」。
　自ら設定したこの指針に沿って研究を進めているわけであるが、その途中経過報告が本書となる。2000年以降断続的に発表してきた論文のうち主要なものをピックアップした。

事実認定に関して実証研究を行おうという場合、そもそもどのような方法によるかということが問題となる。この分野では（イデオロギー分析以外の）実証研究がさほど行われてこなかったので、研究方法に関するノウハウが蓄積されていないからである。本書に収録した各論文で私が模索したのは、検証可能性・反証可能性を最大限確保できる方法であった。一方で、他の実証研究——裁判官による研究（第2章、第9章）、心理学者による研究（第3章、第7章）、社会学者による研究（第5章）——を批判的に検討しつつ、他方で、訴訟関与者のコミュニケーションの諸相につき試論的分析——刑事裁判における当事者の攻防と判決理由の相互作用（第5章）、当事者が証拠評価に関してベースとした証拠構造分析のありよう（第6章、第7章）、少年審判における裁判官のふるまい（第8章）、家庭裁判所と抗告審裁判所の決定理由によるコミュニケーション（第11章）——を積み重ねてきた。これらと併行して、コミュニケーション・ツールとなる注意則に関する研究のメタ分析（第1～4章）も進めてきた。

　各論文はそれぞれに関連しあっており、直線的に配列するのが難しいが、悩んだすえ以下のように構成してみた。
　第1編には、注意則研究のメタ分析をメインに行った論文を集中させた。裁判員裁判の施行を控え、注意則を用いた事実認定のあり方を批判する声が大きくなってきていることを踏まえ、事はそれほど単純ではないことをまず示す必要があると考えたからである。従来の注意則研究に様々な問題があったことは確かであるが、だからといってこれまでの研究成果を捨て去ってよいことにはならない。裁判員制度のもとでも注意則研究は必要であると考えている。そこで、これまでの注意則研究にどのような問題があったのか、そして、「裁判官の心構えとしての注意則」から「当事者の武器として使える注意則」に変容させるための条件とはどのようなものかについて論じてみた。
　第2編には、証拠評価をめぐる訴訟関与者のコミュニケーション分析をメインに据えた論文を集中させた。少年審判への検察官関与をテーマとした第8章は次編に入れてもよいものであるが、この論文の中で最もオリジナリティがある部分は第5節のプロトコル分析だと考え、本編に配置した。
　第3編には、これまでの実証研究により得た方法論と知見をもとに、近年の制度改革に関する問題（裁判員裁判のもとでの控訴審のあり方および抗告

受理申立）や、制度改革が叫ばれていながら現実の動きが鈍い問題（再審請求審の改革問題）について論じたものを配列し、最後尾に、これまでの実証研究を総括し、事実認定に関する理論の再構築を提唱した論文を置いた。

　本書で試みた分析は全て試論的なものにすぎないが、それでも一応の分析ツールや基本となる理論的視座を得ることができたように思う。読者の批判を仰ぎながら、実証と理論双方につき検討をさらに深めていきたい。本書のあちらこちらで提案しながらいまだ果たしていない大規模実証研究や、特定の事件に関する網羅的分析を果たしつつ、コミュニケーションの適正化理論をより精緻にしていく作業が次に待っている。

　2006年8月に体調を崩して以来、従前のように仕事をこなすことが困難になった。そのせいで、多くの方に多大なる迷惑をおかけした。私に愛想を尽かした人もいれば、辛抱強く励まし続けてくれた人もいた。前者の方々にはお詫び申し上げ、後者の方々には心から感謝申し上げる。とりわけ、学部時代からあたたかくも厳しい叱咤をいただき続けている村井敏邦先生には深くお礼申し上げる。
　このような事情のため、各章を澱みなくつなげる修正作業を十分に行うことができなかった。その結果、内容が重複する箇所も多いが、読者のご寛容を請う。また、各論文の初出以後の動向に関するフォローアップ作業も十分にできていないが、最低限、各論文に対して直接になされた批判についてはお答えしたつもりである。
　最後に、編集の労をとっていただいた現代人文社の北井大輔氏、そして前著に続き本書の刊行もまた快く引き受けてくださった成澤壽信社長に感謝申し上げる。

　　2008年10月15日　30代最後の1年を迎えて

　　　　　　　　　　　　　　　　　　　　　　　　中川　孝博

目次

はじめに　1

第1編
証拠評価に関する注意則の再生

第1章
情況証拠の評価に関する注意則

1　「情況証拠による事実認定の注意則」の特殊性……………………15
2　あとづけ可能性審査と情況証拠………………………………………20
3　あとづけ可能性審査適用の試み——飯塚事件を素材として………26
4　まとめ…………………………………………………………………32

第2章
犯人識別供述の信用性評価に関する注意則

1　はじめに………………………………………………………………35
2　主観的視認条件に関する注意則………………………………………37
3　検討の方法……………………………………………………………39
4　裁判例の検討…………………………………………………………41
5　まとめ…………………………………………………………………55

第3章
共犯者供述の信用性評価に関する注意則

1　はじめに………………………………………………………………58

2 事実認定の適正化と注意則……………………………………………… 59
3 注意則研究の現在………………………………………………………… 60
　(1) 注意則研究の限界　60
　(2) 共犯者供述の場合　61
4 大橋論文の検討…………………………………………………………… 63
　(1) 量的分析　63
　(2) 質的分析　63
　(3) 検討　64
5 まとめ……………………………………………………………………… 65

第4章
自白の信用性評価に関する注意則

1 はじめに…………………………………………………………………… 67
2 事実認定の適正化と注意則研究………………………………………… 68
3 注意則研究に対する訴訟関与者の不満………………………………… 69
4 従来の注意則研究に内在する3つの問題……………………………… 72
　(1) 検討対象に由来する問題　72
　(2) 検討方法に由来する問題　74
　(3) 検討アプローチに由来する問題　75
5 注意則研究の目指すべき方向…………………………………………… 76
　(1) 基本的視点　76
　(2) 新たな注意則研究の方法　77
6 自白の信用性に関する近年の無罪事例………………………………… 78
　(1) 無罪事例を検討する意義と方法　78
　(2) 叙述方法の一般的特徴　80
　(3) 登場する注意則の特徴　81
　(4) 特徴的なレトリックと注意則　84
　(5) 注意則研究で触れられていない事情　86
　(6) 自白の信用性に関する注意則研究の方向性　86
7 まとめ……………………………………………………………………… 87

目次　5

第2編
証拠評価に関するコミュニケーションの諸相

第5章
刑事裁判における弁論と判決理由のコミュニケーション

1 はじめに……………………………………………………………………129
2 証拠評価は裁判官独りで行うものか……………………………………130
3 証拠評価をめぐるコミュニケーションの諸相…………………………132
　(1) 検討対象と方法　132
　(2) 証拠　133
　(3) 論告および最終弁論　136
　(4) 一審判決　139
　(5) 控訴趣意書　140
　(6) 答弁書　143
　(7) 二審判決　144
4 証拠評価をめぐるコミュニケーション研究の方向……………………145

第6章
コミュニケーション・ベースとしての証拠構造分析

1 はじめに……………………………………………………………………148
2 誤判原因研究の目的・対象・方法………………………………………148
　(1) 目的　148
　(2) 研究対象と研究方法　150
3 予備的検討…………………………………………………………………152
　(1) 概観　152
　(2) 供述の変遷　155
　(3) 供述内容の不合理性　155
　(4) これらの検討からみえてくるもの　156
4 まとめ………………………………………………………………………157

第7章
再審請求審におけるコミュニケーション・ストラテジー

1 はじめに……………………………………………………………………159
2 再審請求審における明白性審査の現状……………………………………159
  (1) 再審請求審とは　159
  (2) 証拠構造分析と全面的再評価説　160
  (3) 名張第6次決定、尾田決定　161
  (4) 全面的再評価説 but not 証拠構造論　163
  (5) 下級審の傾向　164
3 富山事件再審請求棄却決定における明白性審査……………………………165
  (1) 仮説1：限定的再評価説 or 心証引継説の採用？　165
  (2) 仮説2：全面的再評価説の採用？　166
  (3) いずれの仮説を採用すべきか　166
4 争点に関する実務の現状……………………………………………………167
  (1) 目撃証言を証拠とする事件の困難性　167
  (2) 写真面割帳に関する判断等の現状　168
  (3) 浜田鑑定に対する判断の現状　169
  (4) フィールド実験に基づく鑑定に対して　170
5 どう戦うか……………………………………………………………………171
  (1) 方法　171
    (i) 外在的批判のみでは危険　171
    (ii) 証拠評価をめぐるコミュニケーションの分析　172
    (iii) 「つぼ」をおさえた新証拠の作成　172
  (2) O供述について　172
    (i) 確定判決が一審判決の疑問を排斥している箇所　172
    (ii) この「つぼ」を新証拠は押さえていたか　175
6 まとめ…………………………………………………………………………179

第8章
少年審判における少年と裁判官のコミュニケーション①

1 はじめに……………………………………………………………………181
2 立法趣旨……………………………………………………………………182

3 実務の現状 ……………………………………………………………… 183
 (1) 各種統計　183
 (2) 「改正」少年法検証研究会の調査　184
  (i) 検察官関与を認めるか否かに関する付添人の悩み　185
  (ii) 「必要性」をめぐる攻防　186
  (iii) 関与決定があった場合の、検察官の活動　186
  (iv) 評価　187

4 成長発達権保障のための「事実認定の適正化」 ………………… 188
 (1) 少年法の理念と「事実認定の適正化」　188
 (2) 手続参加権保障からみた「事実認定の適正化」論を具体化する必要性　190

5 草加事件における少年と裁判官のコミュニケーション …………… 191
 (1) 草加事件を検討する意義　191
 (2) 決定書とその特徴　192
 (3) Y裁判官と少年の対話　195
 (4) X裁判官と少年の対話　198
  (i) X裁判官のバイアス　198
  (ii) 少年とX裁判官の相互行為　204
 (5) 示唆されること　206

6 コミュニケーションの適正化と検察官関与システム ……………… 206
7 おわりに ……………………………………………………………… 208

第9章
少年審判における少年と裁判官のコミュニケーション②

1 はじめに ……………………………………………………………… 210
2 『改正少年法の運用に関する研究』第5章の概要 ………………… 211
 (1) 第1節　211
 (2) 第2節第1款　211
 (3) 第2節第2款　214
 (4) 第2節第3款　216
 (5) 第3節第1款　217
 (6) 第3節第2款　219
 (7) 第4節第1款　220
 (8) 第4節第2款　221

(9)　第5節　221
3　今後の運用および「5年後見直し」にあたり「本章」が示唆するもの……222
4　「本章」の評価……………………………………………………………224
　　(1)　分析結果と考察の未分離性　224
　　(2)　出典の不明示　224
　　(3)　選択的情報開示　225
　　(4)　データ解釈の強引さ・解釈者のバイアス・データ収集方法の誤り　226
　　(5)　データ解釈にみられる不整合性　226
　　(6)　視点のぶれ　228
　　(7)　まとめ　228

第3編
司法制度改革下のコミュニケーション理論

第10章
裁判員制度と控訴審

1　はじめに…………………………………………………………………233
2　控訴制度改革案で考慮された諸価値……………………………………234
　　(1)　民主的正統性の確保　234
　　(2)　一審中心主義の尊重　235
　　(3)　訴訟経済　236
3　これらの諸価値は今後の運用にどのような影響を与えるか……………236
　　(1)　検討の視点　236
　　(2)　控訴審における合理的疑いの運用状況と今後の運用の変化　237
4　解決の方法………………………………………………………………239
5　事後審化論における差戻し審のあり方…………………………………242

第11章
抗告受理申立制度

1　はじめに…………………………………………………………………243

目次　9

- **2 抗告受理申立制度に期待されている機能**……………………244
  - (1) 家裁裁判官への効果　244
  - (2) 萎縮効果発生の危険　246
- **3 量的分析**……………………247
- **4 質的分析**……………………248
  - (1) 分析の方法と対象　248
  - (2) 御殿場事件抗告審決定の分析　249
    - (i) 決定書のマトリックス化　249
    - (ii) 疑問に対する不正確な対応　249
    - (iii) 説明不十分　251
    - (iv) 水かけ論による一刀両断　251
    - (v) 論理則違反　252
    - (vi) 無意味な事実の取調べ結果の援用　253
    - (vii) 問題点のまとめ　254
- **5 手続参加権を侵害しない運用のあり方**……………………255
  - (1) 「重大な事実誤認」の意義　255
  - (2) 受理の要件　257
  - (3) 事実の取調べ　258
    - (i) 最高裁決定の意義　258
    - (ii) 手続参加権・意見表明権との関係　260

第12章
再審請求審における「明白性」の解釈

- **1 はじめに**……………………276
- **2 明白性をめぐる議論の特徴**……………………276
  - (1) 限定的再評価説対全面的再評価説　276
  - (2) 証拠構造論　277
  - (3) 問題　278
- **3 判例に対するアプローチ**……………………278
  - (1) 判例理論における白鳥・財田川決定　278
  - (2) 判例理論における総合評価のあり方　279
  - (3) 判例理論における証拠構造論　281
  - (4) 判例からの解放　283

4	再審理論の進むべき方向	284
	(1) 判例から解放された理論研究のメリット　284	
	(2) 全面的再評価説と証拠構造論の問題　284	
	(3) 試論　286	
5	まとめ	288

第13章
証拠評価をめぐるコミュニケーションの適正化

1	はじめに	289
	(1) 用語法　289	
	(2) 視点と検討の順序　290	
2	証拠評価をめぐるコミュニケーションの現状	291
	(1) コミュニケーション・フェイズ　291	
	(2) コミュニケーション・ツール　292	
	(3) 小括　293	
3	コミュニケーション適正化の法的指標	294
	(1) 当事者主義　294	
	(2) 当事者主義を発展させる最近の議論　295	
	(3) 証拠評価をめぐる適切なコミュニケーションを必要とする理由　296	
	(4) 適切なコミュニケーションが確保される利益の具体的権利化　298	
4	証拠評価をめぐる適正なコミュニケーションが確保される権利を保障する方策	298
	(1) コミュニケーションの充実化による権利保障　298	
	(2) コミュニケーションの軽減化・不要化による権利保障　301	
5	まとめ	302

◎収録論文初出一覧

第1編　証拠評価に関する注意則の再生

第1章　情況証拠の評価に関する注意則
　「情況証拠による事実認定試論」大阪経済法科大学法学研究所紀要31号（2000年）89頁

第2章　犯人識別供述の信用性評価に関する注意則
　「犯人識別供述の信用性評価に関する試論」大阪経済法科大学法学研究所紀要32号（2001）年39頁

第3章　共犯者供述の信用性評価に関する注意則
　「証人尋問におけるコミュニケーション研究の方法」法と心理2巻1号（2002年）24頁

第4章　自白の信用性評価に関する注意則
　「自白調書の信用性評価に関する試論」村井敏邦編『刑事司法と心理学——法と心理学の新たな地平線を求めて』（2005年、日本評論社）147頁

第2編　証拠評価に関するコミュニケーションの諸相

第5章　刑事裁判における弁論と判決理由のコミュニケーション
　「刑事裁判におけるコミュニケーション研究序説」『光藤景皎先生古稀祝賀論文集下巻』（2001年、成文堂）601頁

第6章　コミュニケーション・ベースとしての証拠構造分析
　「誤判原因の分析方法」季刊刑事弁護36号（2003年）33頁

第7章　再審請求審におけるコミュニケーション・ストラテジー
　「再審の現状と富山再審・異議審の課題」富山事件ニュース216～218号（2006年）

第8章　少年審判における少年と裁判官のコミュニケーション①
　「少年審判における『事実認定の適正化』」葛野尋之編『少年司法改革の検証と展望』（2006年、日本評論社）74頁

第9章　少年審判における少年と裁判官のコミュニケーション②
　「『司法研修所編・改正少年法の運用に関する研究』の批判的検討」立命館法学307号（2006年）327、404頁

第3編　司法制度改革下のコミュニケーション理論

第10章　裁判員制度と控訴審
　「裁判員制度のもとにおける控訴審のあり方」季刊刑事弁護43号（2005年）60頁

第11章　抗告受理申立制度
　「抗告審における『事実認定の適正化』」葛野尋之編『少年司法改革の検証と展望』（2006年、日本評論社）256頁

第12章　再審請求審における「明白性」の解釈
　「再審理論の再検討」法律時報75巻11号（2003年）22頁

第13章　証拠評価をめぐるコミュニケーションの適正化
　「証拠評価をめぐる訴訟関与者のコミュニケーション」刑法雑誌46巻3号（2007年）1頁

第1編

証拠評価に関する注意則の再生

第1章
情況証拠の評価に関する注意則

1 「情況証拠による事実認定の注意則」の特殊性

(1) 近年、「事実認定の適正化」に対する関心が高まっている。このキーワードが含意するものは、大雑把にいって次の2点である。第1に、直感的・印象的判断手法による事実認定を否定し、論理則・経験則・注意則に従った分析的・客観的手法による事実認定を要請することである。第2に、裁判官の事実認定を可視化し、第三者による検証が可能なシステムを構築することである。前者は「実体的適正化」、後者は「手続的適正化」と称しえよう。「実体的適正化」につき、従来積極的に進められてきた作業は、「注意則」の抽出である。自白、いわゆる共犯者の自白、犯人識別供述、情況証拠といった形で大まかに区分され、過去の裁判例を分析することにより、事実認定者が当該証拠を検討する際に留意しなければならないポイントが抽出されてきた[1]。「手続的適正化」については、証拠説明を義務づけるための理論[2]がもっぱら検討されてきた[3]。

---

[1] 渡部保夫『無罪の発見』(1992年、勁草書房)、守屋克彦『自白の分析と評価——自白調書の信用性の研究』(1988年、勁草書房)、木谷明「犯人の特定」(同『刑事裁判の心——事実認定適正化の方策〔新版〕』〔2004年、法律文化社〕157頁)、下村幸雄『共犯者の自白』(1996年、日本評論社)、石塚章夫「情況事実による主要事実の認定——放火事件を素材として」(小野慶二判事退官記念論文集『刑事裁判の現代的展開』〔1988年、勁草書房〕111頁)、川崎英明「情況証拠による事実認定」(光藤景皎編『事実誤認と救済』〔1997年、成文堂〕53頁)、司法研修所編『自白の信用性』(1991年、法曹会)、同『情況証拠の観点からみた事実認定』(1994年、法曹会)、同『共犯者の供述の信用性』(1996年、法曹会)、同『犯人識別供述の信用性』(1999年、法曹会) 等。

[2] 富田真「刑事訴訟における事実認定理由の説示——ドイツにおける自由心証、事実認定の審査可能性と判決理由」法学62巻6号(1998年)174頁等。

[3] さらに、当事者主義との関連で、証拠構造論の導入が提唱されている(川崎・前掲注1論文61頁以下、同『刑事再審と証拠構造論の展開』〔2003年、日本評論社〕215頁以下、水谷規男「適正な事実認定と証拠構造論」刑法雑誌39巻2号〔1999年〕312頁、豊崎七絵『刑事訴訟における事実観』〔2006年、日本評論社〕358頁以下参照)。検察官に証拠評価に関する主張をさせ、それに一種の拘束力を持たせ、当該主張が認められるか否かのみを裁判所が判断するというものである。この点、さらには広く事実認定と当事者(主義)との関係については本書第13章参照。

これら2つの「適正」は、有機的に結びつかねばならない。すなわち、一方で、分析的・客観的手法は、当該事実認定者がそれに従っている旨第三者に示すことができるものでなければならず、他方で、第三者の検証システムは、当該事実認定が分析的・客観的手法によっているか否かを明確に指摘することが可能なものでなければならない。当然のようにも思えるこの関係は、現段階において適切に構築されているだろうか。情況証拠による事実認定につき概観してみよう。

(2)　情況証拠による事実認定に関し、これまで抽出されてきた注意則を若干挙げてみる。次のものは、主として総合評価に関わる一般的注意則である。

①　独立・多数の間接事実の総合によるべきである[4]。
②　必要条件として、間接事実が相互に矛盾することなく要証事実に収斂しなければならない。
③　十分条件として、総合の結果としての結論は、合理的な判断によると、唯一の結論でなければならない[5]。
④　間接事実の評価は同時に、かつ平等に行わねばならない[6]。

　一般的には、これら注意則は正当であると評価できよう。しかし、具体的事件につきいかに適用すべきなのか、裁判官にとっても第三者にとっても判断が困難なものであることが窺われる。①をみてみよう。「独立・多数の間接事実」が存在するとはどのような場合か一義的には明らかでないし、「独立・多数の間接事実」が存在しないかぎり「合理的な疑いを超えた証明」があったとはおよそ言い得ないのか、という点も明らかでない。したがって、裁判官であれ第三者であれ、この注意則に依拠して一定の判断を出すこと、そしてその判断の妥当性を論証することは難しい。④をみてみよう。裁判官がこの注意則に依拠して判断することは——しようと思えば——容易と思われる。しかし、この注意則に裁判官が従ったか否かにつき、判決理由から第三者が指摘・論証することは著しく困難である（誤判であることが確定した際

---

[4] 斎藤朔郎『刑事訴訟論集』(1965年、有斐閣) 237頁、森岡茂「情況証拠による認定」(熊谷弘他編『証拠法体系I』〔1970年、日本評論社〕249頁) 255頁、渡部・前掲注1書208頁等。
[5] 斎藤・前掲注4書239頁、高田昭正「情況証拠と合理的疑いを超える証明」法学雑誌40巻4号(1994年) 670、700頁、増田豊『刑事手続における事実認定の推論構造と真実発見』(2004年、勁草書房) 48頁、川崎・前掲注1論文68頁等。
[6] 石塚・前掲注1論文128頁、川崎・前掲注1論文70頁等。

に、当該誤判原因は裁判官が一定の証拠にとらわれたことにあるかもしれないと憶測する程度であろう）。さらに、②や③の、「間接事実が相互に矛盾することなく要証事実に収斂しており、かつ、合理的な反対仮説が成立しないか」との問いは、当該間接事実が有する推認力の評価に関わるから、この点につき判決理由等を通して行われる裁判官と第三者の対話は、水かけ論に終始することが多いと思われる。

　情況証拠に関する事実認定につき引用されることの多い最高裁第1小法廷昭和48年12月13日判決[7]がその例証となろう。最高裁は、各間接事実それぞれに反対仮説を提示している。これらはすべて推認力評価に関わるものである。反対仮説が成立する蓋然性の程度は「合理的な疑い」に達している、と最高裁が判断したことは判決理由からよく読みとれる。しかし、その判断が正当であるか否かは、最終的には我々の必ずしも「分析的・客観的」とはいえない感覚によって判断せざるを得ない場合が多いのではないか[8]。つまり、裁判官にとって、自身がこれらの注意則に従った旨第三者に論証することは困難であり、かつ、第三者は、裁判官がこれらの注意則に従ったか否かにつき、可視化要請の帰結である「証拠説明」により判断・論証することが困難なのである。

(3)　この「推認力評価に直接関わる」点等、論証の困難な事象を問題とするところに、情況証拠による事実認定に関する注意則の特殊性が存する。他の領域における注意則はどうか。例えば自白の信用性に関し「秘密の暴露があるか検討せよ」という注意則がある。もちろん秘密の暴露があるか否かの判断そのものは、等しく推認力等の蓋然性評価に関わることである。しかし、「秘密の暴露があるか否かを検討したか」という点自体については、判決理由に書いてなければ検討していないとみなされることになるので、これは裁判官にとっても、第三者にとっても、解答を明確に出しやすい。ところが、情況証拠による事実認定の注意則の場合は、それに従ったことを直接叙述すること自体に意味はさほどなく、実質が問題になる。そして実質の評価は、水かけ論になってしまう可能性が高いものが多いのである。

(4)　この問題に対処するにはどうすればよいか。最近、より厳格なルールを

---

[7] 判時725号104頁。
[8] 当該判決が411条3号でのみ破棄し、事実認定に関する最高裁判決において付されることの多い同条1号（すなわち審理不尽）を挙げていないのは示唆的である。

提示しようとする試みがなされている。例えば平田元は、第1次間接事実自体の証明につき、「疑わしきは被告人の利益に」原則が適用されねばならないとする[9]。これも蓋然性評価に関わるものではあるが、第1次間接事実を確証されたものと結論したか否かについては直接的な叙述が可能かつ有意義である。その意味で、このルールは、従来の注意則よりも実践的といえる。しかし、このルールをそもそも定立できるか否かが問題である。平田の挙げる論拠は、不確実な事実から確定的な命題を導くことはできない、というものである。しかし、不確実なA事実（例えば、「被告人は被害者を恨んでいた可能性が高い」）から確定的なA命題（「被告人は被害者を恨んでいた」）を導くのはおかしいが、今問題にしている命題は別の命題（「被告人は犯人を殺害した」）である。この命題を導く力を不確実なA事実はおよそ有していない、ということはできない。

　光藤景皎は、この厳格なルールに修正を加え、次のように述べる。すなわち、罪責認定方向の間接事実は、それから主要事実の推認が許されるためには、それ自体が証明されていなければならない。他の間接事実との総合評価の中でこの確証が得られてもよい。主要事実をそれぞれ独立してとり囲む間接事実は、それぞれ確証されていることを要する。もっとも、それが第3、第2順位の間接事実から順次推認されている場合、その証明度は「確証」の程度には達しないことは当然予想される。したがって、主要事実が推認される間接事実は、「原則として」確証ありといえることが必要、と言い換える必要がある、と[10]。

　しかし、例外を広く許容するこの命題は、漠然としすぎ、「それに正当に依拠した旨具体的に論証することが裁判官にとっても第三者にとっても困難な」従来の注意則と性質が異ならないと評さざるをえない。

　主要事実に対する第1次間接事実の推認力に関するルールについても同様のことがいえる。川崎英明は、主要事実に対し一義性を持つ間接事実が存在しなければならないと主張する[11]。すなわち、「間接事実の推認力が弱いということは反対事実の存在の余地が大きいということであり、そのような間接事実が多数積み重なったとしても、依然、反対事実の存在の可能性は排斥で

---

[9] 平田元「救済の観点からみた証明論」刑法雑誌39巻2号（1999年）329、331頁。
[10] 光藤景皎『刑事証拠法の新展開』（2001年、成文堂）48頁参照。
[11] 川崎・前掲注1論文68頁。

きないはずである」から、「多数の間接事実の積み重ねによる量的な推認力を質的推認力へと飛躍・転化させる、支柱たる間接事実の存在が不可欠」とするのである。しかし問題とされるべきは「合理的な疑いと評しえる反対事実の存在の可能性が排斥できないか」であり、「反対事実の存在の可能性がすべからく排斥できないか」ではない。推認力の弱い間接事実が多数積み重なった場合に合理的疑いが必ず残ることにつき、論証はなされていない。

(5) 情況証拠による事実認定の場合によく用いられる手法として、いわゆる「消去法的認定」[12]がある。これについても、同様の流れが看取される。消去法的手法を有罪方向に用いることの危険はかねてから指摘されているが、その指摘自体は抽象的である。そこで、個別具体的事実に照らしたルール作りが試みられる。

　放火事件の場合によく問題となる「消去法的認定」の一条件は、「密室性」である。石塚章夫は、「もし、出火した建物が完全に施錠されていて外部の者が侵入することが不可能であり、かつ内部にいた者の中に放火の動機があるのは被告人以外になかったとか、内部には誰もおらず錠を開けて出火場所たる内部に入ることができたのは被告人以外にいなかったとかいうことが、合理的疑いを容れない程度に立証されれば、その事実は主要事実に対し強力な推定力を持つ。しかし、もともと、『被告人以外にいなかった』との立証はそれ自体かなり難しいものである」から慎重に吟味しなければならないと述べ[13]、「『密室性』を決定的な第一次的情況事実として使用するためには、その『密室性』がほぼ完璧に立証されていなければならない」[14]と主張する。

　この主張は確かに正当である。しかし、「決定的な」間接事実として「密室性」を用いねばならない場合というのは、他に有罪認定を支えるに足る証拠が無いという状態なのであろうから、「密室性」がほぼ完璧に立証されねばならないのは当然のように思える。つまり、「密室性」に対する注意則として独自の意義がそれほどあるとは思えない。

　そこで川崎英明は、(密室性等の)間接事実は強力な推認力を持つから、それだけにこれら間接事実の存在は合理的疑いの余地なく立証されなければならない、とのルールを提唱する[15]。決定的な事実として用いるか否かを問題

---

[12] 「消去法的認定」の意義については、渡部・前掲注1書221頁参照。
[13] 石塚・前掲注1論文121頁。
[14] 石塚・前掲注1論文122頁。

にしない点で、厳格なものになっている。

　しかし、ある種の間接事実が「強力な推認力を持つ」のは、これら間接事実が強力に証明された場合のみのはずである。すなわち、間接事実が強力に証明された場合のみ、当該間接事実は主要事実に対し「強力な推認力」を有する。したがって、川崎の命題は、結論部分が真なることを論拠部分が前提にしているものであるから、これは循環論法である。「密室性を有する」とまでの証明はできなくとも、「密室性を有する可能性が高い」との証明はできる場合はありうる。これは、「決定的な第1次的間接事実」にはならないかもしれない。しかし、総合評価に参画させることはおよそ許されないと論証することは困難といわざるをえない。

(6)　以上のように、情況証拠による事実認定に関する注意則は、現在のところ、「裁判官の心構え」としての意義しか有していない場合が多い。そして、厳格なルールを構成しようとする論者達の試みは、そのルールを定立すべき論拠が論理的に明瞭でないので、必ずしも成功しているとはいえない[16]。それではどうしたらよいか。

2　あとづけ可能性審査と情況証拠

(1)　「実体的適正化」と「手続的適正化」は有機的に結合されねばならない、と前述した。しかし、1で概観した結果、この結合は必ずしも十分ではないことが明らかとなった。この原因は何か。おそらく、「実体的適正化」の観点からの検討が先行しているためだと思われる。誤判を防ぐために裁判官に注意を促すべき事項は多数ある。その中には、適切に従っているか否かを外部から十分に検証できないけれども、それでも要請しなければならないものも当然含まれるだろう。その結果、情況証拠に関する注意則は、外部から検証する手段の乏しいものが多く抽出されてきた、ということではないか。一

---

[15] 川崎・前掲注1論文69頁。
[16] 「より厳格なルールを提示しようとする試み」については、現在もなお盛んに議論されている。特に光藤景皎と豊崎七絵の論争（光藤景皎『刑事証拠法の新展開』〔2001年、成文堂〕59頁以下、同「間接証拠論――その三」能勢弘之先生追悼論集〔2003年、信山社〕185頁、豊崎七絵「書評・光藤景皎著『刑事証拠法の新展開』」法の科学32号〔2002年〕190頁、同・前掲注3書337頁以下）参照。本章の関心からこの論争を見ると、注意則定立のレベルで論じる（光藤）のか、自白の補強法則のような証明力制限規範を定立しようとする（豊崎）のかという点を、つまり両者の出発点を、まず確認することが必要と思われる。

方、「手続的適正化」の観点による検討の進化は必ずしも同じ速度でなされてきたとはいえない。証拠説明をせよ、という主張はなされてきたが、どのような説明をすべきなのか、そしていかなる基準で第三者はそれを検証するのか、につき、検討は十分になされていないのである。

両者を有機的に結合させるためのアプローチを提示することは、現時点では難しい。しかし、「手続的適正化」の観点を優先した検討は可能かもしれない。両者をいかに止揚させるかは今後の課題として残しつつ、さしあたり「手続的適正化」アプローチによる試論を提示してみたい。

(2) 筆者は別稿において、「あとづけ可能性審査」というドイツの審査制度を紹介し、──ドイツにおいても問題はあるし、日本とは上訴の構造が異なるという問題もあるが、彫塑したうえで──これを日本に導入する必要性を論じた[17]。あとづけ可能性審査とは、記録の検討や証拠調べをすることなく、判決理由のみを読んで、原審の事実認定があとづけられるか検証するシステムである。自ら心証を形成して原審のそれと比較するという日本の「事実誤認」審査に比較し、「適正な事実認定」という考え方に、より親しみやすい審査システムといえる。

ところで、ドイツの実務では、情況証拠による事実認定の事例審査につき、反対仮説が成立する蓋然性を具体的に示すという方法がもっぱらとられてきた（したがって、合理的反対仮説が成立する旨具体的に論証するのが困難な限界事例については判断しないという傾向があった）。この点、あとづけ可能性審査としてはまだ洗練されていないと筆者は評価していた。ところが最近、「ピスタチオ・アイス事件」と呼ばれる事件の第2次上告審判決（1999年1月19日連邦通常裁判所第1刑事部判決）[18]においてドイツ連邦通常裁判所は、これまでの傾向とは異なる判断手法を示したように思われる。そこで、まずこの判決を紹介したい。

(3) 事件の経過は大要次頁の**表**のとおりである。

判決によると、被告人を有罪と認定した理由を原判決は次のように述べている。すなわち、犯行動機はまったくわからないが、①毒摂取の媒介物はア

---

[17] 中川孝博「合理的疑いと上訴審」一橋論叢123巻1号（2000年）208頁、同「刑事裁判における証拠説明の意義」法律時報72巻4号（2000年）58頁、同『合理的疑いを超えた証明──刑事裁判における証明基準の機能』（2003年、現代人文社）109〜191、294〜315頁参照。
[18] BGH NJW 1999, 1562.

表●事件の経過

20日	16:20	被告人、姪と約束していたピスタチオ・アイスを持って兄宅を訪問。
	19:45～22:00	被告人と姪2人きりの状態。アイスを姪に食べさせ21時に寝かせている。
	22:00	姪、第1回嘔吐。
	22:15	両親帰宅。姪、父親に、アイスを食べ過ぎたのでもどしたと報告。23時15分まで大人たちと一緒にいて、紅茶を飲み、再び就寝。
21日	00:00過ぎ	15分ごとに激しい嘔吐と下痢。父親、薬を与える。
	06:00	再び嘔吐。父親、母親及び被告人とともに病院へ。姪、集中治療を受ける。
	11:23	姪死亡。死因は亜砒酸中毒。

イスのみと認定できる、②1月21日及び被害者の葬儀において被告人は「異様な振舞い」[19]をしているが、これは、被告人が姪を愛していなかったことを窺わせる、③被害者の両親と捜査官に対し「攻撃による防御」[20]を行った、④被害者の死後、アイス製造業者や販売業者のもとに脅迫状が届いているが、本件とは関係ないと認定できるので企業恐喝の可能性も考えられない、といった事実を総合すれば、被告人を犯人と認定できる、と。以下、第2次上告審判決を要約したものを挙げる。

　　一　第1次上告審判決[21]で述べたように、家族の者いずれにも確かな動機はないのであるから、すべての者を同等に検討しなければならない。ところが原審は、被害者の両親と被告人とで異なる基準を用いている。被告人に対しては、当該犯行と直接結びつかないさまざまな振舞いを、被告人の不利益に評価している。一方両親については、同種の振舞いにつき、理解できると評価している。憶測や推測ばかりであり、これらを支えているのは、原審の「確信」のみなのである。以下、その例を挙げる。
　　ア　集中治療を行わねばならないと医者が告げ、被告人は被害者の危険な状態を認識したはずだが、すぐに病院を出て予約していた動物病院に行き、そこでは平静に振る舞い、被害者のことについて医者に話すこ

---

[19] 後掲判決要旨一ア及びイ参照。
[20] 後掲判決要旨一ウ参照。
[21] BGH StV 1997, 62.

ともなかった。これは「異様である」。一方、集中治療を行わねばならないと医者が告げたのに対し、両親も特に動揺した呈を示していないが、これは、良い兆候と思い込もうとしたせいである。

　イ　葬儀において被告人は場にふさわしくなく大声でしゃべり、被害者の生前のエピソードにつき、「そそくさと」語った。これに対し父親の平静さについては、悲しみを表に出すまいとする深い宗教的振舞いと評価できる。

　ウ　母親は、被害者が食べていたものを進んで報告し、捜査官に「協力的」であった。被告人も、進んでハンドバッグの中を調べさせているが、これは「攻撃による防御」である。

　以上のような評価は、被告人が犯人であると原審が予断を抱いており、その他の者が犯人である可能性を初めから考慮の外に置いていたためなされたとしか考えられない。

　二　被告人が被害者殺害をあらかじめ意図していたとの認定についても同様のことがいえる。被告人は犯行当時被害者を愛していなかった。相続人に指定していたことや、両親を含めたすべての証人が言っているような彼女の愛情は、すべてみせかけのものである、と原審は判断している。これに対し、母親の愛情は疑いないと判断している。被害者に対する躾が大変厳しかったこと、多発性硬化症のせいで「やかまし屋」であったことにもかかわらず。子どもを愛していなかったことが犯行動機となるわけでもなく、犯行を説明できるものでもない、という点ですでに問題なのだが、さらに、母親と被告人とで異なる基準を用い、母親が犯人であるとは「まったくもってばかげている」としながら、被告人については、犯行動機が「まったくわからない」としていたことを忘れていることも問題である。

　三　両親が犯人であるという仮説を排除していること——被告人が犯人であることの間接事実とされている——にも問題がある。

　ア　原審は、最初の嘔吐を、毒によるものと判断し、毒の媒介物はピスタチオ・アイスしかないと認定しているが、これは鑑定結果と矛盾する。鑑定人は、毒が22時以降に盛られた可能性は十分にあるとしている。しかし原審は、両親が犯人であるとの考えは「ばかげている」として、そのような可能性を考慮しなかった。

イ　被害者だけが毒を摂取するような形でアイスを準備することは両親にはできない、と原審は判断した。他の人も毒を摂取するという危険を顧みないことは両親にはできないという。これもおかしい。そもそも、家族外の誰かが犯行動機を有していたかは明らかでない。したがって、子どもだけを殺害しようと犯人が考えていたと絞り込むのは誤っている。

　ウ　最初の嘔吐後に被害者は紅茶を飲んでいる。これが毒の媒介となった可能性を原審は検討していない。誰がいつ紅茶を用意したか、誰が他に飲んだかなどは原判決からはわからない。

　四　被告人の病院での振舞い等を不利に解するにあたり、原審は、以前被害者が被告人同席時に紅茶を飲んで嘔吐したことがある——このときは、大事には至らなかった——という事実を適正に考慮していない。被告人は公判で、(以前の経験に照らし)治療は成功するだろうと判断したので病院を出たと供述している。原審は、医者が緊急事態だと言っているのに病院を出たのは被告人が犯人であることを示していると解した。原審の確信は、被告人の振舞いに特異な点はないとする心理学鑑定結果に反しており、事象に対するうわべだけの印象にのみ基づいているという点で、証拠評価に欠陥がある。

　五　両親は、家族内の関係等につき証言拒絶した。その他の証拠方法はないため、家族内の他の者に犯行動機があったと考えられるかわからない。原審は、母親の精神病につき、母親が証言拒絶したために関連点が見出せないとしている。この証言拒絶を原審は、他の者を庇っているためと捉えているが、これはidpr原則からいって問題である。

　六　被害者が食べたアイスを盛っていた皿を食器洗浄器に入れたのを、被告人は故意に唯一の客観的証拠を破壊した、と原審は評価しているが、これは循環論法である。なぜなら、その皿以外からは毒が検出されなかった旨明らかなことが前提となるからである。アイスが入っていた箱は被害者の母親が捨ててしまったので、その前提は明らかでない。

　七　企業恐喝の可能性を排除したことにも問題がある。理論的可能性にすぎないと原審は判断し、企業恐喝の場合、現実に人を殺害することはないとする。これは犯罪学の知見に一般的拘束力を与えるものであり、問題である。

八　以上の理由から、有罪判決は維持できない。事件を差し戻す必要はない。本裁判所は、自ら実体問題につき無罪判決を出すことができる。差戻しにして、第3回目の審理を行わせても、被告人を有罪とするに足る事実が認定されるとは考えられない。第2回目の審理においても、被告人の動機を認定することはできず、被告人に不利な直接的間接事実も出てこなかったのである。被告人による犯行は今なお「まったく理解できない」のであり、他の可能性を排除することはできない。このような状態においては、被告人が犯人であることにつき客観的に高度の蓋然性が決定的に欠けているといえる。「高度の蓋然性」は、連邦通常裁判所が有罪判決の前提条件としてきたところである。有罪判決に主観的確信が必要なことはもちろんであるが、それによって高度の蓋然性の欠如を補うことはできない。したがって、本件において、被告人が犯人であるとの確信は、法的には得ることができないのである。

(4)　「原判決に対する批判の方法」につき、順に検討していこう。一と二では、被告人の振舞いに関する評価と被害者の両親の振舞いに関する評価の仕方が異なることをもっぱら指摘している。

　三アは、「両親が犯人であるとは考えられない」との評価を、毒摂取時刻に関する被告人に有利な鑑定結果を排除するために使用したことを批判している。イとウは、「両親が犯人であるとは考えられない」との評価を導き出した過程の一こまに対する批判であり、消去法的認定における具体的条件設定への批判となっている。

　四は、鑑定等の証拠を無視したことを指摘するものである。五は、両親の証言拒絶を被告人に不利に解した点につき、idpr原則違反を指摘している。六では、被告人が犯人であることを前提にしないと成立しない論拠を出していることにつき、論理則違反を指摘している。七は蓋然性評価を直接批判するものといってよい。

　注目すべきは、一と二、三イ・ウ、及び六であろう。一と二における批判の方法としては、被害者の両親の振舞いを指摘することにより、反対仮説が成立すると述べることも可能だと思われる。しかしここでは、蓋然性評価とは直接関わらない形で批判が展開されている。上告審の心証を直接提示せず、原審の「二重の基準」を内在的に批判していることが注目される。三イ・ウ

第1章　情況証拠の評価に関する注意則　25

では、蓋然性評価に関わるものではあるが、反対仮説が成立すると述べるのではなく、反対仮説が成立しないとの結論を導き出す前提として検討しておかなければならない点につき原審が検討したことが判決理由からは読み取れないという形——日本における「審理不尽」に近いが、記録等を検討していない点に注意——で述べているところに「あとづけ可能性審査」の特色がある。六はこの２つのアプローチの融合といえる。「皿が唯一の客観的証拠であるとの証明はない」といった形で、蓋然性評価に直接関わる指摘にすることもできるが、上告審は論理則違反というアプローチで批判しているのである。

(5) この判決から何が示唆されるか。情況証拠による事実認定の適正さにつき正面から議論することを可能にするためには、そのための具体的枠組みが示されねばならない、というのが本章の問題意識であった。そのためには、蓋然性評価といった、水かけ論に終始する可能性のあるもの以外の方法で裁判官の判決理由を吟味する方法が求められる。この点につき、判決理由を内在的に批判するというアプローチをドイツ連邦通常裁判所判決は示唆している。すなわち、「証拠を見ていないのではっきりとは言えないが、裁判所が否定した反対仮説は十分に成立すると思われる。なぜなら……」といった、留保付きの外在的批判ではなく、判決理由の中に存在している推論「形式」に対する批判や、「判決理由の推論が成立するためには一定の事情につき判断が示されていなければならないはずだが、それが書いてない」といった、判決理由の「叙述の欠如＝推理の飛躍」を問題にするのである。具体的・一義的注意則の提示が困難である現状に鑑み、まず、広い意味で論理則の活用を試みることが重要と思われる[22]。

3　あとづけ可能性審査適用の試み——飯塚事件を素材として

(1)　あとづけ可能性審査という観点から、まず日本の実務において要求されねばならないのは、総合評価の前に各間接事実の証拠価値の分析を行うこと、そしてそれを判決理由に示すことである。「事実認定の過程においては、

---

[22] 日本の裁判例において、「論理則に違反するか否か」が明示的に争われたものは見当たらない。なお、高田卓爾＝鈴木茂嗣編『新・判例コンメンタール刑事訴訟法４』(1995年、三省堂) 88頁 [高田卓爾執筆] 参照。

まずある間接事実に附随した間接事実をその基本たる間接事実と総合して推理をし、基本たる間接事実のみによつて生じた仮定的心証を積極的又は消極的に修正し、次いで、これと、他の独立的間接事実からの推理（その間接事実に附随した間接事実があれば、それらからの総合推理）による仮定的心証とをさらに総合推理することを要する。このように数個の間接事実から総合推理するにも論理上順序がある。漠然と全部を総合して事実判断をすれば、誤った結論に到達するおそれがある」[23]との田中和夫の叙述を引用するまでもなく、この要請は、論理則上・実体上、当然の要求であり、かつ判決理由に示すことが可能なものである[24]。漫然と間接事実を羅列して、「以上の事実を総合評価すれば、被告人が犯人であるとの合理的な疑いを超えた証明があったと認定することができる」と書く判決理由は、それだけで、この論理則に従っていないとみなされることになる[25]。

(2)　個々の間接事実の推認力につき、その評価過程が示されたならば、当該叙述に対し「あとづけ可能性審査」はどのような方法で行われるべきであろうか。前項までの考察を前提に、実際の事件を対象として「あとづけ可能性審査」を試みてみたい。飯塚事件福岡地裁判決[26]をみてみよう。判決が「犯行と被告人との結び付きを強く推認させる極めて重要な情況証拠」[27]と断じた「被告人車内にO型の血痕と人尿が付着している」という事実につき検討する。

当該問題につき裁判所は、どのような枠組みを設定して判断しているだろうか。判決理由を読むと、整理が十分になされているとはいえないが、大枠

---

[23] 田中和夫『新版証拠法〔増補第三版〕』(1971年、有斐閣) 77頁。
[24] 最近では、裁判官の論文にもこの点が指摘されるようになってきた。例えば植村立郎『実践的刑事事実認定と情況証拠〔補訂版〕』(2006年、立花書房) 87頁、中里智美「情況証拠による認定」木谷明編著『刑事事実認定の基本問題』(2008年、成文堂) 247、260頁参照。これを超えて、「情況証拠の位置づけを分析的に行って、それを判決理由に示せ」とか、「証拠構造を判決理由に示せ」との要求をする（村岡啓一「情況証拠と事実認定」刑法雑誌39巻2号(1999年)291、308頁、川崎英明「適正な事実認定と証拠構造論（コメント）」刑法雑誌39巻2号〔1999年〕324、327頁参照）ことまでが可能かどうかについては、私見を留保したい。なぜなら、これらの要求は総合評価の問題と深く関わっているが、この総合評価の過程は記述できる性質のものか、必ずしも明らかでないからである。
[25] ところが日本では、間接事実の総合評価につき、間接事実群をただ列挙し、「以上のような事実を総合すれば、本件犯人が被告人であることにつき合理的疑いを超えて認定することができる」とだけ述べる判決理由が多い。このような叙述を文字通り受け取るならば、裁判官は個々の間接事実が要証事実に対し有する推認力を検討せずに、総合評価を直感のみで行っていると判断せざるをえず、「あとづけられない」と評価されることになる。この点につき、中川孝博「『合理的疑い』の果たすべき機能」季刊刑事弁護27号(2001年)44、47〜48頁参照。
[26] 福岡地判平成11年9月29日判時1697号124頁。
[27] 判時1697号144頁4段24行目。

としては、「被告人が犯人ではないが、当該血痕と人尿が被告人車内に付着する可能性」と「被告人が犯人であるならば、当該血痕と人尿が被告人車内に付着する可能性」をそれぞれ独立に評価し、その後比較検討することによって、「血痕と人尿が被告人車内に付着していた」という間接事実が「被告人と犯人との同一性」を推認させる力を評価しているようである。この枠組み自体は、条件付確率を用いたベイズの定理[28]による蓋然性算出法に合致しており、特に問題はない。問題は、各蓋然性の算定過程が正当か否かにある。以下、個別に検討する。

(3) まず、「被告人が犯人ではないが、当該血痕と人尿が被告人車内に付着する可能性」の算定過程を検討してみよう。判決は次のように叙述している。

> 客観的事実として、被告人が被告人車の使用を開始した後、警察が被告人車を押収するまでの間、被告人車内において、少なくとも一回はO型の人間が出血をしたこと、誰かがかなりの量の尿をもらしたことが認められる。
> これについて、被告人は公判で前記のような弁解を積極的にしているが、これは納得のいく合理的な説明とは到底いえない上、O型の血液型を有する被告人の妻ら家族も、その血液や尿を被告人車に付着させたという心当たりのないことが認められる[29]。そうすると、残るところは、<u>被告人が犯人である可能性と被告人以外の何者かが被告人の知らないうちにO型の血液と人尿を被告人車の後部座席シートに付着させた後、これらを水で拭き取ったという可能性</u>のいずれかということになる。しかしながら、後者の可能性は、あくまでも抽象的な可能性に過ぎず、現実的な可能性をうかがわせる状況はないのである（下線筆者）[30]。

「被告人が犯人でないが当該血痕及び人尿が付着した可能性」を評価する際に、下線部分のような仮説を設定し、当該仮説が成立する可能性を「抽象

---

[28] ベイズの定理については、太田勝造『裁判における証明論の基礎——事実認定と証明責任のベイズ論的再構成』（1982年、弘文堂）76頁以下参照。ベイズ論的モデルが実際の証拠評価場面につきいかなる場合にも応用できるかは別として、個々の間接事実の証明力を吟味する際に参考とすることは有益であろう。
[29] 各情況証拠の総合評価の場面 (159頁4段11行目以下) では、被告人の家族に心当たりのないことについて触れられていない。
[30] 判時1697号144頁3段23行目以下。

的」と評価している。消去法的認定の範疇に含まれる手法といえよう。この条件が設定された過程に問題はないか。

　第１に、「水で拭き取った」という条件設定はどこから出てきたのであろうか。判決理由を読むと、被告人車内の血痕につきDNA鑑定を実施した科警研技官の供述に基づいていることがわかる。彼女は、Ｃ部分（判時1697号161頁の「別紙２」参照）のシート生地裏側及びその下のスポンジに付着している血痕につきDNA型が検出できなかった理由として、これらの血痕がいずれも水で希釈浸透したような形状を示しているのに対し、同部分の座席シートの表面には肉眼では血痕が認められないことから、表面に付着した人血痕が水で拭き取られたのではないか、そして、水で希釈された血痕ではDNAが分解されやすいので、これらの血痕からDNA型が検出できなかったのもそのためではないかと説明している[31]。

　しかし、被告人車内に付着していた血痕はＣ部分のみではない。Ｄの部分、及びＥの部分につき２点、計４点の血痕が検出されている（他に血痕様の斑痕が後部座席から発見されているが、これはヒト血痕と判定することができなかった）。Ｃ部分以外の血痕につき水で希釈浸透したような形状を示しているとの説明はない[32]。

　一方で、Ｄの部分に付着している血痕については、「繊維の比較的下層にやや多く散在していたことから、フロアマット表面に付着した人血痕が拭き取られたものと考えられた」[33]と説明されている。水拭きされた個所と、水拭きとの推理はできないが拭き取られた個所が存在するということになる（水拭きされたがそれが検証できない可能性がどれだけあるか、も考慮に入れねばならないが、専門家でない筆者には判断できないし、この問題が専門家により検討されたことは判決理由からは窺われない）。ここから、ある個所は乾拭きし、ある個所は水拭きされているという推理が成り立つ。これはいかなる意味を有するか。同一機会にまず乾拭きがなされ、とりわけ目立つ部分にだけ念入りに水拭きしたという推理も成り立つが、付着血痕の中で最も大きいものはＣではなくＤの部分であり[34]、当該状況と整合しない。むしろ、ある機

---

[31] 判時1697号140頁参照。
[32] 裁判所も、水で希釈された形跡がみられるのはＣ部分のみとの前提に立っている。判時1697号141頁4段19行目以下参照。
[33] 判時1697号140頁3段6行目以下参照。
[34] 判時1697号141頁4段6行目以下、及び161頁の「別紙２」参照。

第１章　情況証拠の評価に関する注意則　29

会には乾拭きし、ある機会には水拭きした、すなわちすべての血痕と人尿が同一機会に付着したものではないとの推理も成立する(これは、「被告人の知らないうちに」との条件設定や、「被告人が犯人であるならば、当該血痕と人尿が被告人車内に付着する可能性」の判断に影響する)。

　これらの各推理の説得力については、水かけ論になる可能性があり、「あとづけ可能性審査」としては必ずしも有効ではない。しかし、これらの事情を検討したうえで「これらを水で拭き取った」との条件を設定したことが、この判決理由からは窺えない、と批判することはできる。少なくとも、引用部分に至る前では、そのような表現は用いられていなかったのである(注32及び判時1697号142頁2段3行目以下参照)。その意味で、消去法的認定における条件設定に飛躍があると主張することが可能である。

　第2に、「被告人の知らないうちに」との条件設定にも問題がある。被告人が合理的な弁解をすることができないことから当該条件が導き出されている。しかし、アリバイ立証失敗事例の研究[35]が明らかにしているように、「弁解できるはずなのに(公判で)弁解できない」との前提事実は多義的な評価をもたらすものであるから、相当の注意を払わねばならない。当該判決理由は、「血液や尿が付着したならば、被告人は気付くはずだ」との命題が成立する可能性についての検討は詳細に叙述している[36]が、「だから公判で合理的な弁解ができるはずだ」との命題が成立する可能性がどの程度あるか、具体的に検討した個所はない。その意味で、多義的な間接事実につき然るべき考慮をしていない(推理に飛躍がある)、と批判することができる。

　以上から、これらの条件設定は「あとづけられない」と評価せざるをえない。

(4)　次に、「被告人が犯人であるならば、当該血痕と人尿が被告人車内に付着する可能性」の評価過程をみてみよう。次のような叙述がみられる。

　　他方、前者の可能性については、被害児童二名とも出血と失禁があり、特に、A子の血液型はO型である上、A子の死体の状況からみて、鼻血がかなりの量出たものと認められること、被害児童二名の着衣[37]が犯人

---

[35] 特に、光藤景皎「アリバイ立証の不成功とその影響──間接証拠論・その二」竹澤哲夫先生古稀祝賀記念論文集『誤判の防止と救済』(1998年、現代人文社) 283頁参照。
[36] 判時1697号141頁3段以下参照。

車の座席と生前あるいは死亡後に直接接触し、被害児童二名の血液や尿が犯人車に付着している可能性があることに徴すると、被告人が犯人であるとすれば、被告人車内で被害児童二名を殺害あるいは殺害後に死体を運搬するなどした過程において、A子の血液や被害児童の尿が被告人車に付着したものとして合理的に説明することができる（下線筆者）[38]。

　第1に、「血痕と人血の付着」の問題をとりあげる。判決理由を素直に読むかぎり、裁判所は「犯人車に付着した可能性」及び「被告人車に付着していること」を問題にしている。しかし、単に被告人車内に血痕と人尿が付着していたことが問題となるのではない。当該具体的状況（血痕と人尿の付着状況）との整合性が問題とされねばならない[39]。
　2人の子どもは、ともに大量に失禁している[40]。また、A子は鼻血を大量に出しており、自身の着衣にはそれが付着しているが、B子にはA子の血液が付着していたとは書かれていない[41]。一方、被告人車内の血痕と人尿の付着状況は判時1697号161頁に挙げられている「別紙2」のとおりである。すなわち、後部座席の1人分の座席にのみ集中して血痕と人尿が付着しており、他の場所からは一切検出されていない。2人の被害者の状況と当該被告人車内の付着状況は、果たして一致するといえるのだろうか。少なくとも筆者には、どのように犯人が犯行をし、どのように死体を置けば被告人車内のような状態になるのか、具体的にイメージすることはできなかった。いずれにせよ、当該具体的事情を踏まえたうえで結論を出したことが、判決理由からは窺われない。
　第2に、「合理的に説明できる」という表現も問題である。文字どおりにとれば、「合理的に説明できる」とは、蓋然性の程度を具体的に示す言葉ではない。「合理的に説明できる」の対語は「合理的に説明できない」である。「合理的に説明できない」という言明は、当該証拠が消極証拠であることを示す。したがって、「合理的に説明できる」という言明は、消極証拠ではない、すな

---

[37] 各情況証拠の総合評価の場面では、「体」と記されている（160頁1段最後から1つ前の行）。
[38] 判時1697号144頁4段10行目以下。
[39] 例えば、被告人車内くまなく血に染まり、いたるところに人尿が付着しているという状況であったならば、当該事件と整合しないことが明らかである。
[40] 判時1697号126頁2段22行目以下参照。
[41] 判時1697号126頁1段15行目以下参照。

第1章　情況証拠の評価に関する注意則　　31

わち積極証拠であるという言明と同義語である。これでは、具体的に蓋然性を評価したことが「あとづけられない」のである[42]。

(5) 最後に、2つの「可能性」の評価過程を比較検討してみよう。「被告人が犯人でないが付着する可能性」については、条件を具体的に（厳格に）設定し、それに合わないから「抽象的可能性」と評価している。これに対し、「被告人が犯人ならば付着する」可能性については、条件を抽象的に（ゆるやかに）設定し、それに合致するから可能性が具体的であると評価していることが明らかである。前記ドイツ裁判例の指摘する「二重の基準」の存在を、ここでも指摘することができよう。判決理由は、結論として、「したがって、右の血痕と尿痕の存在は、犯行と被告人との結びつきを強く推認させる極めて重要な情況証拠といえる」と判断しているが、この結論を出すに至る過程をあとづけることはできないのである[43]。

4 まとめ

(1) 以上、「手続的適正化」の観点を優先させたアプローチにより、「あとづけ可能性審査」という枠組みを用いた判決理由評価手法の具体化を試みた。この枠組みが認められる[44]ならば、情況証拠による事実認定の事例につき、広い意味で論理則に従っているかとの観点から裁判例分析を徹底して行うこ

---

[42] 他に「合理的に説明できる」という言明を使用しているものに、トリカブト殺人事件控訴審判決（東京高判平成10年4月28日判時1647号53頁）がある。被告人が被害者死亡の前後にわたって甚だ不自然な行動をとっていたことにつき、「それらの行動はいずれも、被告人がI子殺害の犯人であるとするならば、合理的に説明できる性質のものである」（判時1647号75頁）と述べている。もっとも、当該用語法は、飯塚事件における用語法とは異なるとも解される。なぜなら、本件の総合評価において、「被告人の不自然な行動」は、「なお」として、なお書きとして取り扱われているにすぎず、有罪認定の主軸としては使用されていないことが明らかだからである。一般に「被告人の不自然な行動（有罪意識）」は重要視すべきではないと解されており、本件の叙述も、慎重さを示すものとも解されるのである。これに対し飯塚事件では、血痕の付着という、一般的には推認力の高いものと解される証拠が問題となっており、実際に裁判所は「被告人と犯人との結びつきを強く推認させる」と最終的に評価しているのであるから、問題は大きい。なお、似たような問題を示すものに「矛盾するものではない」という表現がある。すなわち、被告人側が提示した疑いが「（有罪仮説と）矛盾するものではない」との言明によって否定されることがよくある。この言明に当事者が納得しないのは、それが蓋然性を具体的に示す用語でないからである。

[43] 以上の飯塚事件判決理由分析に対するコメントとして、川崎英明＝水谷規男＝石塚章夫「対談・情況証拠による事実認定」法学セミナー568号（2002年）90、96頁［石塚発言］参照（コメントの対象となっているのは中川・前掲注25論文中の叙述だが、当該部分は本章3の結論を紹介したものである）。なお、本件は2001年10月10日に控訴棄却（福岡高裁）、2006年9月8日に上告棄却（最高裁第2小法廷）となり、有罪・死刑が確定した。そして2008年10月28日に死刑が執行された。

[44] 筆者以外にこの「あとづけ可能性」という枠組みを用い、判決理由の記載方法につき検討を加えたものとして、石塚章夫「判決理由についての覚書」梶田英雄判事＝守屋克彦判事退官記念論文集『刑事・少年司法の再生』（2000年、現代人文社）379頁がある。

とが、まずもって有用であると思われる[45]。それによって、論理の誤りを犯しやすいポイントすなわち注意則が、より具体的に抽出されることが期待できる。また、今回は「あとづけ可能性審査」との関連で検討を行ったため、対象を判決理由に絞ったが、注意則の抽出という作業のためには、このように対象を限定する必要はない。例えば、検察官はどのような主張をしたか、それに対し被告人側はどのように論じたか、当該問題につき裁判所はいかに答えたか、という検討も有用であろう。このような分析を集積していけば、当事者の主張が無視されやすいポイント等が抽出され、注意則の具体化につながると思われる。

(2) 一方、蓋然性評価そのものに関しても、なんとか「手続的適正化」との結びつきが果たされねばならない。この点については、心理学等、他の学問との共同作業が必要と考えている。刑事裁判に限ったものでもないが、我々が事実認定をする際に主要な役割を果たしているのは帰納的推論である。蓋然性評価に関する議論が水かけ論的になるのも、この帰納的推論、すなわち「不確実な状況において、知識を拡張する推論過程」[46]の作用が十全に明らかにされていない点にある。

心理学の領域では、実験等により、いくつかの概念が提唱され、さまざまな現象がそれにより説明されている。例えば「代表性ヒューリスティック」という概念により、①ランダム系列の誤認知（コイン投げのように、「表と裏が半数ずつ」という母集団の性質が小標本でも反映されているはずだと考える傾向——表裏裏裏裏裏表、よりも、表裏裏表表裏表裏という系列のほうがもっともらしいと判断されやすい——）、②連言錯誤（連言事象——AかつB——の確率が、それぞれの事象の確率より高く判断される傾向——頭がよく気難しい、ある女性を提示し、彼女の職業を推測させると、「彼女は現在銀行の出納係をしている」との可能性よりも、「彼女は現在銀行の出納係をしており、女性解放運動に熱心である」という可能性のほうが高いと判断されやすい——）、③標本の大きさの無視（標本が大きいほど、想定する母集団に対する統計量の変動が小さくなるのだが、それが無視される傾向——たくさん

---

[45] いわゆる城丸君事件の第一審判決を分析したものとして、中川孝博「判批・札幌地判平13・5・30判時1772・144」法学セミナー570号（2002年）112頁参照。
[46] J.H.ホランドほか（市川伸一ほか訳）『インダクション——推論、学習、発見の総合理論へ向けて』（1991年、新曜社）1頁参照。

子どもが生まれる大病院と少数の子どもが生まれる小病院とで、男児が生まれた比率が60％を超える日はどちらが多くなるかという問題を出すと、小病院という正解を出す人は少ない——）、④事前確率の無視（事前確率が無視される傾向——「青いタクシーが人をひいた」との証言が与えられると、その証言の正確性と青タクシーが犯人である確率を同視し、その町での青タクシーの存在比率が考慮されにくい——）などの現象が説明される[47]。

これらのアプローチを応用し、心理学者と共同して、刑事裁判における事実認定という特殊な領域に適切なアプローチを作り上げ、検討を進めることはできないだろうか。一定のヒューリスティックス（問題解決の際に働く、必ずしも解決の保証のない方略のこと。実行すれば必ず解答に到達する方略である「アルゴリズム」の対語）を抽出し、それにより、これまでの誤判事例における一定の現象を説明することが可能になれば[48]、例えば一定の間接事実の蓋然性評価に関し、「それに従ったことを裁判官が具体的に判決理由に示すことができ、かつ、第三者がそれに依拠して具体的に判決理由を吟味することが可能になるような注意則」の定立が実現されると思われる。

---

[47] 市川伸一編『認知心理学4——思考』（1996年、東京大学出版会）37頁以下、及び61頁以下参照。
[48] 我々は裁判例の分析等により同様の試みをしてきたともいえるが、特に情況証拠による事実認定の事例は少ないことに鑑み、実験等様々な手法を使用し、学際的にこの試みを行うことがこれからは重要であろう。

第2章 犯人識別供述の信用性評価に関する注意則

1 はじめに

(1) 事実認定に関する、いわゆる注意則は、裁判官が証拠評価の際に誤判防止のため吟味すべきポイントであるとともに、裁判官が適正に証拠を評価しているか、当事者を含め第三者が外部から検証するための手段でもある。筆者は、情況証拠による事実認定に関する注意則を素材に、この両側面の関係につき検討したことがある[1]。そこでの主たる検討課題は、情況証拠に関しこれまで抽出されてきた注意則が注意則の持つ両側面をともに十分に満たすものになっていないという現状認識のもと、上記のような注意則の定立という作業を今後いかなる方法により行うべきか、であった。そして、情況証拠による事実認定については、①論理則を活用した裁判例の分析、および②心理学等隣接諸科学との連携という方向性を示唆した。

本章では、いわゆる犯人識別供述の信用性判断に関する注意則に関し、同様の問題意識により若干の検討を行いたい。犯人識別供述については、その信用性判断の適正化、あるいは供述者に対する手続の適正化等、さまざまな観点から近時関心が高まっている。特に心理学からのアプローチが活発になっていることが注目される[2]。しかし、法学と心理学がこの領域においてどのような形で今後連携していけるのか／いくべきなのかについては、まだ手探りの部分も多い[3]。さしあたり法学の立場からは、法学によるこれまでの研究の意義と限界につき整理し、今後の方向性を提示しておくことが必要と思

---

[1] 中川孝博「情況証拠による事実認定に関する試論」大阪経済法科大学法学研究所紀要31号 (2000年) 89頁 (本書第1章)。
[2] 現代のエスプリ350号 (1996年)、「特集・目撃証言の心理学——刑事弁護への活用」季刊刑事弁護11号 (1997年) 32頁以下等参照。

われる。

(2) ところで、注意則の研究につき、これまで最も進められてきたのは自白に関するものであろう[4]。自白研究が進められてきた背景には、日本の刑事裁判において中心を占めてきたのが被告人の自白であるという事情が挙げられるだろう。しかし、研究の必要性という事情に加え、研究方法の明確性という点も挙げることができるだろう。すなわち、検討対象が自白「調書」にもっぱら限られているという点である[5]。

これに対し、犯人識別供述は、その主体もさまざまであり[6]、その内容もさまざまであり[7]、供述の形態も様々である[8]。これらのヴァリエーションを踏まえた検討は十分になされてきておらず、一般的抽象的な注意則の定立にとどまらざるをえない状況があった。そこで、注意則とはいっても、自白「調書」の信用性評価の場合と比較し、個々の注意則に該当するということが持つ意味（重要性）につき安定性を欠くことが考えられ[9]、さらには、個々の注意則にそもそも該当すると判断できるか否かにつき評価に安定性を欠くことが予想される[10]。これらの意味で、犯人識別供述に関するこれまでの注意則は、裁判官の証拠評価にとっても、第三者による吟味にとっても、二次的なものになる（注意則を軸に検討することはさほど重要でなく、個別の事情に応じたアド・ホックな検討に依存せざるをえない）おそれが高いのである。

(3) 以上の問題にどう対処すべきか。地道な作業ではあるが、①どのような証拠方法に基づき、②いかなる状況のもといかなる事実を認定し、③その事実に対しどのような位置付けを与えているか、といった観点から、注意則が抽出されてきたこれまでの諸裁判例を再検討する作業がとりあえず有用だと

---

[3] 法と心理学会・目撃ガイドライン作成委員会編『目撃供述・識別手続に関するガイドライン』（2005年、現代人文社）166〜173頁［浜田寿美男執筆］、村井敏邦「刑事司法における心理学の活用可能性について」同編『刑事司法と心理学――法と心理学の新たな地平線を求めて』（2005年、日本評論社）3頁参照。

[4] 渡部保夫『無罪の発見』（1992年、勁草書房）、司法研修所編『自白の信用性』（1991年、法曹会）、守屋克彦『自白の分析と評価――自白調書の信用性の研究』（1988年、勁草書房）等参照。

[5] この点、守屋・前掲注4書238頁参照。

[6] 被害者供述もあれば、たまたま通りかかった第三者の供述もある。

[7] 犯行現場を目撃したもの（直接事実）もあれば、犯行時刻直前に犯行現場付近で当該人物を目撃したもの（間接事実）もある。

[8] 公判廷における証言の場合もあれば、捜査段階に作成された「調書」の場合もある（証拠方法の違い）。

[9] 例えば、「自信がない旨の表明」と「確信的態度」の関係。渡部・前掲注4書143頁以下、および155頁以下参照。この点につき心理学研究についても同様の問題を指摘するものとして、後藤昭「証言心理学と刑事弁護の新しい関係のために」季刊刑事弁護11号（1997年）32頁。

[10] 例えば「確信的態度」についても、調書内容から評価する場合と公判廷証言内容から評価する場合とを一律に論じることは必ずしもできないであろう。

思われる。

　本章は、主観的視認条件の範疇に属する、「有意的注意」および「ストレス等の心理状態」に焦点を絞り、前記作業のうち①②を試論として行うことにより、犯人識別供述の信用性をめぐる今後の事実認定研究方法を模索しようとするものである。これらの主観的視認条件を対象とするのは、明るさ等の客観的視認条件と比較し、注意則に該当するとの認定がとりわけ不安定だと思われるからである[11]。

2　主観的視認条件に関する注意則

(1)　まず、「有意的注意」および「ストレス等の心理状態」に関するこれまでの注意則をまとめておこう。

　観察者の心理状態は、当該観察の正確性を左右する要因となる。「有意的注意」（証明対象となる事実を意識的に観察したか）については、次のような注意則が挙げられてきた。

　第1に、「有意的注意」が当該証拠価値の判断に与える意味に関して次のような指摘がなされている。すなわち、意識的に観察していたという事実は信用性を肯定する要因となり、意識的に観察していないという事実は信用性を否定する要因となる[12]。これには争いがないが、少々この命題は単純にすぎる。例えば「どの程度の注意があればどの程度まで事実を観察できるか」（犯人の容貌の詳細まで観察できるほどの注意は払われていなかったが、性別や背丈については観察できた等）という点や、観察の正確性に影響を与える他の要因との関係といった点にまでわたる詳細な分析は十分になされていない[13]。

　なお、観察の正確性に影響を与える他の要因との関係につき、次のような分析がある。すなわち、実務において「有意的注意がない」という事情が、犯人識別供述の信用性を否定する方向で決定的に働いたと思われる事例は比較的少ないのに対し、「有意的注意がある」との事情が、当該供述の信用性を肯

---

[11] 中川孝博「目撃事実認定」法学セミナー551号 (2000年) 39、42頁参照。
[12] 例えば石井一正「犯人識別供述の証明力」判例タイムズ738号 (1990年) 52、58頁参照。
[13] 犯人識別供述が唯一の直接証拠である場合はともかく、当該供述が被告人の自白の補強証拠として使用される場合等を想定すると、このような分析は重要である。

定する方向で取り上げられることは多い、という[14]。そして「有意的注意がある」との事情は、短時間の目撃、供述の不均一性など、信用性否定の方向に働く事情を打ち消す要因とみなされているというのである[15]。本章で触れることはできないが、この実務の現状につきさらなる検討が急がれねばならない。

　第2に、「有意的注意」の有無を認定する際の基準に関し、次のような指摘がなされている。すなわち、犯行現場において犯行を現認し犯人を目撃した場合と、犯行と切り離された場所で犯人のみを目撃する場合とでは、体験の特異性という点で前者の場合のほうが観察条件が良好といえる[16]。もっともこの点に関しては必ずしも一般化できない。例えば犯行現場の目撃といっても、詐欺既遂事件等の場合には必ずしも特異な体験として記銘されない[17]。また、目撃時点での状況が印象に残るものであったかという観点だけではなく、目撃時点から初期供述、再認同定までの期間を考慮し、それだけの期間を経てもなお記憶を保持し再生できるほど、その出来事が目撃者にとって特異なものであったかという観点が必要という指摘もある[18]。

　「有意的注意」に関する認定基準については、これ以上の詳細な分析は現段階ではなされていない。

(2)　恐怖、驚愕、狼狽といった目撃者の心理状態についてはどうか。争いはあるが、このような心理状態は、一般的には目撃者の観察能力を低下せしめる要因とされている[19]。

　心理状態に関する認定基準についてはどうか。この点につき司法研修所編『犯人識別供述の信用性』は次のような指摘をしている。

　第1に、被害者の犯人識別供述の信用性を否定した事例をみると、否定理由は、「単に被害者の心理状態が冷静さを欠いていたとの理由だけでなく、……（客観的）観察条件が悪いことを重視したもの」[20]と評価している。

---

[14] 岡田悦典＝中川孝博＝徳永光「目撃供述に関する裁判例の検討」季刊刑事弁護11号（1997年）100頁参照。
[15] 岡田他・前掲注14論文101頁および同頁で示されている裁判例参照。
[16] 石井・前掲注12論文59頁参照。
[17] 渡部・前掲注4書122頁参照。
[18] 司法研修所編『犯人識別供述の信用性』（1999年、法曹会）84頁参照。同種の指摘として、例示的に、不審者を目撃して直ちに警察に届けたような場合は有意的注意が払われたことを推測してよく、事件後相当日時が経過し、警察官からの聞き込みではじめて事件を知ったような場合は消極の推測が下されるとするものがある。渡部・前掲注4書123頁以下参照。
[19] 石井・前掲注12論文59頁等参照。
[20] 司法研修所編・前掲注18書45頁。

第2に、被害者の心理状態を問題にした事例全体につき、「被害者の心理状態を問題としながらも、供述が具体的な内容であるか否かが検討されており、具体的な供述であれば冷静な観察がされていると認定し、抽象的なものに止まるならば、被害者の心理状態が識別を困難にしたと認定しているものが多い」[21]と評価している。
　第3に、被害者以外の目撃者の心理状態を問題にした事例全体につき、「目撃者が心理的にどうであったかというよりも、どの程度具体性をもった供述がなされているかが問題とされている」[22]と評価している。そして、注意則として、「その供述が詳細であったり、犯人の特徴的なものが含まれていたりすれば、観察者が心理的に混乱していても、結局かなり信用できる観察がなされたと見ることができるであろう」[23]と述べている。
(3)　2つの注意則に関するこれまでの指摘をみると、次のような疑問が生じてくる。
　第1に、注意則そのものが一般的・抽象的にすぎる。「有意的注意」や「ストレス等の心理状態」につき検討することをまったく怠る裁判官が数多く存在するとは思われない。裁判官にとっても、第三者にとっても、よりきめ細かな基準が必要である。
　第2に、認定方法に関する注意則、特に「ストレス等の心理状態」に関する認定方法のルールが上述の指摘の通りであるとするならば、主観的視認条件を検討せよという注意則はそもそも独立した注意則として機能していないのではないか、との疑いを生じさせる。「供述の具体性」に関しては本来別個に注意則が定立されている[24]。「心理状態」の認定が「供述の具体性」に依存するのであれば、後者のみを検討すればよく、前者の判断は必要ないことになってしまうのではないか。

3　検討の方法

(1)　主観的視認条件につき何らかの言及がされている裁判例すべてを網羅す

---

[21] 司法研修所編・前掲注18書46頁。
[22] 司法研修所編・前掲注18書48頁。
[23] 司法研修所編・前掲注18書48頁。
[24] 例えば渡部・前掲注4書146頁参照。

ることは、本章の検討課題からみて不必要と思われるので、司法研修所編『犯人識別供述の信用性』（以下、「同書」）第2部第1の4「主観的観察条件と犯人識別」[25]において検討されている裁判例のうち、公刊されているものを対象とすることにした。次のような理由による。

(2) 第1に、本章における直接の検討課題は、主観的視認条件に関する裁判例の判断傾向を分析することでもなく、裁判例を分析して新たな注意則を定立することでもない。あくまでも、今後の事実認定研究方法を模索することにある。したがって検討対象事例の選別にあたり、サンプル選出のランダム性等に配慮する必要は必ずしもない。

第2に、むしろ重要なのは、いかなる方法で裁判例を分析するかという点である。本章では、「あとづけ可能性」という分析枠組を用いて検討する。これは、もともとドイツ上告審が採用してきた審査方法であり、記録等を参照せずに判決理由のみを検討し、原審の事実認定があとづけられるかを吟味するという手法である[26]。この手法の特徴は、「実際に裁判官はどのような証拠評価をしたのか」という観点からではなく、「裁判官はどのような叙述により自身の証拠評価が正当化されると考えたのか」という観点から判決理由を分析することにある。この手法は単に上訴審の審査方法としてだけでなく、事実認定研究の手法としても有意義である。その実践例を筆者はいくつかの論文で示してきたが[27]、「判決理由から裁判官の証拠評価の実際を推測する」従来の研究との相違を十分に明らかにしていないきらいがあった。相違を明らかにするためには、同一の裁判例につき従来型研究の分析結果と「あとづけ可能性」分析結果を対比させるのが適当であろう。もちろん、対比させること自体に意義はあまりない。本章は、この対比により、今後の事実認定研究方法につき何らかの示唆が出てくることを期待しているのである。

第3に、かくして裁判例は、検討対象となる従来型研究で分析されている裁判例ということになる。従来型研究のうち同書を選択したのは、これが発

---

[25] 司法研修所編・前掲注18書41頁以下参照。
[26] 本書第1章注17に掲げた文献参照。
[27] 情況証拠による事実認定に関し、中川・前掲注1論文102頁以下（本書26頁以下）参照。また、中川孝博『合理的疑いを超えた証明——刑事裁判における証明基準の機能』（2003年、現代人文社）における日本の裁判例分析（15～107頁）もこれを応用した手法によっている。他に「あとづけ可能性審査」の観点から裁判例を論評したものとして、石塚章夫「判決理由についての覚書」梶田英雄判事＝守屋克彦判事退官記念論文集『刑事・少年司法の再生』（2000年、現代人文社）379頁がある。

行時期の点（犯人識別供述に関する法学の立場からの最新の研究である）でも、取り上げている裁判例の量からも、同書はこの領域における代表的研究といってよいからである。

(3)　前述のように、同書には重要な指摘が数多く含まれているが、同書が行っている個々の裁判例分析自体は、裁判例の簡易な紹介が連続するといった趣があり、その視点、方法が必ずしも明確でない。例えば、後に具体的に見ていくが、裁判例の分類（例えば「有意的注意があったと認定した事例」）が、判決理由における裁判官の証拠評価部分それ自体に基づいているもの（例えば判決理由中に「有意的注意があったといえ、信用性が高い」と書いてある場合）と、証拠評価部分に直接叙述されていないが分析者が推測したもの（判決理由中に、「有意的注意があった」と直接明確に叙述していないが、例えば証言内容の要約部分に「私は意識して観察していました」とあるので、これを裁判官は相当程度考慮していると分析者が判断したと思われるもの）が区別されていないので、これらを同列に扱ってよいのか疑問がある。このような事情のため、中には当該裁判例がなぜ特定のカテゴリーに含められたのか、筆者には不明のものもある。これまで日本において事実認定に関する実証的研究につき、追試と称すべき検討は必ずしも十分になされてきたとはいえないので、同書を批判的に再検討すること自体にも何がしかの意味はあると思われる。

(4)　以上のような理由で、本章では、「いかなる事情を考慮したうえでいかなる証拠方法をどのように評価したか」を判決理由の叙述に則して評価する「あとづけ可能性」という枠組を用いて、同書に挙げられた裁判例を再検討し、同書の分析結果と照らし合わせてみることにする。

4　裁判例の検討

(1)　同書は、事例を「積極的な認定要因とした事例」と「消極的な認定要因とした事例」の２つに分け、それぞれさらに、被害者供述とその他の目撃者供述の場合に分けている。「積極的な認定要因とした事例」では、有意的注意の問題がもっぱら扱われ、「消極的な認定要因とした事例」では、ストレス等の心理状態の問題が扱われている。本章でも、この分類にしたがって検討していこう。

(2)　被害者の主観的状態を積極的認定要因とした諸事例の中で、①まず同書は、「被害者は特異な被害体験として意識することから一般に意識して観察しているのが通常」であるのにもかかわらず、被害者の意識性につき特に理由中で指摘する裁判例をまず紹介している（「被害者が犯人の顔を積極的、意識的に確認しようとしたことを挙げているもの」および「被害者が冷静な状態にあったことを挙げているもの」）。そして、②無罪事例については、78事件を除き、いずれも短時間の観察事例であると分析している。これらの指摘自体から何が導き出されるのかは不明である。素直に読むかぎり、①被害者の意識性につき特に指摘する事例は、そうしなければならない特殊事情があったのかと思わせる。②大半の無罪事例では、有意的注意があったにもかかわらず、短時間の観察という消極事情があったので、信用性を否定されたのかと思わせる。これは、先に紹介した分析結果（注15参照）と矛盾対立しているようにみえる。

1　31事件（大阪高判平成3年2月15日・判時1377号138頁）

　同書は、「被害者が冷静な状態にあったことを挙げている」事例であり、かつ短時間の観察事例として本件を挙げている[28]。前述のように素直に読めば、有意的注意があったという積極事情の存在にもかかわらず、短時間の観察という消極事情があったので信用性を否定された、という事例のように思われる。実際はどうか。

　確かに判決理由は、「信用性を肯定させる事情」として犯人に背広を腕にかぶせられた（被害者）、あるいは、犯人の体が接触し震えているのに気づいた（別の目撃者）というやや特異な出来事がきっかけで犯人の顔を見るに至っており、観察が通常の場合より意識的になされたと考えられることを挙げている[29]。しかし同判決はその後、「観察をことさらに意識的にさせるほどの『印象的な出来事』があったといえるかは疑問であり、『その時は何も起こっていないのでそんなに意識はこちらもしていない』、『見たあと変わったことがなかったから何も意識してなかった』（筆者注：目撃者らの原審公判廷証言）といった程度の軽い一瞥に過ぎなかったと考えられる」[30]と叙述しているの

---

[28] 司法研修所編・前掲注18書42頁参照。
[29] 判時1377号140頁参照。

であるから、最終的には積極的な認定要因にはしていないことが明らかである。

つまり、同書の記述には誤解を与える要素が２点ある。第１に、有意的注意を積極要因に用いていないのにもかかわらず、積極要因に用いたものとして本事例を掲げている。第２に、有意的注意の存在を認めなかった根拠は、判決文を素直に読むかぎり、ことさらに観察を意識的にさせるほどの印象的な出来事ではなかったという評価、およびそれを裏付ける被害者らの公判廷証言であるにもかかわらず、短時間の観察という消極事情との総合評価であるかのような記述をしていることである。

② **10事件（名古屋地判昭和62年12月18日・判時1262号143頁）**

同書は、①有意的注意につきことさらの指摘がないが積極的認定要因としており、②しかし短時間の観察であり、無罪とされた事例として紹介している[31]。

有意的注意につき判決理由中で言及されているのは、各証拠により認められる事実として挙げられているものの１つにおいてである。すなわち、「被害者は、犯人について、公訴事実ほどの暴行を受けたのであるから（犯人の顔などが）頭にこびりついているとして、パンチパーマを掛けた……のような格好である。口許に特徴がありそれを一番覚えていると述べていること」[32]である。この供述は、判決文を読むかぎり、被害者の公判廷証言のようである。すなわち被害者は、公判廷において、自身が意識的に犯人の顔等を観察したこと、犯人の容貌を具体的に記憶していることを強調している。

このように、有意的注意については、被害者証言の内容を挙示した個所で触れられているのみである。有意的注意があったと認定したか否かにつき、判決理由は直接的には何も述べていない。したがって、本事例は、有意的注意があったと認定し、積極的要因としたものなのか否か、直ちには明らかにはならない。

この点につき、証拠評価に関する叙述がなされている箇所を読むと、被害者供述のうち、犯人の容貌を具体的に述べた前述の個所につき、「それが写真

---

[30] 判時1377号140～141頁。
[31] 司法研修所編・前掲注18書42頁参照。
[32] 判時1262号144頁。

による面割り以前よりなされていたものか或いは面割り後になされるようになったものかが証拠上明らかでな」[33]いと消極的に評価している。判決文を素直に読むかぎり、被害者自身は、①意識的に観察したために犯人の顔が頭にこびりついたから、②犯人の具体的な容貌を記憶できたと述べているのであるから、②が否定されれば、①も否定されるのが自然であるように思われる。判決文から推測するとするならば、同書の見解とは異なり、これも有意的注意を否定した、もしくは問題にしていない事例に数えるべきものと評価できるのではないか。

なお、本判決理由そのものにおいては、短時間の観察であることにいかなる評価をしたのか、直接の叙述はなされていない。むしろ、面割り、面通し、被告人に対する取調がいずれも犯行後長期間を経た後に行われていることが主として評価の対象となっている。

③ **78事件（東京高判平成7年3月30日・判時1535号138頁）**
同書は、観察の正確性を肯定しつつ、識別手続の問題を指摘して、被害者供述の信用性を否定した事例として本件を紹介している[34]。被害者供述は、原審及び控訴審における公判廷証言である。ここでは特にコメントすべきことはない。

(3) 次に、被害者以外の目撃者供述につき、「有意的注意」の存在を認め、積極的な認定要因としたとされる事例をみてみよう。同書はこれらの事例をさらに、①犯行を目撃すると同時に犯人を目撃した場合と、②犯行と関係なくたまたま犯人を見かけた場合に分類している[35]。①につき特にコメントは付されていないが、②に該当し信用性が認められた事例については、対象との距離その他の観察条件が良いことが併せて指摘されている。

④ **1事件（大阪高判昭和60年3月29日・判タ556号204頁）**
同書は、犯行を目撃すると同時に犯人を目撃し、積極的に観察しようとしていたことを認めながらその他の各種観察条件が悪いこと等を理由に信用性

---
[33] 判時1262号146頁。
[34] 司法研修所編・前掲注18書42頁参照。
[35] 司法研修所編・前掲注18書43頁参照。

を否定した事例として紹介している[36]。実際、目撃者の一人につき、判決理由は「目撃状況、特に玄関犯人については、捕えてやろうとの積極的な気持ちでいたことや、数十秒間至近距離で対峙していたことなど他の目撃者に比較して、条件が数段勝っていた」[37]と認定している。特にコメントすることはない。「犯人を捕えてやろう」との積極的気持ちの存在がいかなる証拠から認定されたのかは、判決文からは不明であるが、もっぱら公判廷証言に基づくものであろう。

⑤ **31事件**

被害者供述と併せ、①において分析した。同書は目撃者が「冷静で落ち着いていること」を積極的認定要因としたと評している[38]が、本件被害者供述と同様、本判決理由は積極的認定要因にはしていない。

⑥ **15事件（大阪地判昭和63年10月25日・判時1304号55頁）**

同書は、犯行を目撃すると同時に犯人を目撃した場合で、積極的な認定要因とした事例として本事例を紹介し、「目撃者が冷静で落ち着いていること」を観察者の意識的な事情として「考えているようである」と評している[39]。判決理由には、「犯人が発砲して被害者が倒れるまでは本当の強盗かどうか判断がつかず、右被害者の態度を見て冗談だとも思ったと証言しているのであって、その間は比較的冷静に男の顔や着衣等の特徴を観察しえたと認められる」[40]と叙述されている。この認定は、証言内容にのみ基づいている。なお、本件控訴審判決（大阪高判平成5年4月30日・判時1503号151頁）も、当該目撃者につき次のような評価をしている。

> 所論は、その目撃時間が短いこと、事件を意識して注視していなかったこと、事件後の動揺があること等からして、信用できないと主張する。しかしながら、F子は、犯人がDを射撃してからは動揺して犯人の顔も見なかったが、犯人が店内に入ってきてDに向けてけん銃をかまえてか

---

[36] 司法研修所編・前掲注18書43頁参照。
[37] 判タ556号213頁。
[38] 司法研修所編・前掲注18書43頁参照。
[39] 司法研修所編・前掲注18書43頁参照。
[40] 判時1304号71頁。

第2章　犯人識別供述の信用性評価に関する注意則

ら射撃するまでの二、三分間は、犯人の行動を冗談かと思う反面、本当の強盗かもしれないという気持ちで犯人の姿を見ていたというのであり、その間のＦ子の犯人の観察が、時間的に不十分であったとは到底いえないし、ただ漠然と眺めていたのではないことも明らかであって、記録上認められるＦ子の大阪事件発生後の警察への通報内容に照らしても、Ｆ子の犯人についての目撃供述は十分信用できるというべきである[41]。

⑦ 81事件（福岡地判平成7年5月19日・判時1544号132頁）

同書は、犯行を目撃すると同時に犯人を目撃した場合で「目撃者が冷静で落ち着いていること」を考慮した事例として本件を紹介している[42]。本件につき、犯行を直接目撃した者が1名、その他間接事実を目撃したのが複数名いる。判決文を読むかぎり、いずれも、「目撃者が冷静で落ち着いている」とは評価していないように思われる。

犯行を直接目撃した目撃者供述に関する評価は次のとおりである。すなわち、「人影のない路上を自転車に乗って談笑しながらの帰宅途中に突然後方から刃物で突き刺されるという異常な事態に遭遇し、自然に意識が集中」[43]し、これは犯人観察の正確性を裏付けるものと評価する一方、「犯人及び被告人は、Ａ子にとって、本件以前には未知の者であり、本件における遭遇及び面通しが初対面であっただけでなく、Ａ子の位置からは、犯人の顔は逆光であったこと、Ａ子が犯人を観察した時間はわずか三、四秒間であったこと、自転車に乗って談笑しながらの帰宅途中に突然後方から突き飛ばされるという異常な事態に遭遇した直後で、冷静な心理状態下で観察したとはいえないことなどの情況からすると、Ａ子による犯人観察、とりわけ顔の観察は、かなり不良な条件下になされたものというべきである」[44]と述べている。異常な事態に面して「意識が集中」したという事実と、異常な事態に面して「冷静な心理状態下で観察したとはいえない」という事実が併存しているのが特色である。いずれにせよ、「冷静ではなかった」と明確に叙述されている。

---

[41] 判時1503号157頁。
[42] 司法研修所編・前掲注18書43頁参照。
[43] 判時1544号134頁。
[44] 判時1544号135頁。

間接事実を目撃した別の目撃者の供述に対する評価については、「挙動不審者の動作を訝しく思いつつ約一分間観察し、その後は、同人につきまとわれて怖いという心理状態で意識が集中する中で少なくとも四回は同人を目撃していること」を証拠価値が高いと評価する理由の一つとして挙げている[45]。
　こうしてみると、2名ともに、異常な事態に遭遇して冷静ではなかったにせよ、「意識が集中」しており、これが積極要因とされている。判決文からは明らかでないが、おそらくこの事実の認定は、各証言内容に基づいていると思われる。同一のフレーズが用いられていることは、検察官の主尋問の影響によるものだろうか。

⑧ 15事件

　同書は15事件における「犯行と関係なくたまたま犯人を見かけた」目撃者につき、「犯人が血液を付着させていたこと」により有意的注意が払われていたと認定した事例として本事例を挙げている[46]。指摘のとおりである。

> 　いずれも被目撃者は両肘あるいはいずれかの肘に血を付着させるという相当特異な特徴を有していたとされ、この点は思い違いをするような事柄ではないと思料されること、その他ズボンの汚れ、両腕を前で組み、紙袋様のものでこれを覆った状況、及び顔面に血痕様のものを付着させた状況なども同様印象に残り易い特徴であること、各証人が、それぞれ前掲のような状況、特に血液付着の状況を目撃することにより、当該人物に対し程度の差はあれ、何らかの不審感を抱き、その後の観察や記憶が意識的になされたと考えられ、……その他各証言の内容が具体性に富んでいることなどの諸点を総合すると、その信用性はいずれも高く、十分措信しうるものというべきである[47]。

　本件では、その他多数の（間接事実の）目撃者が存在する。いずれも有意的注意の有無につき相当量の叙述がなされている。例えば、飲食店の従業員の目撃証言については「同証言にもあるように被告人のような年齢の男性客が

---

[45] 判時1544号137頁。
[46] 司法研修所編・前掲注18書44頁参照。
[47] 判時1304号64頁。

第2章　犯人識別供述の信用性評価に関する注意則　　47

同店に来るのは稀であったことが認められ、したがって、そのような客については同証人の印象に残り易いものと思料される上、そのころ被告人以外に被告人のような年齢の男性客が同店に来た形跡は認められず、したがって他の人物と混同することは考えられない」[48]と評価している。また、金融業者従業員の目撃証言については、「被目撃者がサングラスをかけ、いまだ残暑が厳しい九月初旬の午後四時ころに黒の手袋を着用していた上、左手でドアを少し開けて中を左右に覗いてすぐにこれを閉め、立ち去ることなくしばらくそのドアの外付近に居続けるという相当不審な行動をとったことから、右三名とも男に対して不審者との意識を持ったと認められ（例えば、一人は男に応戦するため自分の席の灰皿を手にしようと思ったと証言している）、その後の男の行動等を注視するとともに男の特徴や所持品についても強く印象に残ったことが窺える……。以上のように各証人の男に対する観察条件は良好であったということができ」[49]と評価している。

これらの叙述の後に、かならず、供述内容の具体性、詳細性が掲げられており、それが観察の正確性を裏付けるものと評価されている。

なお、犯人に兇器を販売したと思われる金物店経営者の証言につき、本件はその信用性を否定しているが、これも有意的注意の不存在（を裏付ける証人自身の供述）が要因となっている。

> 右識別供述自体あいまいさが看取される上、他方で、京都府警の警察官に被告人の写真を何度も見せられたのに、九月三日の客とは違うと繰り返していた上、テレビや新聞で何度も被告人の姿や顔を見ても何も感じなかったと証言しているのであって、同証人の右識別供述自体に全幅の信頼をおくことはできないというべきである。なお、同証人の京都府警の警察官に対する右供述内容やテレビや新聞報道からは何も感じなかったという点は、九月三日の客が被告人ではないことを示すものではないかとの疑問が生じうるが、その客は、同証人にとって別段印象に残るような特異な行動等をとったものではなく、通常のありふれた客であったと見られ、その容貌等が記憶に残らなくても不自然ということは

---

[48] 判時1304号68頁。
[49] 判時1304号69頁。

できず、更に同証人は、その客は終始ニコニコしていたとの記憶があるのに対し、京都府警の警察官が見せた写真やテレビ等での被告人の顔つきは非常に厳しいものだったとも証言していることを併せ考えると、右の点は、被告人による前記包丁等購入の事実を認定するに際し、影響を及ぼすものではないというべきである[50]。

⑨ **12事件（札幌高判昭和63年1月21日・判時1281号22頁）**

　これも間接事実の目撃者である。同書は、「犯人が変な歩き方をしていたこと」を考慮した事例として本件を挙げている[51]が、判決文を読む限り、そのこと自体につき、信用性評価の場面において直接的には触れられていない。むしろ、「目撃は偶然の事態で、目撃時間が比較的短く、相手と言葉を交わしたわけでもなく」[52]との叙述があり、有意的注意の有無についてはむしろ（当該被目撃者を犯人と同定するほどの注意があったか否かについては）消極的に判断されているように思われる。本証言については、一定個所につき信用性が認められたが、その理由として判決が挙げているのは、供述の一貫性、他の証人の供述内容や客観的事実との一致、冷静な供述態度等である[53]。

　なお、一審判決にも、有意的注意の有無自体については直接の叙述はなされていない。信用性を認める理由として挙げられているのは、もっぱら内容の具体性、詳細性、臨場感等である[54]。

⑩ **35事件　（東京地判平成3年6月27日・判時1430号3頁）**

　間接事実の目撃事例で、信用性が否定されたものである。同書は、「犯行直前に犯行現場付近の派出所前で立番勤務をしていた警察官が職務上の相当の注意で観察した事例」[55]として本事例を紹介し、「積極的な認定要因とした事例」の中に含めている。しかし、本判決を素直に読むかぎり、そうではないように思われる。

　確かに「Aは、警備派出所勤務の警察官として、目撃当時立番の職務につ

---

[50] 判時1304号67頁。
[51] 司法研修所編・前掲注18書42頁参照。
[52] 判時1281号41頁。
[53] 判時1281号42頁参照。
[54] 判時1087号49頁以下参照。
[55] 司法研修所編・前掲注18書44頁。

第2章　犯人識別供述の信用性評価に関する注意則　49

いていたのであって、周囲の状況に対して職務上の相当の注意力をもって見ていたと、一応いうことができる」[56]とまず叙述されている。しかし、本件車両に気がついた理由につき、公判廷供述と捜査時の調書その他には変遷がみられること、不審の理由における供述の矛盾、車両助手席ドアに書かれてある文字に注意を向けたことに関する供述の変遷を指摘し[57]、「これらからすると、Aは目撃時において、本件車両をある程度不審であると感じて見たことは窺われるものの、右の程度にとどまっていたものと認められる」[58]と評価し、また、目撃事実を上司に申告するに至った経緯等につき検討を加え、「一〇月一日に写真を見るまでは九月一九日の目撃車両と結びつけて自ら記憶を回復していなかったというべきであり、この点からも、目撃当時、ゲリラや、犯罪と結びつけるような不審なものとして注意を向けたものではなかったことを窺わせる」[59]と指摘しているのである。当該目撃供述を信用するには有意的注意の程度が低いということを本判決理由は述べているのであり、「有意的注意」は消極的事情として用いられていると考えるべきである。

なお、無罪判決を維持した控訴審でも、この原審判断と同様の判断がなされている[60]。本件では、有意的注意の有無の認定にあたり、公判廷証言の中の矛盾、および公判廷証言と捜査段階の員面調書や実況見分調書等の内容との矛盾、上司に対する申告の経緯等が検討されている。証言内容に主として依拠していると思われる他の諸事例とかなりの相違がみられる。

⑪ **61事件**（東京地判平成6年3月15日・判時1498号130頁）
同様に、間接事実の目撃者で、その信用性が否定された事案である。同書は、「トラックが金属音をたてたことに驚き、一方通行路と思っていた道路にトラックが進行して意識的に注意を向けて観察した事例」[61]として本件を紹介している。しかし当該証人（B）の証言の信用性評価の場面で問題とされているのは、距離や逆光状態など客観的視認条件であり、有意的注意自体は特にとりあげられていない[62]。

---

[56] 判時1430号12頁。
[57] 判時1430号12頁以下参照。
[58] 判時1430号13頁。
[59] 判時1430号14頁。
[60] 東京高判平成6年12月2日判タ865号107、111頁参照。
[61] 司法研修所編・前掲注18書44頁。

むしろ、有意的注意に関しては、C証人に関する評価を紹介すべきだと思われる。

判決は、「Cは、目撃した男の付け髭に気づいてからは、いい歳の男が付け髭をしていることに不審感を抱き、また、冷凍車の駐車位置が左折車の妨害になるものと思って腹立たしく感じ、歩行中にその男の顔と冷凍車の方を見たというのであり、男につき意識的な注意を向けていたことが認められる」[63]と評価しつつ、「しかしながら、他方、Cは、意識的な注意を向けたといっても、帰宅途上の歩行中に、いい歳をして付け髭を付けている男の顔を、どのような人物かと思って見たというものであって、何らかの犯罪を現認して意識的にその容貌の特徴を記憶に止めようとしたという訳ではなく、目撃時間については、帰宅のため歩行中に、男の髭に気づいてから男の横を通り過ぎるまででも五秒程度であり、その間付け髭と気づくまでは髭の方に注目していたのであり、男の顔を注視したのは付け髭と気づいてからのわずか数秒間に過ぎず、しかも、男はほぼ顔の下半分を付け髭で覆っていたというのであるから、一瞬の目撃に基づく人物の限られた特徴の識別であって、一般に、人物の同一性識別供述については誤謬が入る可能性のあることをも併せて考慮すると、その供述に高い信頼をおくことはできない」[64]と評価し、C証言の信用性を否定しているのである。なお、控訴審も原審と同様の判断をしている[65]。

以上のように、本事例も、当該供述の信用性を認めるに足りるほどの有意的注意は払われていないと評価されたものである。

(4) 次に、同書の分類に従い、「消極的な認定要因とした事例」の検討にうつろう。前述のとおり、ここではもっぱら「ストレス等の心理状態」が問題とされている。「積極的な認定要因とした事例」と同様、被害者供述とその他の目撃者供述が区別されている。被害者供述については、無罪事例と有罪事例を分け、前者については、心理状態だけでなく、その他の観察条件も悪いことが影響していると評し[66]、後者については観察条件の良好さと供述の具体性

---

[62] 判時1498号138頁、東京高判平成8年1月17日判時1588号145、148頁 (本件控訴審) 参照。
[63] 判時1498号145頁。
[64] 判時1498号145頁。
[65] 判時1558号150頁以下参照。
[66] 司法研修所編・前掲注18書45頁参照。

第2章 犯人識別供述の信用性評価に関する注意則　51

を指摘している[67]。そして、総括として、前述のとおり、供述の具体性に関する認定が心理状態の認定に連動していると結論している。これを読むと、実務において、心理状態に関する注意則は特に独立に機能していないのではないかとの疑問が生じることは前述した。

⑫ 60事件（熊本地判平成6年3月9日・判タ873号292頁）

同書は、無罪とされた本件につき、「気が動転した状態」の例として挙げている[68]。

本判決は、「当時飲酒の上就寝直後の『まどろむ』状態から覚せいした状態であったこと、犯人を追跡する際、家のどこかに、横腹をぶつけるなどしていることからもうかがえるように、ある程度気が動転していたと考えられること等の事情に照らし、目撃状況が良好とはいえない」[69]と評価している。これにつき同書は、単に被害者の心理状態が冷静さを欠いていたとの理由だけでなく、観察条件が悪い（検証結果による）ことを重視したと分析している[70]。この点はあたっていると思われる。もう一人の目撃者につき「視力がよく、追跡している犯人を見失わないように意識していたことなど、目撃に良好な条件も認められる」[71]と評価しつつ、検証結果によれば犯人が背広様の服を着ていたことや犯人の身体の輪郭等が識別できる程度の明るさであったとし、犯人特定として用いるだけの証拠価値はないとしていることもそれを裏付ける。

⑬ 78事件

同書は、観察の正確性自体は認められつつも、識別過程に問題があったとして信用性が否定され、無罪となった本件につき、「アルコールの影響」の例として挙げている[72]。

本判決が観察の正確性を肯定させる事情として挙げているものは、「Dの視力は良好で、かつ、犯人を観察するのに十分な明るさがあったこと、各被

---

[67] 司法研修所編・前掲注18書46頁参照。
[68] 司法研修所編・前掲注18書45頁参照。
[69] 判タ873号295頁。
[70] 司法研修所編・前掲注18書45頁参照。
[71] 判タ873号295頁。
[72] 司法研修所編・前掲注18書45頁参照。

害ともDにとっては非常に印象的な事柄であったこと、犯人と間近に対面して言葉まで交わしており、その時間も一瞥といった短いものではなく、数分間という相手をじっくり観察することのできる長さであったこと、一度ならず二度も同じ犯人による被害に遭っており、そのほかにも数回犯人を目撃していること」[73]である。

　一方、観察の正確性を否定させる事情として挙げているものは、「Dは夜遅くまで飲酒し帰宅途中に各被害に遭ったもので、ことに第二の窃盗未遂の際は仮眠していたほどであり、アルコールの酔いが観察能力を低減させたおそれが考えられる。また、第三の脅迫の被害時には、二人の男に脅されナイフまで示されたのであり、かなり畏怖したものと考えられ、それが観察の正確性をある程度損なった可能性も否定し難い」[74]というものである。

　そして、「これらの観察に不利な事情と前述の観察の正確性を肯定させる方向の諸事情とを総合して考えると、Dの犯人観察の正確性はかなり高いということができるであろう」[75]と結論している。「あとづけ可能性」という観点からみると、具体的叙述なく「総合評価」として結論のみを述べている点に検討の余地がある。肯定事情については断定的に叙述され、否定事情については「観察能力を低減させたおそれ」、「畏怖したものと考えられ」等漠然とした叙述がなされている。本事例において、これらの事情の認定は、判決文を読むかぎり、おそらく証言内容自体に基づいていると思われる。当事者による尋問がいかなるものであったかを知りたいところである。

⑭　89事件（東京地判平成5年12月7日・判タ849号246頁）

　信用性が認められ、有罪とされた本件につき、同書は、「不安」の例として挙げ、それを消極的な認定要因として事例に含ませている[76]。

　確かに、「まとめ」の個所で、「それまで経験したことのないハイジャックという異常事態に遭遇し、不安感を抱きつつも、乗務員及び乗客の供述によると、乗務員らは比較的落ちついて事態に対応していたことが認められる」[77]と述べている。しかし、各目撃者の証言を個別に検討する個所では、主観的

---

[73] 判時1535号141頁。
[74] 判時1535号141頁。
[75] 判時1535号141頁。
[76] 司法研修所編・前掲注18書45、46頁参照。
[77] 判タ849号266頁。

状態については全く言及されていない。むしろ、乗客の供述の検討個所では、「搭乗していた航空機がハイジャックされるという特異な状況の中での体験であることからして、その印象は強いものがあることを考慮すると、その供述の信用性は高いといえる」[78]との叙述があることに注意しなければならない。

同書が指摘する「供述の具体性との連動」に本件はまさしく該当する。信用性を認めた目撃供述に関する叙述は全て、公判証言の具体性、および員面調書の具体性が全面に押し出される形の叙述となっている。

(5) 被害者以外の目撃者の心理状態についても、供述の具体性が重要だと同書は評価している。

⑮ **15事件**
同書は「恐怖、狼狽」の例として本件を挙げている[79]が、前述のとおり、恐怖、狼狽する前の時点での観察が問題とされているのだから、この類型に本件を含ませるのは妥当でない。

⑯ **1事件**
同書は「突発的衝動的状態」の例として本件を挙げている[80]。指摘のとおりであり、特にコメントすることはない。判決文は次のように述べている。

> 関係証拠によると、目撃者らにとっては、本件は予期しない突発的かつ衝撃的な事件であったこと、事件を知ってから犯人らが逃走するまでの時間も数分間程度で、ましてや犯人らが動き廻っている中で、その顔を観察できた時間となると、Aをやや例外として極く限られていたこと、犯人らとはこれまで一面識もなく、犯人らの顔も興奮していて平常とは形相を異にしていた可能性も強いこと等が認められ、これらの一般的状況は、目撃者らにとり、犯人を冷静かつ正確に観察、識別することを相当程度困難にしていたと思われる[81]。

---

[78] 判タ849号265頁。
[79] 司法研修所編・前掲注18書48頁参照。
[80] 司法研修所編・前掲注18書48頁参照。

(6)　以上の検討をまとめてみよう。第1に、「有意的注意」に関する評価を叙述していないものが散見される（10、12、61事件のB証人）。第2に、「有意的注意」や「ストレス等の心理状態」につき明確に目撃者が供述しており、それにもっぱら認定が依拠していると推測される事例がほとんどである（1、15、31、60、「アルコールの影響」につき78、81事件）。目撃者の供述内容の要約にこれらの点が含まれていないのは78事件（の「有意的注意」）および89事件のみである。そして、証言等の供述自体、および実況見分調書といった供述に依拠した証拠以外のものも考慮したうえ判断していることが明確に示されているのは35事件のみにすぎない。第3に、要証事実を正確に観察できたといえるほどの有意的注意があったかという「有意的注意の程度」が争われているものが散見される（31、35、61事件）。主観的視認条件の認定につき詳細な叙述がみられるのは、このような事例の場合が多い。

　冒頭に述べたように、犯人識別供述といってもさまざまなヴァリエーションがあるが、諸裁判例を検討したかぎり、一部の例外を除き、判断手法に有意的な差はみられない。ほとんどの場合、供述内容それ自体に基づき、主観的視認条件につき判断がなされていると推測される。そして、供述内容以外に考慮すべき証拠が多数存在する場合を除き、供述自体が反対尋問で十分に崩されないかぎり（31事件および15事件における金物店経営者証言参照）、主観的視認条件に関する供述内容は真実であると評価されるのが通例のようである[82]。

5　まとめ

(1)　以上、主観的視認条件につき若干の検討を試みた。この結果から何が示唆されるか。

　第1に、目撃者供述の信用性が、目撃者の供述内容自体のみにより評価されるという実務の現状は決して望ましいものではない。論理的にも、このような認定方法は循環論法と評し得る場合が多いのではないか[83]。

---

[81] 判タ556号208頁。
[82] この点につき、本書第6章参照。
[83] 中川・前掲注27書130〜131頁参照。

第2章　犯人識別供述の信用性評価に関する注意則　　55

いずれにせよ、このような認定方法がとられている現状においては、「有意的注意があったか」否かといった注意則よりも、「有意的注意の認定につきどのような点を踏まえねばならないか」に関する注意則を検討することのほうが重要である。このような注意則を抽出するためには、例えば公判廷証言の場合、①主尋問に対しどのような供述がなされたのか、②反対当事者はいかなる反対尋問をし、それに対し目撃者はどのような供述をしたのか、③これらの供述に基づき両当事者はいかなる主張をしたのか、④当該主張に対し裁判所はどのように対応したのか、等につきまず認識する必要があろう。これらの点につき叙述している判決理由はほとんどない。したがって、裁判例を集積して従来以上の精密な注意則を抽出するという作業は困難である。そこで、公判における証人尋問の具体的過程を検討することが必須になる。関係者間のコミュニケーション過程を、論理則を活用して分析することにより、新たな注意則が抽出される可能性は高い[84]。

(2)　第2に、主観的視認条件に関する認定のためには、供述内容以外にいかなる事情を考慮すべきか、に関する注意則の深化が必要である。多くの事例において、供述内容自体のみによらざるをえないのは、その他関連証拠が公判廷に出てきていないためかもしれない。考慮すべき事情に関する注意則が充実することにより、証拠開示につき進展がみられる可能性がある。この点につき、証言内容以外の事情を考慮した事例のリサーチが必須になる[85]。

(3)　第3に、心理学の活用である。心理学が主として問題にしてきたのは、この主観的視認条件、および識別手続過程における記憶の変容である。例えば、エリザベス・ロフタス＝キャサリン・ケッチャム（厳島行雄訳）『目撃証言』（岩波書店、2000年）が、8つの事件につき指摘する心理学的キーワードの中で最も頻度の高いものを3つ挙げるとすれば、「ストレス」、「凶器注目」、「無意識的転移」[86]であり、前二者が主観的視認条件、後一者が識別手続過程に関わる。第2点と関連するが、①証言内容自体以外に考慮すべき事情としてこのような心理学の一般的知見が挙げられるし、②心理学の一般的知見により、証言内容自体以外に何を考慮すべきかに関する検討が深化するこ

---

[84] 本書第1章参照。
[85] この点に関し、本書第6章参照。
[86] どのようなキーワードがどの程度の頻度で登場するかについては、同書の書評（中川孝博「書評・エリザベス・ロフタス＝キャサリン・ケッチャム『目撃証言』」季刊刑事弁護23号〔2000年〕188頁）を参照。

とが期待される。①については、心理学の「科学性」や当該事件との「関連性」という問題が生じるが、②については、そのような問題は生じない。証言内容自体以外の事情を詳細に検討した35事件では、心理学鑑定がなされており[87]、裁判官はその内容を十分に考慮したと評されている。当該鑑定は、心理学の一般的知見を単に述べるものではなく、当該事件の具体的事情をふまえた知見を述べたもののようである。裁判官は、「心理学の知見」に「拘束」されたのではなく、そのような具体的事情をふまえた検討に「説得」されたのであろう。このような法と心理学のコミュニケーションが、個別事例においてのみではなく、注意則研究一般にまで拡大することが望まれる。

---

[87] 一瀬敬一郎「目撃供述を争う刑事弁護と心理学鑑定」季刊刑事弁護11号(1997年)45頁、同「目撃供述の信用性と心理学鑑定——模擬フィールド実験的アプローチを中心に」渡部保夫先生古希記念論文集『誤判救済と刑事司法の課題』(2000年、日本評論社)409頁参照。

第3章
共犯者供述の信用性評価に関する注意則

1 はじめに

　前2章において、心理学等の隣接諸科学との連携が必要であることについて若干触れた。しかし、法学と心理学という異分野がどのようにコラボレートすればよいのかについては、不明な点も多い。そのためか、特定の事件で弁護人が心理学者に鑑定を依頼する際に、心理学者の方針と弁護人が求めているものにズレが生じる場合があるという話を聞く。また、できあがった心理学鑑定（意見）に対し、裁判官が当事者にとって予想外の評価をする場合もあるだろう。そこで本章では、共犯者供述、特に公判廷証言の信用性評価という領域に注目し、ある事件における証人の供述を心理学の手法により分析した大橋靖史氏の論文[1]を、法学の立場から検証することにより、検討の端緒としてみよう。

　刑事訴訟法学の分野においては、事実認定の適正化が積年の課題とされてきた。誤判を防ぐためには、なによりも裁判官の事実認定が適正になされねばならない。証人尋問結果の評価についても同様である。刑事裁判での証人尋問という場における市民（証人）と法律家のコミュニケーションは、その結果を適正に評価するという観点から検討されねばならない。そこで、事実認定の適正化のために刑事訴訟法学がこれまでどのような検討を行ってきたかを概観し、現段階におけるこれら検討の問題点を指摘することから始めよう。そして、そのような問題点を解決する端緒となるかという観点から大橋

---

[1] 大橋靖史「被尋問者による尋問プロセスのコントロール——尼崎スナック狙撃事件」淑徳大学社会学部研究紀要35号（2001年）219頁。なお、本章は2001年10月21日に行われた法と心理学会第2回大会シンポジウム「市民と法律家のコミュニケーション」における報告がもとになっている。筆者の報告は、大橋氏による当日の報告を受けたものだが、ここでは、大橋氏の分析を紹介する際にはこの論文を用いる。

論文を検討する。最後に、その検討結果から、証人尋問におけるコミュニケーション過程につき、心理学と法学の協働という観点から今後検討すべき課題を提示したい。

2 事実認定の適正化と注意則

　日本において、被告人と犯人の同一性をめぐり争われる事件には、被告人が捜査段階でいったん自白し、後に公判廷において否認に転じるというパターンのものが多い。このような事件では、捜査段階に作成された被告人の自白調書の信用性が争われることになる。昭和40年代頃までの裁判例には、自白調書の信用性評価につき、「現実味がありいきいきとしている」、「素朴で率直である」、「大筋をはずれていない」といった、全体的観察により得た印象にもとづいて評価するという方法をとっているものがみられた[2]。
　このような主観的・直感的証拠評価方法に対し、より明確な判断基準により客観的・分析的に判断すべきだとの見解に基づく裁判例が登場し、その流れは1982年の鹿児島夫婦殺し事件最高裁判決[3]により確立されたといってよい。この流れを受け、客観的・分析的証拠評価と呼べるにはどのような点を考慮しなければならないかを示すべく、証拠評価の際の準則が検討されてきた。この準則は、注意則と呼ばれている。自白の信用性評価にはじまった注意則研究は、犯人識別供述の信用性評価、情況証拠の証明力評価、共犯者供述の信用性評価へと対象を広げ、進展をみせている[4]。

---

[2] 木谷明『刑事裁判の心――事実認定適正化の方策〔新版〕』(2004年、法律文化社) 157頁以下参照。
[3] 最判昭和57年1月28日刑集36巻1号67頁。この判決は、自白調書の信用性を判断する基準として、①秘密の暴露に相当するものがあるか、②自白が真実であれば当然裏付けがとれるはずの事項に関し、とれているか、③真犯人であれば容易に説明でき、言及するのが当然と思われる事実につき言及があるか、④自白内容が不自然・不合理で常識上にわかに首肯し難い点があるか、といったものを挙げている。
[4] 守屋克彦『自白の分析と評価――自白調書の信用性の研究』(1988年、勁草書房)、石塚章夫「情況事実による主要事実の認定」小野慶二判事退官記念論文集『刑事裁判の現代的展開』(1988年、勁草書房) 111頁、石井一正「犯人識別供述の証明力」判例タイムズ738号 (1990年) 52頁、司法研修所編『自白の信用性』(1991年、法曹会)、渡部保夫『無罪の発見』(1992年、勁草書房)、木谷・前掲注2書、司法研修所編『情況証拠の観点からみた事実認定』(1994年、法曹会)、下村幸雄『共犯者の自白』(1996年、日本評論社)、司法研修所編『共犯者の供述の信用性』(1996年、法曹会)、川崎英明「情況証拠による事実認定」光藤景皎編『事実誤認と救済』(1997年、成文堂) 53頁、司法研修所編『犯人識別供述の信用性』(1999年、法曹会) 等。

3　注意則研究の現在

(1)　注意則研究の限界

しかし、現在においては、このような注意則研究にも一定の限界があることが指摘されねばならないだろう。ここでは、その方法自体に由来する問題をとりあげる[5]。

例として「有意的注意（意識的な観察）があったか否か」という注意則を取り上げてみよう。犯人識別供述の信用性を判断する際に検討すべき事項として、この注意則が挙げられている。しかし、①どのような事情があれば有意的注意があったといえるのか、具体的な判断基準まで定立されるには至っていない。また、実務では「有意的注意の程度」が争われる場合も多いが、②どの程度の注意があればどの程度の事実まで観察できるのかといった点に関する判断基準も定立されていない。指摘されているのは、意識的に観察していたという事実は供述の信用性を肯定する要因となり、意識的に観察していないという事実は信用性を否定する要因になる、といった程度のことにすぎないのである[6]。

そこで、上述①②の基準の具体化が求められることになる。しかし、従来の注意則研究方法によって、この作業を進展させることはできるだろうか。

これまでの注意則研究は、過去の事件の判決理由（事実認定に関する補足説明）を分析するという方法により行われてきた。したがって、有意的注意の有無に関する注意則研究を従来の方法で進めようとするならば、分析対象である判決理由がどのようなものであるかが重要になってくる。そこで、有意的注意の有無が争われた事例を再検討してみると、次のような結果が得られた[7]。

第1に、有意的注意の存在を認定した事件の判決理由には、次のような特徴がみられる。すなわち、「意識して見ました」と証人が供述したならば、特に考察が加えられることなく（当該証人の供述につき検討したあとを判決理由の中で示すことなく）「意識して見た」と認定されている場合が多いのであ

---

[5] その他の問題については、中川孝博「刑事裁判における事実認定研究試論㈠」大阪経済法科大学法学研究所紀要33号（2001年）1頁参照。
[6] 石井・前掲注4論文58頁参照。
[7] 詳しくは、中川孝博「犯人識別供述の信用性評価に関する試論」大阪経済法科大学法学研究所紀要32号（2001年）39頁（本書第2章）参照。

る。このことは、有意的注意に関する認定が、証人の供述内容それ自体に依存しており、他の判断材料が乏しいことを示唆している。

　第2に、有意的注意の存在を否定した事件の判決理由をみると、反対尋問により証人自身が供述を撤回したといえるような場合[8]や、証人の供述内容以外に考慮すべき証拠が多数存在するような、例外的な場合[9]に限られていることがわかる。これは、供述内容以外の判断材料が乏しいという前述の仮説を裏付けるとともに、有意的注意の有無に関する反対尋問がすこぶる困難であることが示唆される。

　このような状況において有意的注意に関する注意則研究を進展させるためには、なによりも、どのような証人尋問が法廷において繰り広げられたのか認識する必要がある。しかし、証人尋問の様子が具体的に判決理由において書かれることはほとんどないので、判決理由をもとにこれ以上検討を進めることはすこぶる困難といわざるをえない[10]。

(2) 共犯者供述の場合

　同様のことは、大橋論文が検討対象としている、共犯者供述の信用性評価の場面においてもいえる。大橋論文が検討対象としている事件（以下「本件」と呼ぶ）の一審判決では、①供述が一貫しており、②供述内容に合理性が認められ、③供述内容が他の者のそれと符合し、④弁護人による反対尋問にも耐えて動揺がなく、⑤命をかけても庇うべき被告人に対し、重大な不利益事実を語っている、という理由を挙げ、被告人に不利益な共犯者供述の信用性を肯定した。大橋論文が取り上げているポイントは、④である。

　この「反対尋問によく耐えていること」というポイントは、共犯者供述の信用性評価の際に検討すべき注意則として挙げられているものである。例えば次のような指摘がなされている。

> 　弁護人・被告人、更には裁判官からの信用性弾劾の質問に対しても共犯者が動揺を示さなかったことは、多くの場合、その供述内容が真実で

---

[8] 例えば、大阪高判平成3年2月15日判時1377号138頁。
[9] 例えば、東京地判平成3年6月27日判時1430号3頁。
[10] 判決理由の分析方法にも課題は残されている。中川孝博「情況証拠による事実認定に関する試論」大阪経済法科大学法学研究所紀要31号（2000年）89頁（本書第1章）参照。

あることを示唆するものとして評価できよう。しかし、一般的に、反対尋問が功を奏するか否かは、弁護人の訴訟準備の充実度、手持ち証拠の豊富さ、尋問の巧拙などと、共犯者側の引き込み供述を行う利益の強さ、意思の強さ、演技力などとの相関関係によって決せられる面が多いように思われる。特に、共犯者が、計画的・意図的に引き込み供述を行おうとしている場面には、予め反対尋問を想定してこれに対する応答を準備していることも考えられるから、共犯者が反対尋問に対して動揺や決定的な破綻を示さなかったからといって、直ちに信用性を肯定することはできない[11]。

「反対尋問によく耐えたこと」は、信用性を肯定する一要素となることは確かだが、さまざまな事情に影響を受けるものなので、信用性を肯定する決定的な要因にはならないというこの指摘自体は、正当だと評価できるだろう。しかし、どのような事情を、どのように考慮すれば、「反対尋問によく耐えた」と評価できるのかについては何も語られていない。多くの場合、この評価は、裁判官の直感によってなされているのではないだろうか。主観的・直感的証拠評価方法を克服し、客観的・分析的証拠評価を進展させるために検討されてきたはずの注意則に、直感的判断を許容する隙間が存在しているのである。このような状態は望ましいものとはいえない。そして、共犯者に対する尋問（または質問）がいかなるものであったかが具体的に判決理由において記されない現状のもとでは、従来の注意則研究方法によりこの問題を解決することはすこぶる困難なのである。

供述評価に関する注意則研究を進展させるためには、法廷における尋問の内容、すなわち証人と法律家のコミュニケーションのありようを認識し、分析する必要がある。この点、刑事裁判における調書や証人尋問の内容を心理学的に分析する研究が近時増えてきており、注目される。そこで、このような観点から、心理学の立場から法廷における共犯者供述の分析を行った大橋論文に注目してみたい。

---

[11] 司法研修所編『共犯者の供述の信用性』（1996年、法曹会）183頁。

4　大橋論文の検討

(1)　量的分析

　大橋論文では、本件共犯者供述につき、量的分析と質的分析がなされている。前者からみていこう。量的分析の結果は次のとおりである。
　①　証人の応答文字数は、尋問者の問いの文字数に比較して約2倍である。
　②　証人は、主尋問より反対尋問においてより多くの発話を行っている。
　③　「はい」「いいえ」といった二者択一形式での応答が可能な、クローズド・クエスチョンが全体の73.7％を占めていた。オープン・クエスチョンによる場合よりも、クローズド・クエスチョンによる場合のほうが、尋問者は多くの情報を証人に提供している。クローズド・クエスチョンに対する証人の応答は「はい」「いいえ」といった簡単なものであることが多い。
　④　クローズド・クエスチョンに対して証人が積極的に情報を加えた応答をしたり、オープン・クエスチョンに対して問いを無視したり拒否したりするなど、尋問タイプと応答タイプに不一致が生じているケースは16.5％あった。

　以上の結果から、本件証人尋問の特徴として、尋問者よりも証人のほうが当該尋問をコントロールしていることが示唆されている[12]。

(2)　質的分析

　このような量的分析をふまえ、具体的に証人がどのような形で尋問をコントロールしていたのか、質的な分析がなされている。
　大橋によると、本件証言には3つのパターンがあるという。①記憶のなさを示す応答から曖昧な応答への移行、②記憶のなさを示す応答から調書の確認の問いへの移行、③曖昧な応答から記憶のなさを示す応答への移行である。これらの特徴から大橋は、尋問者と証人のコミュニケーションにつき、証人の真の記憶を語る方向には向かっていないと解釈している[13]。

---

[12] 大橋・前掲注1論文225〜228頁参照。
[13] 大橋・前掲注1論文228〜232頁参照。

以上の解釈によるならば、反対尋問に耐えて動揺がないという裁判所の判断は、尋問者の側が情報を提供し、X自身はそうした尋問にのって複数の矛盾する情報を肯定も否定もせず曖昧なままに放置しているという事態をとらえたものにすぎず、説得力がないということになろう。

(3)　検討

　このような分析手法は、法学者・法律実務家によるこれまでの事実認定研究にはみられないものであり、注意則研究の新たな進展を促すものとなりえそうである。しかし、若干の疑問もある。
　第1に、量的分析については、果たして上記結果から大橋の解釈が導き出されるかどうか、疑わしい。証人尋問に関しては、刑事訴訟規則が細かいルールを定めている[14]。そこでは、広範な事由につき、誘導尋問すなわちクローズド・クエスチョンが許容されている。実際、証人尋問の際には、核心的事実そのもの以外にも、証人の経歴や、当該核心的事実に至るまでの事情など、非常に多くの事項につき尋問がなされるのが通常である。これらの事項に関する尋問がクローズド・クエスチョンでなされることは、実務においてさほど異常なことではないように思われる。つまり、クローズド・クエスチョンが多いこと、尋問者による情報提供が多いことは、この事件に特有の現象ではない可能性がある。
　第2に、質的分析については、次のような疑問がある。①刑訴規則199条の3第3項によれば、「証人の記憶が明らかでない事項についてその記憶を喚起するため必要があるとき」に誘導尋問ができることになっているので、記憶のなさを示す応答がなされた場合には誘導尋問がなされることになる。それでも記憶が喚起されない場合には、証人は曖昧な応答をするのが自然だろう。②記憶のなさを示す応答がなされた場合、検面調書の確認の問いをすることは一般的になされている[15]。このようなパターンは、この事件に特有のものではない。③曖昧な応答をして弁護人に追及され、記憶にないと答えることは、仮に真に記憶がないのだとすれば、むしろ自然なプロセスと評価できるのではないか。このプロセスのみをもって、証人が尋問者をコント

---

[14] 刑事訴訟規則199条の3、199条の4参照。
[15] 法曹会編『刑事訴訟規則逐条説明第2編第3章公判』(1989年、法曹会)99頁参照。

64　第1編　証拠評価に関する注意則の再生

ロールしていると評価することは難しいように思われる。

　以上のように考えてくると、(あえてポレーミッシュな表現を使わせていただくが) 現行の尋問ルールのもとでは、どのような証人のどのような証言を分析しても、大橋の挙げるパターンが指摘できる可能性がある。したがって、これらの分析結果により、当該証人が「執拗な反対尋問に耐えた」か否かについて結論を出すことは、困難ではないだろうか[16]。

5　まとめ

　事実認定の適正化という観点からみて、証人尋問における理想的なコミュニケーションとはどのようなものなのだろうか。理想的なコミュニケーションの実現に向けて、法学と心理学はどのような共同作業ができるのだろうか。本章における分析から、2つのポイントを指摘することができるだろう。

　第1に、証拠の解釈方法の充実化である。現在においては、証言の信用性につき客観的に分析するためのツールは、法学の分野では十分に開発されていない。そして、判決理由の分析による注意則の抽出という作業をさらに進展させることには限界がある。この点で、法廷のやりとりそのものを検討対象とする、心理学的観点による分析は重要である。

　しかし、このような分析を進展させるためには、「データのコンテクスト」をより踏まえる必要があるだろう[17]。また、1つの事件だけでなく、多数の事件を扱い、比較検討しながら分析手法を煮詰めていく必要があると思われる。データのコンテクストに関する情報提供、及び素材の提供という点で、法学者・法実務家と心理学者の共同作業が不可欠のものとなろう。

　第2に、証拠の獲得方法の改善、すなわち証人から供述を引き出す過程の改善という点である。主観的・直感的証拠評価方法が望ましくないものであるならば、直感的な評価しかできないような供述そのものをできるだけ少なくしていく必要がある。つまり、証言の特徴が心理学的に明らかにされるよ

---

[16] 以上の批判に対する大橋の反論として、大橋靖史「法廷における尋問者と証人のコミュニケーション——情報の提供者は誰なのか」法と心理2巻1号 (2002年) 12、19～21頁参照。そこでは、当該コミュニケーション・パターンそのものの特徴にまず注目すべきだという主張、そして、執拗な尋問に耐えたか否かというファクターを重視すること自体が問題だという主張がなされている。これらの主張自体には私も賛成する。

[17] 中川孝博「証拠評価をめぐるコミュニケーション研究序説」『光藤景皎先生古稀祝賀論文集下巻』(2001年、成文堂) 601頁 (本書第5章) 参照。

うなやりとりがなされねばならない。大橋論文の内容は、直接言及されているわけではないが、弁護人の尋問のあり方等に批判的な視点を提供するものになっている。さらには、現行の証人尋問のあり方自体に問題を投げかけるものともいえないだろうか。この観点からは、単に法律家による尋問方法の改善というにとどまらず、主尋問―反対尋問という方式、一問一答という方式、誘導尋問が認められる範囲など、現行法の規定それ自体にまで検討をおよぼす必要性が生じるかもしれない。従来、このような観点からの検討は十分になされてきていない[18]。事実認定の適正化という観点から重要課題とすべきだが、被告人の反対尋問権（憲法37条）との関係で、慎重な検討を要しよう。

---

[18] 民事裁判についてこの種の検討を試みたものに、菅原郁夫『民事裁判心理学序説』（1998年、信山社）がある。

第4章 自白の信用性評価に関する注意則

1 はじめに

　被告人の自白や犯行場面を目撃した者の証言といった直接証拠がなく、間接事実の評価のみによって被告人と犯人の同一性につき判断しなければならない事件が近年目につくようになった。とはいえ、日本における刑事裁判では自白（調書）が証拠として挙げられるものがほとんどであり、その信用性判断の適正化は依然として重要な課題である。

　刑事裁判における事実認定の適正化に関し、法律家が最も研究を積み重ねてきた分野は、まさにこの自白調書の信用性判断であったといってよい。1980年代以降、過去の裁判例を分析することにより、自白調書の信用性判断の際に検討しなければならないポイント、すなわち「注意則」を抽出していくという作業が積み重ねられてきた[1]。

　しかし、これらの研究成果によって、自白調書の信用性判断の適正化がよく果たされた状態になったと手放しで評価する声は耳にしない。個別事件における裁判官の判断を批判する声は後を絶たないし、それと関連づけて、注意則研究の限界について語られることも多いのである。そして、21世紀に入り、注意則研究に関するまとまった書物の出版も途絶えている状況である。事実認定の適正化にとって、もはや注意則研究は無用の長物となってしまったのだろうか。そうでないとすれば、今後の注意則研究はどのように進められていくべきなのだろうか。

---

[1] 守屋克彦『自白の分析と評価——自白調書の信用性の研究』(1988年、勁草書房)、司法研修所編『自白の信用性』(1991年、法曹会)、渡部保夫『無罪の発見』(1992年、勁草書房)、下村幸雄『共犯者の自白』(1996年、日本評論社)、司法研修所編『共犯者の供述の信用性』(1996年、法曹会)、木谷明『刑事裁判の心——事実認定適正化の方策〔新版〕』(2004年、法律文化社)等。以上の研究書には再録の論文が含まれていることが多いが、その初出はいずれも2000年以前である。

以上の問題意識に基づき、本章では注意則研究の具体的課題を抽出することを試みたい。まず、これまでの注意則研究の進展状況を概観する（**2**）。次に、注意則研究の限界に関する言説等を分析することにより、今後進められるべき注意則研究のアプローチについて考察する（**3・4・5**）。最後に、得られたアプローチに沿って、自白の信用性を否定した近年の事例を試論的に分析し、注意則研究の具体的課題を抽出する（**6**）。

2　事実認定の適正化と注意則研究

　日本において被告人と犯人の同一性が争われる事件には、被告人が捜査段階でいったん自白し、後に公判廷において否認に転じるというものが多い。このような事件では、捜査段階において作成された被告人の自白調書の信用性が争われることになる。その判断方法につき、過去の裁判例には、「現実味がありいきいきとしている」、「素朴で率直である」、「大筋をはずれていない」といった全体的観察により得た印象を重視し、客観的事実と自白内容の矛盾や自白の変遷状況等には焦点をあてないという、いわゆる主観的・直感的評価方法をとっているものがみられたところである[2]。

　これに対し、秘密の暴露の有無、客観的状況との矛盾等、より明確な判断要素に焦点を当て、客観的・分析的に判断すべきだとの見解に基づく裁判例が登場し、その流れは1982年の鹿児島夫婦殺し事件最高裁判決[3]により確立されたといってよい[4]。この流れを受け、客観的・分析的証拠評価と呼べるにはどのような点を考慮しなければならないかを示すべく、証拠評価の際に踏まえられねばならない注意則が検討されてきたのである。

　事実認定の適正化の大きな流れを、大別して実体的適正化（適正な証拠評価のあり方の追求）と手続的適正化（裁判官が適正な証拠評価をするような手続的条件[5]の追求）に分けることができるならば、これまでの注意則研究は前者に属するものといえよう。「事例を分析、整理することにより、我々に続く後輩達に何か参考となる手掛かりを与える」[6]という叙述からも示唆さ

---

[2] 木谷・前掲注1書184〜195頁参照。
[3] 最判昭和57年1月28日刑集36巻1号67頁。
[4] もっとも、例えば草加事件民事訴訟第1次控訴審判決（東京高判平成6年11月30日判時1516号40頁）のように、依然として主観的・直感的評価方法により判断したことを明瞭に示す裁判官は存在しており、主観的・直感的評価方法と客観的・分析的評価方法という分析枠組みの重要性はいまだ失われていない。

れるように、注意則研究は、個別事件に向かう裁判官を名宛人とし、心証形成作用そのものに影響を与えることを目的としていたのである。

　以上のような目的のもと、1980年代から90年代にかけて精力的に進められてきた注意則研究であるが、近年に至り、その歩みを突如止めてしまったかのようにみえる。2000年以降、研究書といったまとまった形で注意則研究の成果が新たに示された例はない。注意則研究がその課題を全うしたためなのであれば問題とすべきことはないのだが、冤罪の可能性が指摘される事件が後を絶たないことからも窺われるように、課題を全うしたといえるだけの状況にはない。したがって、注意則研究は現在停滞していると評せざるをえず、停滞状況に陥っている原因を追求する必要がある。まずは、注意則研究に対してなされる批判を検討することから始めよう。

3　注意則研究に対する訴訟関与者の不満

　注意則研究に対する批判は、弁護士からなされることが多い。次の叙述がその典型である。

　　たとえば一審有罪と二審無罪で結論を違えたものでも、ほとんど同じようなチェックポイントでチェックをしていながら、評価が変わっているという事例がかなりあります。それはどうしてかと考えると、確かにチェックポイントはいろいろ研究されたけれども、それが最後の心証の段階でどちらにもとり得るという、いわばヌエ的な要素があるからでしょう。……本当にチェックポイントとして示されるだけで信用性判断が充実したものになっていくのかどうかについて、心配な点が拭い去れないというのが正直な感想です[7]。

---

[5] 「実体判断としての事実認定の内容的適正化を担保できるような手続的統制のあり方」と表現されることもある（川崎英明『刑事再審と証拠構造論の展開』〔2003年、日本評論社〕218頁）。本章では、裁判官の問題とその他訴訟関与者の問題を分け、かつ前者の問題に焦点をあてるために、手続的適正化を「裁判官の事実認定を可視化し、第三者による検証が可能なシステムの構築」と定義しておきたい。この点につき、中川孝博「情況証拠による事実認定に関する試論」大阪経済法科大学法学研究所紀要31号（2000年）89、90頁（本書15〜16頁）参照。

[6] 司法研修所編『自白の信用性』（1991年、法曹会）1頁。

[7] 座談会「刑事裁判は甦るか──最近の無罪判決の意味するもの」法学セミナー441号（1991年）24、28〜29頁［神山啓史発言］。

第4章　自白の信用性評価に関する注意則　　69

注意則もそれを使う者（裁判官）次第だというこの種の批判は、刑事弁護の技術に関する各種研究の中でより具体的に示されている。例えば自白内容が合理的か否かチェックせよという注意則については、次のように扱われている。

> 自白の内容それ自体が不合理なものである場合は、作り話の可能性がある。但し、不合理といえるかどうかは見るものの立場次第というところが大きく、弁護人がいくら不合理だと思っても、裁判官がそれを理解してくれなければ何の意味もないので、独りよがりにならないように注意しなければならない[8]。

弁護士の主張が独善的になることを戒める叙述ではあるが、主眼は、「不合理といえるかどうかは見るもの次第」という点にあると考えるべきだろう。見るものが異なれば評価も変わりうるのであれば、弁護士の主張が「独善的」か否かは判決に直接影響を与えるものではない[9]。自白内容の合理性という注意則が適正な事実認定の実現に寄与するか否かは、結局、それを使う「人」に依存すると指摘されているのである。

自白内容の変遷という注意則についても、次のような指摘がみられる。

> 自白の内容が変遷している場合、変遷箇所が重要なものであればあるほど、後から合わせて作った話である可能性が高い。但し、これも変遷箇所が重要なものでないとか、変遷の理由が納得できるなどという理由で、自白の信用性を損なわないとされてしまうことが少なくないことに留意すべきである[10]。

---

[8] 庭山英雄＝山口治夫編『刑事弁護の手続と技法』（2003年、青林書院）258頁［國部徹執筆］。
[9] 元裁判官である木谷明の注意則研究には、最高裁の近年の裁判例を検討するかぎり、自白内容の合理性判断については「近時次第に厳格なものになりつつあるということがわかる。特に、最近の破棄判決の中には、『誰がどう考えても明らかに不合理』という程ではなく、考え方によっては不合理とまではいえないのではないかと思われる自白につき、当該の具体的状況、行為者の置かれた立場、相互の人間関係等を深く洞察して、『不自然・不合理』という判断を示す例が多くなっている点には、注目せざるを得ない。自白の信用性判断にあたっては、お座なりの形式的つじつま合わせは、もはや通用せず、物事の本質に立ち帰った深い洞察が必要とされることを端的に示すものというべきであろう」（木谷・前掲書（注1）221頁）との叙述がみられる。注意則研究の結果と実務における弁護士の意識にギャップの存することが窺える。
[10] 庭山＝山口編・前掲注8書258頁。

変遷の有無に注意せよという注意則は、そもそも変遷の存在に気がつかないような裁判官にとっては意味があるが、深刻に自白の信用性が争われる事件において今日そのような事態が生じるとは考えにくい。論点は、変遷の有無それ自体ではなく、変遷の理由に合理性があるか否か等の問題に移っている。そして、その評価は裁判官次第だということが指摘されているのである。
　この点につき、従来の注意則研究もその限界を自ら認めている。木谷明は、自白内容の変遷の原因をどう捉えるかにつき、主観的・直感的アプローチで臨むか、客観的・分析的アプローチで望むかによって異なりうることを示唆しているが、注意則としては「判断に慎重を期すべき」との命題を引き出しているのにとどまる。

　　自白の変転が、……いずれの理由によって生じたのかは、右変転の内容を眺めるだけでは、容易に判明しない。それでは、自白がどのような経過で採取されたのかを知ろうとして、被告人と取調官を尋問してみても、多くの場合、供述が水掛け論に終わって真相を把握し得ないであろう。……捜査の可視化又はこれに替り得る適切な方策が講じられそうもない現状においては、転々変動する自白の信用性の判断に慎重を期すべきことは当然のことと思われ、さしたる理由もないのに、……これを軽視するのは相当でないと思われる[11]。

　自白調書の信用性判断に関するその他の注意則についても、同種の批判に事欠かない。以上のような状況の中、川崎英明は、「こうした注意則も、それのみで直ちに『事実認定の適正化』につながるわけではない。なぜなら、こうした注意則が必罰主義の思想に立って活用されることとなれば、直感的印象的判断方法に引きつけて注意則を適用し、その結果、注意則を有罪認定を合理化する論理として機能させることとなるのであって、それでは、無辜の不処罰という意味での『事実認定の適正化』にはつながらないからである」[12]と述べ、注意則それ自体が独立して事実認定の適正化に寄与すること自体を疑問視する[13]。

---

[11] 木谷・前掲注1書200頁。
[12] 川崎・前掲注5書217頁。

しかし、この指摘はやや結論を急ぎすぎているように思われる。前述のように、注意則研究の目的は、適正な事実認定を実現するために、証拠評価のうえで重要なポイントを指摘し、心証形成作用に影響を与えることにあった。結局のところ裁判官次第だという実務家の印象は、注意則が十分に精密なものになっていないため、当初の目的を果たすべく研究をより充実させるべきことを示唆するものである。現実の裁判官がいかなる態度をとっていようとも適正な事実認定をせざるをえないような注意則の構築が目標となる。現状が十分に評価できないからといって、これまでの注意則研究の蓄積を軽視し、さらなる進展の試みを放棄すべきではない。

　もっとも、注意則の進展が近年に至り停滞状況にあることも先にみたとおりである。私たちは、注意則を使う「人」の問題はひとまず脇に置き、注意則研究そのものに目を向け、なぜより精密な注意則が抽出されないのか、なぜ停滞状況にあるのかを検討しなければならない。

4　従来の注意則研究に内在する3つの問題

　これまでの注意則研究が停滞状況に陥っている要因として、①検討対象に由来する問題、②検討方法に由来する問題、③検討アプローチに由来する問題が挙げられるように思われる。順に検討していこう。

(1)　検討対象に由来する問題

　従来の注意則研究は、検討対象を過去の裁判における判決書にしぼってきた[14]。実際に証拠・記録にあたっているわけではなく、証拠がどのようなものであったかについては判決書を書いた裁判官のフィルターを通してしか知ることができない。そのような限界はこれまでの注意則研究者自身も意識しているところであり、さほど目新しい指摘ではない。

---

[13] さらには、一定の注意則研究のアプローチ自体までも批判されることがある。例えば、「誤判防止という観点からすれば、上の各項目は、何よりも虚偽自白を排除するという消極的なチェック項目（消極的注意則）として用いられなければならない。残念ながら、司法研修所編『自白の信用性』には、このような態度は皆無に近い」（大出良知＝川崎英明＝神山啓史＝岡崎敬編著『刑事弁護』〔1993年、日本評論社〕111頁）といったように、一定の注意則研究が必罰主義的なアプローチに立っているとの指摘もなされている。

[14] 渡部・前掲注1書はその例外で、日本における過去の裁判の判決書以外に、海外の誤判事例や心理学の研究成果を考慮している。

ここでの問題は、「なぜ注意則研究が停滞し、より精密な注意則が生じないか」である。検討対象を過去の裁判例に絞っていることは、この問題に関係しているように思われる。すなわち、裁判例に示される証拠評価方法に注目すべき点があるため、それが注意則として抽出されるのであり、注目すべき進展が実務にみられなければ、必然的に、従来以上に精密な注意則を抽出することができないことになる。従来の注意則研究は、検討対象の性質上、実務に先行して新たな提言をすることが困難なのである。逆にみるならば、現在の注意則研究の停滞状況は、実務における事実認定の適正化の動きが停滞していることを反映するものということができよう。

　例えば、犯人識別供述の信用性判断につき、有意的注意があったか否か（しっかり観察していたか否か）を検討せよという注意則がある。有意的注意に関する従来の注意則研究の指摘は、「意識的に観察していたという事実は供述の信用性を肯定する要因となり、意識的に観察していないという事実は信用性を否定する要因になる」といったものでしかない[15]。これでは、「ヌエ的」と評されても仕方がない。実務家が求めるものは、どのような状況でどの程度の注意があれば、どの程度の観察ができるのかといったより詳細な点に関する注意則であろう。しかし、実務では、証人が「意識して見ました」といえば有意的注意があったと認定され、「よく注意していなかった」といえば有意的注意がなかったと認定されるという単純な構造が維持されている[16]ので、どれだけ事例が積み重ねられても、それを検討対象として、従来よりも精密な注意則を抽出することは不可能なのである。

　また、いわゆる共犯者自白の信用性につき、「反対尋問によく耐えていること」という注意則が挙げられている[17]が、これについても状況は変わらない。どのような事情をどのように考慮すれば「反対尋問によく耐えた」と評価できるのか、その指標は未だ示されていない。検討対象である裁判例にそれが示されず、結論のみが書かれてある場合がほとんどだからである。多くの事件において、裁判官は、この注意則に該当するかにつき主観的・直感的に判断せざるをえない。主観的・直感的評価方法を克服し、客観的・分析的証拠

---

[15] 石井一正「犯人識別供述の証明力」判例タイムズ738号（1990年）52頁参照。
[16] この点につき、中川孝博「犯人識別供述の信用性評価に関する試論」大阪経済法科大学法学研究所紀要32号（2001年）39頁（本章第2節）参照。
[17] 司法研修所編『共犯者の供述の信用性』（1996年、法曹会）183頁参照。

評価を進展させるために検討されてきたはずの注意則に、直感的判断を許容する隙間が存在しているのである[18]。

(2) 検討方法に由来する問題

従来の注意則研究は、判決理由の検討を通して当該裁判官の証拠評価過程を分析するという方法をとってきた。しかし、実際の心証形成過程と判決理由の叙述がまったく一致しているという保証はない。また、判決理由の書き方につき明確な法的ルールが定立されているわけでもなく、裁判官により千差万別ということもあり、実際の判決理由に直接書かれていないことも推測しながら分析していかなければならないことが多いであろう。

問題は、これまでの注意則研究において、その分析方法が具体的に明示されることがなかったという点にある。判決理由に直接出ているものと分析者が推測したものが区別されず、分析結果のみが示されるため、結果の正しさを他者が検証し、反論することはすこぶる困難である。

例えば、判決理由を読むかぎり有意的注意の存在を否定しているとしか思えない事件につき、ある注意則研究は、有意的注意があったが短時間の観察であったため信用性が否定された事例として評価している[19]。私は「判決理由にはそのように書かれていない」と批判することはできる。しかし、判決理由をそのまま素直に読むという分析方法がとられていないのであれば、この批判は的外れなものとならざるをえない。そして、当該研究者がとった方法はいかなるもので、それが妥当なものかにつき、検討する手段はないのである。

これまでの注意則研究における判決理由の分析が適切なものであるのか、本格的に検証されることがほとんどなかったのは、このような状況が背景にあるのかもしれない。ともあれ、このような検証可能性、反証可能性が十分でない状況において、批判的に過去の研究を検証し、後の研究へと発展的に継承させていくことはすこぶる困難である。

---

[18] この点につき、中川孝博「証人尋問におけるコミュニケーション研究の方法——事実認定の適正化の観点から」法と心理2巻1号（2002年）24、26頁（本書62頁）参照。
[19] 大阪高判平成3年2月15日判時1377号138頁に対する司法研修所編『犯人識別供述の信用性』（1999年、法曹会）42頁と中川・前掲注16論文48頁（本書42〜43頁）を対比せよ。

(3) 検討アプローチに由来する問題

　これまで呈示されてきた注意則には、実体的には正当、すなわち裁判官が当該注意則に従わねばならない旨承認できることは確かであるが、手続的には、当該注意則に正当に依拠した旨具体的に判決理由において論証することが裁判官にとって困難であり、第三者にとっても、判決理由を分析して、裁判官が当該注意則に依拠して判断をしているかを検証することが困難なものが多数存在する。情況証拠による事実認定に関する「独立・多数の間接事実の総合によるべきである」という注意則はその典型であろう[20]。

　このような注意則が多い原因は、注意則研究のアプローチ自体にあると思われる。注意則研究の名宛人は裁判官であり、その心証形成作用に影響を与えようとしている点で、実体的アプローチである。直接的にはその他の訴訟関与者を名宛人としておらず、判決理由を通した検証可能性についても意を払われていない。

　しかし、実際に注意則を武器として使用するのは裁判官に限らない。当事者も注意則を武器としてあるべき証拠評価を主張するのである。また、裁判官の事実認定が適正なものであるか否かを当事者が検討する手段はすこぶる限られており、実際上、判決理由の分析を通して裁判官の事実認定を内在的に批判するか、あるいは、正当と考える自己の証拠評価を対置させて、外在的に批判するしかないといってよい。このような状況において、「注意則は使えない」という評価が出てくるのは当然である。もともと当事者が武器として注意則を使用すること、そして証拠評価をめぐる裁判官と当事者のコミュニケーション・ツールとして注意則を使用することは目的とされていないのである。実体的適正化のみを目的とするのではなく、手続的適正化とのリンクを図ることを意識しないかぎり、当事者が「使える」注意則が生まれる契機は乏しいだろう[21]。

---

[20] 中川・前掲注5論文90～91頁（本書16～17頁）参照。
[21] 以上の点につき、中川・前掲注5論文90～95頁（本書15～20頁）、中川孝博「証拠評価をめぐるコミュニケーション研究序説」『光藤景皎先生古稀祝賀論文集下巻』(2001年、成文堂)601、601～605頁（本書129～132頁）参照。

5 注意則研究の目指すべき方向

(1) 基本的視点

注意則研究の停滞状況を克服し、事実認定の適正化の動きを進めるためには、以上のような、従来の研究自体に内在する諸問題を解決する必要があろう。

第1に、検討対象を過去の裁判例に限定することなく、心理学等の隣接諸科学との連携を意識することである。

第2に、検証可能な方法論をとることである。

第3に、裁判官だけでなく当事者をも名宛人とする注意則研究を目指し、実体的適正化と手続的適正化の両方を射程に入れたアプローチをとることである。

これらの課題を具体化するためには、まず第3の課題をつめる必要がある。注意則研究の射程を明らかにすることにより、どのような方法をとり（第2）、隣接諸科学とどのように連携すればよいか（第1）という問題を解明する道筋が得られよう。

裁判官の事実認定につき、当事者はさまざまな不満を持ちうる。①結論への不満、②主張に応えてもらえないことへの不満、③主張を誤解されたことに対する不満等である[22]。これらの不満は、裁判官の事実認定に対する不満という形をとっているが、裁判官の頭の中を実際に覗いたわけではもちろんない。これらの不満は判決理由を聞き、読むことによって生じるものである。その意味で、当事者の不満は、直接的には、判決理由の「書かれ方」に由来するといえる。

前述のように、従来の注意則研究が対象としてきた過去の事件における判決理由は、当事者と裁判官の間における、証拠評価に関するコミュニケーション・ツールとして、ほぼ唯一のものである。逆説的な言い方をするならば、事実認定の適正化にとって最も重要なのは、目に見えない「裁判官の頭の中」ではなく、コミュニケーション・ツールとして実際に使用される「裁判官が書く判決理由」なのである[23]。

このようなコンテクストを踏まえるならば、裁判官にとっても当事者に

---

[22] その結果、手続上どのような混乱が生じるかにつき、中川・前掲注21論文614〜624頁（本書139〜147頁）参照。

とっても「使える」注意則研究とは、裁判官を名宛人とする「審理不尽防止アプローチ」に基づく研究ではなく、裁判官と当事者間における、証拠評価をめぐるコミュニケーションの適正化を図るのに資する研究であり、具体的には、両者間における唯一のコミュニケーション・ツールである判決理由の「書き方」を適正にするのに資する注意則の呈示が第1の目標、適正な書き方ができない要因があるならば、それを除去するための提言の呈示が第2の目標とされるべきであろう。

(2) 新たな注意則研究の方法

以上のようなアプローチを設定することによって、判決理由を分析する際にも検証可能な研究方法をとることが容易となろう。判決理由から裁判官の証拠評価の実際を推測する必要がなくなり、判決理由の叙述そのもののみに焦点を絞ることができるからである。証拠評価の実際を探る手がかりとして判決理由を捉えるのではなく、当該事件における裁判官の証拠評価が正当なものであることを示したものとして捉えるのである[24]。

分析道具についても、極力検証可能なものでなければならない。人によって判断がわかれ、かつ水かけ論となりやすい経験則ではなく、論理則を主として用いた分析が望まれる。検証可能性が高く、かつ、証拠評価そのものではなく証拠評価に関するレトリックを検討対象とするという点において、後者のほうが有用であろう。

論理則を主軸とした判決理由の分析は次のように行われるべきである。

第1に、判決理由において、どのような証拠につき、どのように叙述されているか、そして当該叙述に関連する注意則にはどのようなものがあるかを整理する。

第2に、その証拠、叙述（レトリック）、注意則の連関を検討する[25]。この検討により、従来の注意則が現在どのような機能を果たしているか、あるいは

---

[23] 裁判員制度の施行に伴い、従来の注意則研究を否定する見解がみられる（例えば高野隆「裁判官は、いつ事実を認定するのか」法と心理7巻1号〔2008年〕19頁、日本弁護士連合会編『法廷弁護技術』〔2007年、日本評論社〕5〜6頁〔高野隆執筆〕参照）が、「判決理由をめぐるコミュニケーション」という状況それ自体に変化はないことを看過している。

[24] このように判決理由を捉えたうえで、証拠や記録をみずに、判決理由の叙述そのものが正当といえるかどうかを審査するのが、ドイツにおけるあとづけ可能性審査である。その現状の紹介、およびあとづけ可能性審査を日本における理由不備・齟齬の審査に導入すべきことを論じたものとして、中川孝博『合理的疑いを超えた証明——刑事裁判における証明基準の機能』(2003年、現代人文社) 111〜191、294〜306頁参照。

果たしていないかが明らかとなる。

　第3に、当該注意則の機能が不全に陥っているならば、あるべき機能を果たさせるための方策を呈示する。それは従来の注意則の修正という形をとることもあるだろうし[26]、新たな注意則の定立という形となることもあろう。単に判決理由の叙述だけでなく、捜査のあり方、公判手続のあり方等にまで提言が及ぶこともありうる。隣接諸科学との連携方法は、これらの検討がなされていく中で明らかとなっていくだろう[27]。

6　自白の信用性に関する近年の無罪事例

(1)　無罪事例を検討する意義と方法

　これまでの検討で得られたアプローチをもとに、自白の信用性につき判断した事例を試論的に検討してみよう。事件の収集・選別にあたっては以下の点を考慮した。

---

[25] 裁判官と当事者のコミュニケーション・ツールとして注意則を捉えるならば、判決理由を検討するだけでは不十分であり、どのような証拠に基づき、当事者がどのような主張をしたかも整理したうえで、これらと判決理由との連関を検討しなければならない。さらには、当事者の証拠調べ請求に対する証拠決定（一定の事情の存在を証明するための証拠調べ請求を却下しておきながら、判決理由では「この事情が存在することを示す証拠はない」と叙述する場合を想定せよ）や、その他裁判官の訴訟指揮との連関も検討が必要となってくるだろう（実験の実施を急がせておきながら、判決理由では「この実験は実際と条件が違うので、実験結果は参考にならない」と叙述する場合等を想定せよ）。検討すべき対象を広げるほど精度は高まるが、一方で量的な面を犠牲にしなければならない。一定の人数による組織的研究が望まれる。なお、ある事件につき証拠、当事者の主張、判決理由の関係を検討したものとして、中川・前掲注21論文（本書第5章）参照。これらの諸要素を分析する方法を示したものとして、中川孝博「誤判原因の分析方法」季刊刑事弁護36号（2003年）33、34～37頁（本書150～157頁）参照。

[26] 例えば、情況証拠による事実認定の際の注意則として「間接事実の評価は同時に、かつ平等に行わねばならない」というものがある（石塚章夫「情況証拠による主要事実の認定——放火事件を素材として」小野慶二判事退官記念論文集『刑事裁判の現代的展開』〔1988年、勁草書房〕111、128頁、川崎英明「情況証拠による事実認定」光藤景皎編『事実誤認と救済』〔1997年、成文堂〕53、70頁等参照）。裁判官の「心構え」としてはこの注意則は有用だが、実際は、当該注意則に従って判断した旨判決理由に論証することは難しく、かつ、第三者も、判決理由から、裁判官が当該注意則に従って判断したか否かにつき、指摘・論証することが難しい。コミュニケーション・ツールとしてこの注意則を活用するためには、工夫の必要がある。この点、「全ての間接事実につき、ベイズの定理に従って蓋然性評価を具体的に示せ」という「書き方注意則」を定立することが有用である。ベイズの定理に従い、被告人が犯人であるとして当該事実が存在する可能性と、被告人が犯人でないとして当該事実が存在する可能性を具体的に示させることにより、平等に各間接事実を評価する叙述になっているかを検討することが可能となる（中川・前掲注5論文102～110頁〔本書26～32頁〕参照）。個々の間接事実が持つ推認力がどの程度のものであるかにつき叙述せず、事実のみを列挙して総合評価するというレトリックが多用されるのが現状であるが、これでは、個々の間接事実の推認力を考慮せず、「何となく総合評価」するのが正当なのだと言っているに等しい。このような判断方法は論理則違反といってよい（中川孝博「『合理的疑い』の果たすべき機能」季刊刑事弁護27号〔2001年〕44、47～49頁参照）。

[27] 「有意的注意があったか否かを検討せよ」という注意則が機能不全に陥っている現状を打開するために隣接諸科学とどのように連携すべきかにつき、中川・前掲注16論文63～64頁（本書55～57頁）参照。検討の方法論をつめることなく隣接諸科学と連携することの危険につき、中川・前掲注21論文624～625頁（本書147頁）参照。

表1 ● 被告人と犯人の同一性が争われ、自白の信用性が否定された事例（2000年～）

事件番号	罪名	判決
606	迷惑防止条例違反（痴漢）	東京高判平12・7・14（破棄自判・無罪）
615	迷惑防止条例違反（痴漢）	東京高判平12・9・18（破棄自判・無罪）
649	常習累犯窃盗、強盗	岐阜地判平13・3・12（強盗につき無罪）
652	現住建造物等放火未遂、器物損壊	仙台地判平13・4・24（無罪）
659	道交法違反、傷害致死	長野地松本支判平13・5・21（傷害致死につき無罪）
675	強制わいせつ未遂	名古屋地判平13・10・5（無罪）
709	覚せい剤取締法違反、大麻取締法違反	京都地判平14・2・7（大麻につき無罪）

第1に、2000年以降に出された判決を取り上げた。注意則研究書の刊行が途絶えた後の近年の事例に絞る趣旨である。

第2に、自白の信用性を否定した事例を取り上げた。前述のように、自白の信用性判断が「人によって異なる」との印象が持たれている現状においては、無罪事例を「疑わしきは被告人の利益に」原則に沿って正しく判断した模範として確定的に捉えるのは危険である。むしろ、いつ破棄されるかわからない不安定さの中にある判決群と推定するのが適切だろう。その意味で、自白の信用性を肯定した事例と否定した事例を漫然と並べて検討するのではなく、後者をまず集中的に検討する必要があると判断した。

第3に、自白の信用性を否定した事例のうち、事件性そのものが争われているものは検討の対象から外した。事件性については争いのない事例と比べて争点が異なる場合が多いので、判決理由の叙述もおのずと異なったものとなる。今回の試論的検討においては、なるべく各事例の条件を統制したほうが望ましいと判断したのである。

以上の条件に沿って、各種判例集および日本弁護士連合会刑事弁護センター『無罪事例集』第6～8集を検索した。条件に合う事例は各種判例集からはほとんど検索できず[28]、無罪事例集に収録されている事件7件が対象となった（**表1**参照）。表中の「事件番号」とは、刑事弁護センターが付けた整理番号を意味する。以下、事件に言及する際にはこの事件番号を使用する。

---

[28] 後掲の652事件は判時1761号140頁にも掲載されている。控訴審判決（控訴棄却・無罪維持）も公刊されている（仙台高判平成14年11月12日判タ1156号286頁）が、本事件についてのみ2つの判決を取り上げたうえで、各事件に共通する「一般的傾向」を導き出すべきではないと考え、検討の対象から外した。

表2●司研1991に掲載されている注意則の数

	注意則のカテゴリー	通算番号
A	自白の経過	01〜16
B	自白内容の変動・合理性	17〜46
C	体験供述	47〜52
D	秘密の暴露	53〜58
E	自白と客観的証拠との符合性	59〜72
F	裏付けとなるべき物的証拠の不存在	73〜76
G	犯行前後の捜査官以外の者に対する言動	77〜78
H	被告人の弁解	79〜92
I	情況証拠との関係	93〜94

自白の信用性が否定された無罪判決の数が全体として少ない現状に鑑みると、サンプルとしては十分な数だと思われる。

検討は次のように進めた。

第1に、司法研修所編『自白の信用性』（1991年、法曹会。以下、司研1991と呼ぶ）に掲載されている注意則を整理し、通算番号を付した（本書89頁**資料1**参照）。自白の信用性に関する従来の注意則研究群において、各注意則に番号を付し、見やすく整理したものはない。そこで、判決理由と注意則の連関を考察するためにこのような作業が必要となったのである。司研1991を選んだのは、これが最も実務において使用されているものと思われたためである。司研1991に掲載されている注意則は94個であり、司研1991自体が設けているカテゴリー（A〜I）ごとの内訳は**表2**のとおりである。

第2に、各判決理由（自白調書の信用性評価に関する部分のみ）をマトリックス化した。関係する注意則の番号、証拠、証拠の内容、証拠に対する評価（推理の連鎖が示されている場合には順次a、b〜として分けた）、叙述の論理関係（接続詞）、結論という項目に分解し、判決理由の構造・レトリックが見えやすいものとしたのである（本書98頁**資料2**参照）。こうしたうえで、証拠、レトリック、注意則の連関を探っていった。その結果を順次みていこう。

(2) 叙述方法の一般的特徴

マトリックスを眺めれば一目瞭然であるが、どの判決も、自白調書の信用性を高める事情をまず列挙し、その後、信用性を低める事情を列挙し、総

合評価するという書き方をしている。間接事実群はただ列挙されるだけで、個々の間接事実の推認力については具体的に叙述されない傾向がみられる。

このような叙述方法は実務で一般的なものといえ、特に問題がないようにもみえる。しかし、裁判官と当事者のコミュニケーションを阻害しかねない側面がないとはいえない。

例えば606事件では、信用性を低める事情として「否認と自白が交錯した安定しないものである」ことを挙げつつ、信用性を高める事情として「当時53歳の会社役員であり、社会的な経験も豊富である被告人が、痴漢という破廉恥行為につき軽々に虚偽の自白をすることは一般的には考えにくい」ことを挙げ、「右自白の信用性は一応肯定してよいかのごとくである」[29]と述べている。しかし、「否認と自白の交錯」という状態と、「軽々に虚偽の自白をする」という状態は本来両立しない。したがって、この叙述は、非両立の関係にあるものを両立させているという意味において論理則違反を犯している。

このような、注意則相互の関係を十分に吟味することなく漫然と間接事実を列挙するという叙述方法は、論理則違反になっている可能性が高いにもかかわらず、それが見過ごされ、例えば「53歳の会社役員で社会的経験も豊富である人間が、痴漢という破廉恥行為につき軽々に虚偽の自白をすることはどの程度ありうるか」といった、蓋然性の程度に関する客観的に検証困難な水かけ論に当事者を陥らせてしまう可能性がある。その意味で、このような書き方は、裁判官と当事者のコミュニケーションを混乱させる危険がある。

また、間接事実を列挙するだけという書き方は、それ自体論理則違反といえるし、証拠評価をめぐる叙述を中途で断ち切っているという意味で、コミュニケーションを阻害しているのである[30]。

(3) 登場する注意則の特徴

司研1991には94個に及ぶ注意則が呈示されているが、今回対象とした事件において、どの注意則が、どのくらいの頻度で登場しているだろうか。

表3は、自白の信用性を否定させる消極的注意則のうちどれが何回問題になっているかを示したものである。この表をみると、94個の注意則のうち実

---

[29] 日本弁護士連合会刑事弁護センター『無罪事例集第7集』(2002年) 17頁。
[30] 注26参照。

表3●登場する注意則（消極的事情）

項		A			B1			B2			C			D			E			F	H
注意則	10	12	16	18	30	32	42	45	46	47	48	49	53	57	58	62	65	72	75	89
606			1			1		1	1	1		1								2
615					1	1			1			1					2			1
649	1										1				1		1	1	1	1
652	1		1			1	1	1	3		2	3	1	1		1		1		
659							1	1								2	2			
675			1																	1
709		1											1			1	1			1
計1	2	1	2	1	1	2	3	2	5	1	3	5	2	1	1	4	6	1	2	6
計2		5			4			10			9			4			11		2	6

表4●登場頻度と、司研1991で指摘される当該事情の重要度との関係

	注意則	価値
①	E（自白と客観的証拠との符合性）	重要
②	B2（自白内容の合理性）	重要
③	C（体験供述）	相対的・直感的で限界あり
④	H（被告人の弁解）	重要だが印象批評的なものになる危険あり
⑤	A（自白の経過）	補助的
⑥	B1（自白内容の変動）	重要
⑥	D（秘密の暴露）	他項に優越した重み
⑦	F（裏付けとなるべき物的証拠）	補助的

際に登場した注意則は20個にすぎないことがわかる。高い頻度で登場する注意則はそれほど多くないことが示唆される。なお、司研1991が設けているカテゴリーBには自白内容の変遷の問題と自白内容の合理性の問題が含まれているが、両者はともに重要な問題とされているところなので、それぞれ独立して検討する必要がある。そこで、前者をB1、後者をB2と分類し直した。

表4は、注意則をカテゴリーごとに括り、登場回数（**表3**の「計2」）の高いものから順に並べたものである。各カテゴリーの重要性につき司研1991が言及しているので、それを要約し、右列に記した。この表からは、各注意則の持つ重要度と、各注意則の実務における登場頻度との関係を考察することができる。各注意則の重要度と登場頻度は必ずしもパラレルになっていないことがわかる。

表5 ●「客観的な証拠との符合性」における「客観的証拠」

	被害者供述	同居者の供述	実況見分調書等	医学的証拠	防犯ビデオ
615	○				
649					○
659		○	○	○	
709			○		

　第1に、司研1991が、「相対的・直感的で限界あり」、「印象批評的なものになる危険あり」という理由で補助的なものと捉えている注意則が上位にきている[31]。また、第1位にきている「自白と客観的証拠との符合性」は、司研1991が重要と考えている注意則であり、問題がないように見えるが、各事件において判決理由が「客観的証拠」と述べているものは、被害者供述、同居者の供述、実況見分調書等、人の供述もしくはそれに由来する証拠が多く（**表5**参照）、果たして「客観的証拠」といってよいのか疑わしい。結局、第1位の注意則も、実際の適用の場面においては主観的・直感的判断を伴う危険が高いということができる[32]。全体として、直感的な判断、すなわち裁判官にとって自身の判断が正当である旨論証することが困難であり、当事者にとっても水かけ論を強いられるような、コミュニケーション・ツールとして機能しにくい注意則が多く問題となっていることがわかる。

　第2に、司研1991が重要と捉えている注意則の中で登場頻度が低いものがみられる。「自白内容の変動」と「秘密の暴露」である。司研1991が「他項に優越した重み」があると評している秘密の暴露につき、言及している判決理由は7件中3件であり、半数に満たない（**表3**参照）。うち秘密の暴露の存在が争われた事例は2件（649事件、652事件）であり、もう1件は、特に争点となっていないようだが「秘密の暴露がない」こと自体を間接事実として挙げている。特に争点となっていない場合には「秘密の暴露がない」こと自体が取り上げられない傾向がみられる[33]。一方、自白内容の変動については、

---

[31] 日本弁護士連合会『「氷見事件」調査報告書』（2008年）は、氷見事件において作成された供述調書内容が迫真的でリアルであったこと等から、「調書の記載内容や供述経過を重視して任意性・信用性を判断するという従来の裁判所の判断手法は、……既に捜査機関における供述調書作成手法の高度化によって通用しなくなっている」と評しており、この叙述を引用して賛成する見解もある（小坂井久「取り調べ可視化論の現在・2008――裁判員裁判まであと1年の攻防」季刊刑事弁護54号〔2008年〕8頁）が、少なくとも注意則研究においては、体験供述性や自白の経過について「限界あり」「補助的」と評されてきたことを忘れてはならない。

[32] 後述のように、第2位にきている「自白内容の合理性」についても、水かけ論にならざるをえない、不安定要素が含まれている場合が多い。本章3も参照。

そもそも証拠調べされた供述調書の数が少ないことが各事件にほぼ共通する特徴として挙げられよう。その理由としては、証拠開示が十分でないか、そもそも調書が多数作成されていないことが考えられる。司研1991が重要と考える注意則を機能させるための前提条件が欠けている。コミュニケーション・ツールとして相対的に使いやすい注意則が機能不全に陥っているのである。

(4) 特徴的なレトリックと注意則

　前述のように、各判決理由の叙述方法は概して間接事実列挙型であり、あっさりとしたものが多いが、4件（606、652、675、709事件）の一部に、かなり厚い叙述形式をとっているものがみられる。すなわち、①自身の疑いを呈示し、②それに対し想定される批判を叙述し、③反論を加えるという形式である。慎重な叙述が必要と裁判官が考えたことが窺われ、当該叙述につき詳しく検討する必要がある（**表6**参照）。

　これらの叙述形式がとられている箇所がいかなる注意則を問題としているかに注目すると、直感的判断に依存せざるをえず危険とされているC（体験供述性）およびH（被告人の弁解の合理性）が多いことがわかる。直感的・印象批評的にならざるをえない箇所につき厚い論証が必要だと裁判官が考えたことが示唆される。

　それでは、その論証は成功しているだろうか。606事件では、真犯人であれば供述し記載されてしかるべきものが記載されていないという疑いを挙げている。これに対する批判として判決理由は、調書の叙述につき一定の解釈をするならば、当該内容につき記載されていると考えられるとの見解を挙げる。この批判に対する反論は、「そうとはいえない」というものであり、そのように調書を解釈することはできないというのがその根拠である。想定される批判、それに対する反論、いずれも調書に記載されている内容の解釈を根拠としており、かつ、どちらも調書の記載自体のみを検討材料にしているにすぎない。したがって、この想定問答は水かけ論に終始しており、功を奏しているとはいえない。

　652事件と675事件にも同様の問題がある。反論の根拠が示されていない

---

[33] この点に関し、中川・前掲注24書43頁参照。

表6 ● 疑い提示→想定される批判→反論（厚い論証形式）が登場する箇所

		証拠	疑い	批判	根拠	反論	根拠
606	B2 C	被告人の検面調書	供述記載の欠落	記載あり	テキスト解釈	そうとはいえない	テキスト解釈
	C	被告人の員面調書群	供述記載が平板	おかしくない	公判廷供述態度等から窺われる被告人特性	そのような事情を考慮に入れてもなお平板	―
652	B2 C	被告人の調書群	供述記載が平板	?	客観的状況と符合	それを超えた生々しい体験性がない	捜査によって得られた資料から構成できる事実等しか供述していない
	B2 C	被告人の調書群	供述記載の欠落	記載あり	テキスト解釈	客観的裏付けを欠き、むしろ事実に反する	実況見分調書等
675	H	被告人の弁解	虚偽自白の誘因	おかしくない	逮捕・勾留なし、任意で3時間程度の取調べ等	それでも一概に排斥できない	―
709	E	被告人の警察官調書、写真撮影報告書等	客観的状況との不整合	整合している	被告人の警察官調書における推測の記載	その推測は正しくない	警察官は適正に捜査していた

ものや、水かけ論に陥っているものが多い。前述の606事件や652事件では、登場頻度が高く（第2位）、かつ司研1991が重要と捉えている「自白内容の合理性」が取り上げられているが、その実体は、コミュニケーション不全を招く水かけ論なのである。厚い論証形式に見合った実質的内容を伴っているといえるのは、709事件しかない。この事件では、捜査が適正になされなかったという前提に立たないかぎり裁判官の疑いを解消させることができないようになっており、巧妙である。

　以上のように、判断が不安定なものになりやすい注意則が問題となる箇所において裁判官は判決理由で「厚い論証」を試みているが、そのほとんどは、実質的に失敗している。前述のように、必罰主義の思想に立った裁判官が有罪認定を合理化する論理として注意則を機能させているとの批判があるが、これらの事例をみると、逆に、必罰主義の思想に立っていないと思われる裁判官が、無罪判決を合理化する論理として注意則を機能させることに成功していないことがわかる。これら注意則の機能不全状況が深刻なものであることを示唆するものである。

第4章　自白の信用性評価に関する注意則

(5) 注意則研究で触れられていない事情

　最後に、司研1991では十分に触れられていない事情に言及されているものがみられたので紹介しておこう。これらの事情が持つ意味につき、今後検討がなされる必要がある。①自白に任意性が認められることを信用性を高める積極事情として考慮しているもの（606、675事件）。②被告人の特性を考慮しているもの（積極事情として606事件、消極事情として652事件）。③自白に転じた理由の説明が存在することを積極的事情として考慮しているもの（649事件）、そして④当初否認していたことを消極的事情として考慮しているもの（606事件）である。

(6) 自白の信用性に関する注意則研究の方向性

　自白の信用性を否定した無罪事件の判決理由を概観した結果、コミュニケーション不全をもたらす要素が多数含まれていることが明らかとなった。第1に、注意則相互の関係に配慮せず、水かけ論に引き込む可能性のある叙述形式が一般的にみられる。第2に、証拠評価をめぐる裁判官と当事者のコミュニケーションを断ち切る叙述形式も一般にみられる。第3に、検証・反論可能性が低く危険であると従来の研究自体が認めていた注意則の登場頻度が高く、水かけ論に陥りやすい部分が重要な争点となっている事件が多い。第4に、重要であるとされる注意則の中には、登場頻度が低いものがある。前提条件たる証拠が提出されない、もしくは作成されていないという問題があるため、当該注意則はその機能を果たすことができない。第5に、重要であるとされる注意則で、かつ登場頻度が高いものであっても、実体は主観的・直感的評価に依存する場合が多い。そのような場合、当事者はまたしても水かけ論に引き込まれるのである。

　自白の信用性評価に関する注意則は、総じて、コミュニケーション・ツールとしては十分でないものを使わざるをえず、コミュニケーション・ツールとして重要なものも、本来の機能を十分に果たしえていないといえよう。このような注意則の機能不全を補うべく、裁判官は厚い論証形式による叙述を試みているが、そのほとんどが失敗に終わっている。当該無罪判決群は、同じレベルの叙述により容易に検察官上訴され、同じレベルの叙述により容易に破棄される危険性を内包しているのである。

これらの問題にどのように対処すべきだろうか。第 1 の問題については、注意則相互の関係に配慮せずに論理則違反を犯している事例を集積し、類型化し、そのような弊に陥らないための注意則を呈示する必要があるだろう。第 2 の問題についても同様である。第 3 および第 5 の問題、すなわち体験供述性、弁解の合理性、自白内容の合理性等の注意則については、各注意則の精度を高める必要がある。この点に関し、供述心理学の立場から実際の事件を分析する例が近年増えてきており、注目される。心理学者が具体的事件の検討を行うにあたり、直面することの多い問題がこれらの注意則に関する事情であろう。これらの研究がよって立つアプローチが、本章で明らかになった問題の解決に資することができるかという意識に立って、当該研究成果を検証する必要がある[34]。第 4 の問題については、捜査のあり方および公判における訴訟指揮等のあり方に関わる。もとより、これらの問題に関する先行研究は山積しているところであるが、判決理由の分析を通じた問題点の指摘は、これらの先行研究に実証的裏付けを提供するものとなろう。安定した判断をもたらす「客観的証拠」をいかに創出するかという観点から精密に問題を洗い直してみることは有用である。

7　まとめ

今回行った検討は極めて雑駁な試論的なものにすぎないが、それでも自白の信用性判断に資するツールが依然として不十分であり、事実認定の適正化が停滞していることをよく示している。今回得られた視点をもとに、自白の信用性を肯定した事例の検討や、この分野における心理学者の研究成果の検証を行い、具体的課題をつめていきたい。

いずれにせよ、事実認定の適正化の動きが停滞状況にある以上、刑事法研究者は、「疑わしきは被告人の利益に従え」、「客観的・分析的証拠評価方法にのっとって証拠評価を行え」といった「大きな」主張のみをしてすませているわけにはいかない。裁判員制度の導入によって事態が変わるのを期待するといった、楽観的な制度論に安住するわけにもいかない。地道な実証的検討

---

[34] 本書では、不十分ながら若干の検討を行っている（第 3 章、第 5 章、第 7 章）が、それ以外に、法学の立場から、心理学的知見に基づくこれらの研究成果につき十分な検証を行った例は現在のところ見あたらない。

を着実に積み重ね、実務の現状を切り開く、「使える」ツールを開発することが求められているのではないか[35]。本研究がその発端となれば幸いである。

---

[35] このまとめに対し、「認知心理学と刑事法学の連携のあり方にまで踏み込んでいれば、より有益な論稿となったであろう」との評価をいただいた（荒木伸怡「書評・村井敏邦編『刑事司法と心理学——法と心理学の新たな地平線を求めて』」法と心理5巻1号〔2006年〕111、112頁参照）。ご指摘の意味はよくわかるが、私としては、まず現在において行われている心理学と刑事法学の連携のありようを十分に検証することなしに、連携の具体的あり方にまで踏み込むことはできない。もう少しお待ちいただきたい。

資料1 ● 司法研修所編『自白の信用性』に示されている注意則一覧

A－自白の経過

■自白の成立過程の問題

1 自白時期
(1) 身柄拘束後の早期の自白
【01】身柄拘束後捜査段階の早い時期になされた自白は信用性が高い。ただし、補助的資料として用いるべきで、他事項の検討判断が優先されるべき。

(2) 不拘束中の自白
【02】特段の事情がないかぎり、信用性は高い。ただし一定の限界があり、適宜他の事象との関係を参酌する必要あり。補助的資料として用いるべき。

(3) 公判廷の自白
【03】被告人が公判廷で事実を認めることは、捜査段階の信用性に関し決定的意味がある。問題事象が窺われる場合には、公判廷の自白に安住せず、適宜他の事象との関係に目を向ける必要があるが、その度合は低い。

(4) 関連事項
① 第1回自白調書の評価
【04】捜査段階の早期に自白し、その第1回の自白が基本的事項に変更ない場合には、信用性が高い。

② 警察官調書と検察官調書との関係
【05】自白の誘因などに関し、警察段階の自白に問題がある場合、警察官調書と検察官調書を別個に評価することは危険。捜査段階の初期自白の成立過程に問題があるときは、その後の自白内容にも色濃くその影を落としているものと受け止め、捜査段階の自白全体を一体的に評価すべき。

2 自白と否認の交錯
【06】交錯が片割れ状態を示しているのか、自白自体に問題があることを示す兆候か、その判定は容易でない。より慎重な審理と自白内容の仔細な検討を求める兆候として受け止めるべき。交錯原因の解明に迫る姿勢が必要。

【07】取調官と取調官以外の者との対応の中で問題兆候を示すことがありえ、交錯原因探求の一つの手がかりとなる。
【08】供述態度の変転時における自白内容の検証が、問題兆候を知る手がかりとなりうる。
【09】未提出調書の提出への方向づけも、交錯原因探求の努力の一つの方法。

3 自白の誘因（動機）
(1) 捜査官側の要因
【10】捜査官の自白強制の疑い・自白誘導・示唆の疑いの判定に際し重要な手がかりとなるのは、被告人の供述経過である。特に、示唆・誘導につき、審理・判断に際し、被告人の供述経過と捜査官側の裏付け捜査の経過とを対置照合し、被告人の供述変更の原因を慎重に探索することが必要。

(2) 被告人側の要因
【11】被告人が精神異常者、少年、老人などの病弱者等である場合、その特性に応じて、常識を超えた特異な対応を示すことがある。被告人の特性が認められる場合には、原則論に固執せず、適宜自白の成立過程を慎重に検討する必要がある。
【12】親族等を庇うため不実の自白をする場合がある。必要に応じ、自白成立過程で第三者との関係などに目を向け必要な審理を尽くす必要あり。

■自白（供述）経過の立証の問題

1 録音テープ等
【13】録音採取時期、録音対象選択の当否、テープ内容と取調べ情況全体との対比などについて留意すべき。

2 未提出調書の取調べ
【14】供述経過を知ることが適正な判断の有力な手がかりとなる。必要に応じ釈明権などを適宜行使して否認調書等の供述経過資料を提出させ、判断に供する努力と工夫が必要。

3 被告人の弁解と捜査官の証言との関係

【15】自白ないし取調べ情況に関し、被告人の弁解と捜査官の証言とが鋭く対立することは、日常的に直面するところ。結果として信用性が肯認されることが圧倒的に多い実務の処理の下で、これを原則型判断プロセスと捉え、これに埋没することは危険。

【16】自白の成立過程の異常兆候を見出す具体的方法に関し、捜査官の証言に際し被告人と捜査官とを対質させ、その応答の態度、内容を判断の手がかりとしている事例もあるが、その判断は微妙。被告人の自白経過に問題兆候を示している場合には、被告人の弁解にも適宜耳を傾け、被告人の弁解と対応して捜査官の証言内容を注意深く検証するほか、必要に応じて審理の目を拡大し、判断資料の採取に努める必要がある。

B－自白内容の変動・合理性

■供述の変遷・動揺

1 信用性判断における徴表としての重要性

【17】供述内容にある程度の変動があることはむしろ自然であり、そのことの故に直ちに信用性が疑問視されるべきではないが、それにも拘らず、供述内容の変動は、信用性にかかわる重要な徴表となる。

2 供述変動の類型と信用性
(1) 供述変動の態様と信用性の判断

【18】自白と否認とが交錯、変転し、不安定な場合には、信用性が否定されている事例が多い。自白と否認の交錯、変転は、信用性判断に慎重さを要求する重要な徴表となる。

【19】もっとも、交錯、変転の原因が明らかになり、合理的な説明がつく場合には、必ずしも信用性は否定されないが、これらの事例においては、確度の高い情況証拠やその他の事項との関係で信用性が認められている。

【20】自白内容の全般にわたって、あるいは犯行の重要な事項について、供述が変転している場合も、一般に信用性が否定されている。

【21】何が自白の重要部分かについては一概にいいにくく、事案により個々具体的に判断してゆくほかない。

【22】犯行自体に関するものではなくとも、これと不可分的に密接に関係する事項についての供述に変動がある場合にも、信用性が否定されている事例が少なくない。もっとも、これらの事例においても、供述内容の変転のみを理由に信用性が否定されているのではなく、多くの場合、他にも問題事象が指摘されていることに注意。

【23】他方、自白内容のかなり重要と思われる点について変動があるにもかかわらず、信用性が肯定されている事例も少なくない。供述に変動があるとはいっても、その変動部分は、一見重要であるかにみえても、全体の中でみると重要度の低いものが多く、基本的なあるいは根幹となる事実関係についての供述には一貫性があるとされ、変動が初期にとどまり、その後は安定しており、変動の程度もさほど顕著とはいえず、あるいは、自白に秘密の暴露が含まれていたり、さらには、被告人の精神状態、知能や、取調官の取調べ方法の適切さなど、変動の原因ないし事由が明らかにされ、合理的な説明がつくものが多い。

(2) 供述内容の変動と審級間の判断の相違

【24】犯行の手段・方法、態様等、犯行の根幹に関する事項について供述変動がある場合、信用性に影響があるかどうかの評価が審級により分かれることはまずない。

【25】審級により判断を異にする事例の多くは、犯行自体に関するものではあっても、一部の点、あるいは、犯行と関係する周辺部分の、いわば枝葉末節部分についての供述に変動がある場合である。このことは、変動部分の自白全体に占める重要度についての的確な判断、及び、変動の事由についての解明が重要であることを示している。

(3) 供述内容の変動の程度と信用性の判断

【26】変遷の程度も問題となるが、事案ごとに判断してゆくほかない。

3 供述内容の変動の事由と信用性の判断

【27】供述変動が単なる認識や記憶の混乱、不確かさ等に由来するものであることが明らかな場合は、そのような供述変動が信用性に影響を与えることは少ない。

【28】自白の根幹に関わる重要な部分で、犯人であったならばまず認識し記憶していると考えられるような事項についての供述に変動があって定まらないような場合、単なる認識の混乱や記憶の混乱、不確かさ等に由来するものとみることはできず、その原因・理由につき十分な検討が必要。

【29】真犯人が責任の軽減を図るなどの意図からことさら虚偽の供述をし、意識的に供述を変え、あるいは、捜査官に追及されて場当たり的に供述を変更してゆく場合も少なくない。

【30】犯人でない者が虚偽自白をした場合にも、捜査の進展により、あるいは捜査官の事件の見方により、供述内容が変動してゆくことがある。

【31】供述者に虚言癖があったり、知能あるいは記憶力が劣るため、供述内容が変転する場合もある。信用性が否定される場合と、肯定される場合がある。

【32】供述変動の事由が解明されない場合、変動の内容にもよるが、信用性に疑問が持たれることが多い。

【33】供述の内容に著しい矛盾変遷があり、しかもその変遷に合理的な理由が見出しがたい場合、あとからされた供述も虚偽である可能性は論理的に否定しえない。

4 供述内容に変動のない場合

【34】一般には、供述全般にわたって、あるいは主要な部分ないし事項について、変動がなく一貫性のある場合には、その供述の信憑性は高いといいうる。しかし、虚偽自白でありながら、主要な事項についても供述に変動がみられない事例も稀有ではない。単に一貫性があるだけでは、信用性を肯定しえない場合がある。

■動機の合理性

1 信用性判断における注意点としての動機の合理性

2 動機についての供述の特殊性

【35】動機の認定には、多くの場合被告人の供述によらざるをえない。しかも、よほど特殊な事案でもないかぎり、客観的な犯罪事実自体に関連させて想像等によっても相当程度合理的な供述説明をすることができる点に特異性があり、捜査官においても、およその推測がつき、被疑者を誘導することも必ずしも困難ではない。したがって、被告人の供述する動機が合理的と思われる場合であっても、真の動機を供述したものとはいえない場合もありうることに留意。

【36】他面、真犯人が犯行を自白した場合においても、常に真の動機をありのままに供述するとはかぎらず、少しでも罪責を軽減しようとして、あるいはその他の理由から不自然、不合理な虚偽の動機を述べることもある。動機供述の不自然、不合理性からは直ちに信用性が否定されない。

【37】動機は多様であり、一見不合理にみえても、真の動機であることもあり、合理的なものかどうかは、評価的要素を伴うこともあって、明確な一線を画することはたやすくない。動機供述の合理性等に疑問があるからといって、直ちに信用性が全面的に否定されるわけではなく、被告人の知能その他の性格特性やその当時の精神状態、さらには事案の特殊性などとの関係での了解可能性についての吟味が、他の事項との関連での検討とともに必要。

【38】当然それなりの動機があって然るべき犯行につき、自白にその動機を述べた部分がないことが、信用性に疑問を抱くべき一事情とされている事例あり。

3 客観的情況との関連性

【39】動機供述自体は、問題性把握の第一歩として重要であるが、合理性の判断にあたっては、他の情況ないし事項との関連において検討せざるをえない。特に、動機を形成すべき客観的情況、犯行自体との関連が重要。客観的情況、特に動機を形成すべき諸情況についての正確な認定が重要な前提となる。

4 動機供述の変動

【40】動機供述に変遷・動揺がある場合も、動機供述の合理性が問題となる一場面といえる。供述変動の理由が明らかにされ、あるいは他の証拠により真の動機が認められるような場合でないかぎり、その信用性に疑問が持たれ、ひいては自白の信用性判断に影響することがある。

■自白内容の合理性

1 自白内容の合理性と信用性の判断
【41】真の体験に基づく自白であるならば、その内容に不自然、不合理なところはなく、客観的証拠にも符合して然るべきである。そのような自白であるならば、まず信用するに足るといってよいであろう。

2 客観的情況との関連での供述内容の合理性
【42】信用性が否定された無罪事例において、合理性が問題とされることが多い事項は、犯行の態様、犯行経過、犯行現場に至る経過、凶器・贓物の処分方法、謀議の経過など、犯行自体あるいはこれと密接に関連する行動についての供述の合理性である。

【43】有罪事例において合理性が問題とされた事項は、必ずしも犯行の主要な、あるいはこれと密接に関連するものとはいえないか、全体的に見ると一部の点についてのものである。

【44】有罪事例の中には、かなり重要と思われる点についての供述の合理性が問題とされているものがあるが、不合理とみられる供述をした事情が検討され、一応の説明がつくことなどから、自白全体の信用性に影響しないとされている。逆に無罪事例では、不合理な供述がなされた点についての合理的な説明がついていないことが窺われる。

3 自白内容の合理性の評価と客観的情況の認定
【45】自白内容の合理性は、結局、自白にかかる行動内容が、当該の具体的な客観的情況のもとにおける行動として合理的かどうかによって判断され、的確な証拠の取捨選択と客観的情況の正確な認定が前提となる。

4 説明の欠落
【46】真犯人であったならば当然に説明できるはずの事項の説明ができず欠落している場合も、自白全体からみれば、合理性が問われる一情況ということができ、多くの場合、信用性に影響がある。

C－体験供述

■体験供述の特徴
【47】体験性が認められるとき、信用性判断において積極的に評価され、反対に、このような特徴を備えない自白は、時として信用性が疑われることがある。しかし、体験性を伝える諸特徴自体かなり抽象的で、しかも感覚的、主観的な要素を含んでいるうえ、供述録取という調書の特質を考えると、これらの徴表を通じて体験性を識別するのは容易でなく、多分に反対解釈の可能性を含んだ判断となりやすい。信用性判断における本基準の機能には限界がある。

■体験性の識別
【48】体験性の有無を検証する手段として、①当該供述が客観的事実と矛盾していないか、②変遷、動揺していないか、③全体として等質性、内的一致性に欠けていないかとの観点からの検討が有用である。

【49】供述の体験性を疑わせる事情として、真犯人であれば当然言及すべき事実について説明の欠落がある場合を指摘する事例も多い。これは、第三者にとって容易に理解しがたい情況あるいは犯人であって初めて述べうる情況につき首肯しうる説明がなされていれば、信用性を高める事情となる反面である。自白に際し、どの程度犯行情況を供述するかは、犯人の基本的態度のほか、犯人側の供述ないし説明能力の巧拙と供述を求めようとする捜査官側の取調べが周到、緻密に行われたか否か、または取調官の能力との相関関係において決定される事柄であるから、ある事項についての説明が欠落しているからといって、直ちにその供述の信用性の否定につながるわけではなく、上記の両者の事情に対する考察が必要である。しかし、犯行の性格を決定づける重要事項ないし解明を必要とする特異な情況や、犯行中の衝撃的、印象的な事項について説明が欠落しているときは、欠落の理由について首肯し得べき理由が明らかにされないかぎり、真の体験者でないがゆえに説明ができなかったと考える余地があるから、この点もまた信用性を疑うべき事情とみることができる。

■体験供述の評価

【50】信用性を否定した事例においては、体験性を備えていることは、信用性判断において重要な影響を及ぼすほどの要素として扱われていない。これに対し、信用性が認められた事例においては、体験性に対する肯定的評価がなされているのが一般的。このように、体験供述に対する評価は他の基準からする判断と深く関わっている。体験的供述の価値は、総じて他の判断事項に対し、従属的、補助的で、これを超える高度のものではない。一般的には、信用性判断において決め手となるほどの価値はない。

■擬似体験供述

【51】擬似体験供述の出現の可能性は少なくない。被告人の性格、知識、知能、経歴、生活環境等を考慮しつつ、推測や想像で当該供述が可能か、供述の基礎となった諸事情が当時どの程度判明していたか、取調べに際し、強制、厳しい追及、誘導、暗示等がなかったかなどの諸点を、当該供述の経緯に関する被告人の弁解内容と対応させながら総合的に考察し、擬似体験供述の可能性を見極めなければならない。

【52】体験性を彷彿とさせる具体的で写実的な供述調書は、これを読む者をして有罪の強い印象を与えやすいが、この直感に頼りすぎることは甚だ危険であり、こうした感覚面からくる自白の暗示的影響力にとらわれ、被告人と犯行とを結び付ける証拠の客観的な検討や、信用性に対する他の角度からの慎重な吟味が怠られてはならない。

D―秘密の暴露

■秘密性

【53】秘密性をめぐる争いは、当該事項に対する事前の認識の無いことを主張する捜査官の証言の信用性をめぐる争いといってよいが、その真否の判断に当たっては、捜査の進展情況、証拠の収集状態等から客観的な考察を加え、秘密とされる事項が通常の捜査の過程からみて捜査官の認識の範囲内にあったか、その可能性に目を向け、捜査官の証言に批判的検討を行う必要がある。

【54】取調べ上あるいは捜査上の不手際ともいうべき事項が秘密性の判断を困難にさせることがある。死体や凶器の発見という重要な捜査の過程において、当然作成され保存されるべき図面や供述調書が現存しないという事実は、捜査官の証言の信用性、すなわち供述の秘密性を疑わせる事情となり、少なくとも信用性の判断にいっそうの慎重さを求める契機となる。

【55】取調官が認識している事項を被疑者に秘匿して取調べを進めるうち、被疑者が自発的にその事項を明らかにすることがある。公判廷においてその経緯が明らかになれば、秘密の暴露に準じた価値を認めてよい。

■供述内容の確認

【56】供述内容の確認の問題に関しては、通常の事実認定上の問題と変わらず、合理的な疑いを超える心証の有無である。物自体の存在は必ずしも必要でなく、供述証拠による裏付けで足りる。物の不存在がかえって秘密性を高めることもある。裏付けがなくとも信用性を損ねる事情とならないだけでなく、内容自体でかなり自発性をうかがわせるため、秘密の暴露ではなくとも、擬似秘密と指摘されることがある。

■犯行との関連性

【57】犯行と秘密の暴露の関連性が否定される態様には、当該事項の性質と被告人の弁解とに対応して種々のものがある。当該事項自体では犯行との結び付きが薄いときは、関連性あるいは証拠価値に乏しい場合が多いから、当該事項と被告人の関わり方、供述の経緯、弁解の内容等を検討し、慎重に関連性の有無、程度を判断する必要がある。

【58】秘密の暴露がない場合、信用性が減殺されることを意味しないが、自白の内容自体に信用性を高度に保障する支えがないことを意味し、特に犯行と被告人とを結びつける直接の証拠が自白のみという事案においては、このような自

白は安定しているとはいえず、それだけ判断を過つ可能性が高いから、信用性の判断にあたってはいっそうの慎重さが求められている。

E－自白と客観的証拠との符合性

■自白の内容と客観的証拠との符合性の判断

【59】前提として、①自白内容の確定と、②客観的証拠の確実性ないしは客観的証拠による客観的情況事実の確定が必要である。

【60】最終的に自白の内容が安定している場合には、概ね最終的な自白の内容と客観的証拠との符合性が検討される。最後まで変転している場合、客観的証拠との符合性を検討する以前に、供述内容の変動がある場合として、その観点からの検討がなされるべき。供述変動の事由の如何によっては、一部の自白といえども、客観的証拠との符合性を検討する必要がある。

【61】取り上げるべき自白の内容、部分ないし場面については、自白を全体的に見て、骨格ないし骨子あるいは基本的な部分が客観的証拠と矛盾するものではないかという捉え方をするものと、自白の内容をより具体的、分析的に客観的証拠との対応関係を検討してゆく判示の仕方をしているものがある。この相違は、自白のどの部分が主要部分か、末梢部分かという点についての見方あるいは判断に差異があることに起因する。これについての判断は必ずしも容易ではなく、事案により、個々的に犯罪事実と自白の関係、自白の内容の構成などを総合的に検討して、全体的な視野の中で、慎重に判断してゆく以外にない。

【62】客観的証拠の確実性ないしは客観的証拠による客観的情況事実の確定の点についても、客観的証拠ないしこれによって認定される客観的情況、事件の確実性についての判断に相違がある。自白があることによって、客観的な情況を認定すべき自白以外の証拠自体の信用性についての吟味がやや甘くなったのではないかと思われる事例や、そのような証拠が法廷に十分顕出されなかったために判断が異なったものとみられる事例がある。少なくとも自白の主要部分に対応すべき客観的証拠ないし情況については綿密な検討が不可欠。

■符合性の程度

【63】自白内容と客観的証拠との間に「合理性のある範囲を超えた重大なくいちがい」がないかどうかが、一つの基準となる。

【64】自白の内容が客観的証拠と全般的にないしは多くの点で符合しない場合、あるいは逆に符合している場合には、他に特段の事情がないかぎり、信用性判断を異にすることはまずない。

【65】自白の内容の一部といえども、主要な、根幹にかかる点、あるいはかなり重要な部分に客観的証拠と符合しないところがある場合には、その事由が明らかにされ説明がつく場合は別論として、一般には信用性に影響するといえる。

【66】必ずしも主要な事項でない部分について、自白に客観的証拠と符合しないところがある場合には、多くはその理由について何らかの説明がつき、自白全体の信用性に影響しないとされることが多い。

【67】自白が客観的証拠と符合しないことについて、例えば、認識・記憶の混乱や不正確さに起因するものであるなどの説明がつかない場合には、信用性は否定されることが多い。

【68】自白の内容と客観的証拠とが符合しない場合には、他にも信用性に疑問を抱くべき問題事象があることが多く、その意味で、自白の内容と客観的証拠とが符合していないということは、信用性について慎重かつ多角的な検討を要求する、重要な注意事象といえる。

■自白の内容が客観的証拠と符合しないにもかかわらず、信用性が認められる場合とその事由

【69】被告人の認識・記憶が不確実であったり、欠落がある場合、あるいは精神状態や、知能・記憶力によっては、自白が客観的証拠と符合しないとしても、不自然・不合理とはいえず、この点が直ちに信用性に影響を及ぼすとはいえない。被告人が、意識的な虚偽供述をしていることが明らかな場合や、虚言癖を有する場合も同

様である。

【70】捜査官による誘導等が疑われる場合、例えば、捜査官が、必ずしも、十分な証拠を収集していない段階で一定の見込みから、あるいは不適切な尋問により自白をさせ、その後の捜査の結果、客観的証拠と符合しなくなったような場合にも、その間の事情が明らかにされるならば、必ずしも信用性を否定すべき事由とはならないことがある。

■ 自白の内容が客観的証拠と符合するにもかかわらず、信用性が認められない場合とその事由

【71】捜査官の誘導・暗示、強制等により自白した場合、客観的証拠と符合するのはむしろ当然であって、その符合性のゆえに信用性を肯定することができないのは自明の事柄に属する。自白の過程、被告人の弁解などを手がかりに、その間の事情が明確にされることによって、おのずと信用性判断が可能となる。

【72】被告人が想像により、あるいは報道等や取調べの過程で得た知識に基づき自供した場合にも、その自白が客観的証拠と符合していたとしても不思議ではない。その契機として、捜査官による取調べの態様・方法、取調べ状況、そして、知能が低く、あるいは少年などで、他からの影響を受けやすく、取調官の言うなりになりやすいなどの被告人の性格特性が相乗的に作用している場合が多い。そのような事情を探知する手がかりの第１は、被告人の弁解であり、捜査、取調べの過程について、あるいは被告人の性格特性の十分な吟味によって、明らかにしうることが多い。また、このような自白の場合客観的証拠と符合するといっても、おのずから限度があり、客観的証拠との綿密な対比検討により、疑問点が発見されることが考えられる。

Ｆ－裏付けとなるべき物的証拠の不存在

■ 無罪事例と有罪事例との対照

【73】無罪事例が問題にしている第１は、凶器・贓物の入手・処分に関し、自白経過とその内容である。特に問題としているのは、自白の変動とその合理性の有無及び自白の不明確性である。凶器及び贓物の入手・処分に関し、自白変転の有無を検証し、自白に変転がある場合には、その原因を慎重に探求する必要がある。しかし、この点の判断は簡明ではない。Ａ項、Ｂ項、Ｃ項などにも目を向け、総合的に判断することが求められる。

【74】第２は、自白の裏付け証拠の質の問題である。特に、裏付け証拠の不確実性が問題である。裏付け証拠の問題は上記の点と相関し一律に論ずることは危険である。しかし、凶器及び贓物の入手・処分に関する事項は、被告人を犯行と結びつける有力な事実であることからすれば、これらの事例は、自白を離れた裏付け証拠がどの程度確度のある証拠かについて、日常的かつ原則的な検証の必要性を示唆している。

【75】第３は、凶器・贓物の処分先に関する自白との関係で、凶器・贓物の未発見の合理性の有無が問題とされる。未発見自体に信用性に疑問の余地があるとするもの、処分先の場所ないし紛失したとする自白内容等から未発見自体を不合理とするものがある。しかし、この合理性の判断には幅があり、信用性に関する他事項の判断との関係を無視することはできない。

【76】有罪事例の特徴点として、その判断の中で、自白に秘密の暴露があるとされていること、被告人と犯行とを結びつける確度の高い情況証拠があるとされていることが挙げられる。そして、審級判断を異にした事例では、秘密の暴露ないし被告人と犯行を結びつける情況証拠の評価に差異が認められる。これらの判断がこの項の判断に影響を及ぼしているといえる。本項を総合的な全体心証に埋没させることなく、本項を手がかりとして、自白内容の厳密な検証の契機とすべき。

Ｇ－犯行前後の捜査官以外の者に対する言動

■ 無罪事例と有罪事例との対照

【77】無罪事例は次のような判断プロセスを示

している。①これら言動の多義性を問題とする。言動が犯行自認とは異なる方向に多義的に解釈できるか否かを問題にするものと、自白の成立過程に問題がある場合に関し、自白の延長上にあるものとして、真実を吐露したものと一義的に評価することに疑問とするものがある。②被告人の特性との関係を参酌する。その言動のなされた情況、時期、背景、被告人の特性などを十分検証し、自白成立後の言動に関しては、自白の成立過程にも目を向ける必要があることを示唆している。他方、他事項の評価により既に形成された信用性判断が、言語の多義性判断に色濃く影を落としているものと受け止めることもできる。③言動の多義性を問題とすることなく、その心証全体のバランスの中で、言動評価に触れる場合が多い。言動の評価が他事項の信用性判断に影響されて従属的であり、かつ補助的資料として判断に供されているものと受け止めることができる。

【78】有罪事例は、信用性に関し他事項の検討を終えた後、すでに形成した心証を支える資料の一つとして用いる傾向にある。これらの事例は、心証形成が微妙であればあるほど、信用性判断に関し、他事項の分析・検討を優先させ、言動評価はあくまで補助的資料として用いることが望ましいことを示唆している。

H－被告人の弁解

■無罪事例と有罪事例の対比

【79】弁解自体が、内容的に極めて不自然・不合理な場合、あるいは、弁解を裏付けるべき証拠が乏しい場合には、信用性が認められている事例が多い。弁解が一貫せず、変転しているものについても同様。もっとも、弁解が信用しがたいこと自体から、直ちに信用性が肯定されるものではない。

【80】弁解に不自然な点や不合理と思われる点があっても、それが一部にとどまり、その程度も著しくなく、全体としてほぼ一貫し、完全な裏付けとまではいえないまでもある程度弁解に沿う証拠ないし情況があって、それなりに迫真性がある場合には、アリバイの点などを含め、弁解が排斥しがたいとされ、信用性に疑問が抱かれている事例が多い。

【81】弁解は、それがなされた経緯、事情についても検討することが必要。

■弁解の合理性と信用性

【82】多くの場合、弁解の合理性と信用性とは裏腹の関係にあり、弁解に合理性がないことは、これに対応する信用性を肯定する積極要素となりうる。

【83】しかし、自白は、最終的には理路整然と整理され、調書化されているのが通常であるのに対し、弁解は必ずしも十分整理されないまま、時には無秩序な質問に応じる形でなされるところから、前後矛盾したり、不明確で曖昧なところが混在することが多く、また、場合により、さまざまな表現形態をとる。このような事情を度外視して、一律に、弁解の合理性、信用性が、信用性判断と裏腹の図式関係にあるとはいえない。

【84】無実の者でも当然になすべき弁解をなしえないこともあり、一方、真犯人であっても、もっともらしい弁解をなしうる。信用性の判断にあたり、弁解が不自然、不合理であることを過大視することは危険であり、少なくとも、これを決定的なものとして、信用性に関係する他の事項についての慎重な検討、考察を疎かにしてはならない。

【85】弁解の評価は印象批評的なものになる危険を包蔵している。これを避けるためには、弁解を単純に自白と対比させるのみでなく、他の客観的証拠との関係で、どの程度裏付けのあるものか、あるいは不合理なものといえるか、という観点からの検討を重視せねばならない。

【86】弁解は、信用性に問題があることを発見する直接的な契機となる。弁解は、基本的には、信用性の判断にあたって、問題事象を認識する手がかりとしての意義があり、必要にして十分な弁解を聞くことが、より的確な判断に資する。

■弁解事項と自白の信用性

【87】自白の内容自体についての弁解は、もとより自白自体の信用性に直接的に関連する。適

宜、全体的な弁解とともに、自白の具体的な内容ごとに弁解を徴しておくことが有用。
【88】アリバイの成立が否定される場合には、自白の信用性が肯定されることが多いが、決定的とまではいえない。アリバイの主張が認められれば、もとより、信用性が否定される結果となるが、アリバイの主張を認めるには証拠が十分でないが、さりとてこれを明確に排斥することができない場合が、自白の信用性をめぐる判断においても微妙となることが多い。
【89】なぜ自白したか、あるいは否認したか、その理由など、取調べについての弁解も重要な要素となる。

■弁解の時期

【90】弁解が当初からあるいは然るべき時期からなされていたか、捜査や公判審理の進展に対応してなされたものであるかも、弁解の合理性ひいては信用性判断にあたって有意的な要素となり得る。しかし、様々な事例は、アリバイの主張を含め、否認の弁解がなされた時期のみでは、必ずしもその信用性を判断することができないことを示しており、やはり、当該弁解がなぜその時期になされたのかについての検討が必要。
【91】自白の信用性が争われた場合に、被告人の弁解は、種々の意味において有力な手がかり、資料を提供するものということができるところから、特に捜査段階の、初期の弁解を含め、被告人の供述の経過を正確にたどることが有用。そのためには、弁解の時期・内容・情況等について、そのつど録取、記録し、資料として客観化することが重要であり、公判審理においては、これら、否認の供述調書を含む、供述の経過をたどりうる一切の資料を提出させるなどの工夫が必要。
【92】信用すべき弁解ならば、一貫性もあり、証拠調べの進展によってそれほど重大な変更、動揺がないのではないかと思われるのに対し、その逆の経過や様相を呈する場合には、やはり弁解の信用性に疑問があるといわざるをえない。その意味でも、公判審理においては、早い段階に、できるだけ詳細な弁解を徴しておくことが有用であり、これにより、心証形成の混乱を意図したような虚偽、虚構の弁解を見極め、無用

の審理を避けることができる。

I―情況証拠との関係

■情況証拠に関する事例の検討

1　情況証拠の信用性への影響について

【93】①確実な情況証拠が多数存在する場合、自白に種々の疑問点があっても、その疑問点を解消させ、信用性を肯定させる方向に働く。②一部であっても確実な情況証拠がある場合には、自白の信用性を支える有力な根拠となる。③確実な情況証拠が存在しない場合、信用性判断にあたって有力な手がかりにも、また信用性の支えにもならないのみならず、逆に信用性に対する疑問を抱かせ、拡大させることにもなる。無罪事例では、自白が種々の基準に照らして問題が多く、しかも信用度の低い情況証拠しか存在しない場合が多い。

2　情況証拠の確実性ないし評価について

【94】①物的情況証拠は、収集経過が明確にされた確実なものでなければならない。そのようなものであっても、情況証拠は多義的に評価されることが多いから、犯行との関連性等を含め、慎重・的確な判断が必要。②人的な情況証拠も物的証拠以上に確実性の判別が困難なものが多く、証言等の信憑性の判断を慎重に行うことが必要。③捜査段階における確実な情況証拠の綿密な収集、検討が極めて重要であり、公判審理においても十分意を用いるべきところ。

資料2 ● 事例マトリックス

606事件

積極的注意則	消極的注意則	論理構造			証拠	内容
	[18]				平成11年3月8日付け警察官調書・3月9日付け検察官調書・原審公判廷供述・控訴審供述	検察官調書が自白、後は否認
任意性		が、			取調べに当たった検察官の原審証言	
被告人の特性			また、			当時53歳の会社役員であり、社会的経験も豊富な被告人が、
	[47]	しかしながら、更に詳しく検討すると、	1		3月9日付け検察官調書	
	[46] [49]		2	であるところ	X女の原審証言	同女は現に自分の大腿部を触っていた痴漢の手首をつかんだというのであり、
					3月9日付け検察官調書	
				(もっとも)	3月9日付け検察官調書	右腕を引っ張られるような感じがしたとの供述記載は存するが、
				(しかし)		
	[42]		さらに、3		3月9日付け検察官調書	X女に頬を叩かれた後しまったと思ったが、体面があるので触っていないと言い続けて同女と一緒に警察に行ったとする部分も、
					X女の供述	同女は被告人を警察に突き出すつもりはなく、先を急いでいたのを被告人に呼び止められて口論となり、一緒に警察へ行くことになったことに照らせば、
	[89]	ところで、			弁護人の主張・これに沿う被告人の供述	被告人が検察官に対して犯行を認めた理由について、取調べ検察官において被告人の言い分を全く取り上げてくれないことから諦めの気持ちが生じ、また会社の仕事に穴を空けないように早く釈放されたいとの気持ちもあって、取引的観念によって虚偽の自白をしてしまったというのであるが、
当初の否認		これに				被告人は、事件当日は警察官の取調べに対して強く犯行を否定していたことも合わせ考慮すると、
	[89]	加えて、			X女供述、被告人供述	被告人が検挙された経緯に関しては、X女及び被告人が一致して述べるところによれば、X女は当初被告人を捜査機関に突き出す気持ちはなく、新宿駅に着くと改札口に向かって歩き始めたところ、これを被告人が呼び止めて、両者間で痴漢をした、しないの口論となった挙句、X女が警察に行こうと言い出し、被告人も賛成して、二人で鉄道警察隊事務所の所在場所を聞くなどしながら同事務所に赴いたことが認められる。

評価a	評価b	評価c	結論
否認と自白が交錯した安定しないものである		右自白の信用性は一応肯定してよいかのごとくである。	
検察官調書の任意性には格別問題がないものと認められ、			
痴漢という破廉恥行為につき軽々に虚偽の自白をすることは一般的には考えにくい			
全体が五丁からなる極めて簡潔なもので、結論的にX女の左大腿部を右手の平で撫でたことを認める内容のものではあるものの、全体として具体性に乏しいものであること			
これは捜査段階から一貫したものであるところ、			
同女から手をつかまれたことについて全く触れられていないこと		検察官調書の内容には少なからぬ疑問点があることは見過ごしがたいところである。	
これが手の甲をつかまれるということとは全く異なることは明らかである。			
やや不自然な内容であることなど			前記警察官調書の信用性は必ずしも高いものではないというべきである。
		被告人において所論が主張するような判断のもとに虚偽の自白をするということもあり得ないことではないと思われ、その説明は一概に排斥し難い内容のものである。	
本件条例違反行為の法定刑の上限は罰金5万円と比較的軽微な反面否認を続けた場合には、勾留請求がなされて身柄の拘束が続く可能性のある状況を前提として、			
1～3で挙げた供述内容の疑問点も考慮に入れつつ、全体として考察した場合、			
		この事実はそれ自体、被告人が真実痴漢行為を行ったことにはそぐわないもののように思われるばかりでなく、むしろ被告人の弁解を裏づけていると評価することも可能である。	

第4章　自白の信用性評価に関する注意則

615事件

積極的注意則	消極的注意則	論理構造		証拠	内容
	[65][46][49]				
		(もっとも)			
		(しかし)		警察官調書、被害者供述	
			(また、)		
			とりわけ、	正式裁判請求後に実施された被害者立会いの実況見分	約20cm背の低い被害者の臀部下部を触るには、被告人が身体をかがめる姿勢をとらなければならず、
	[30][32]	そして		警察官調書、検察官調書、被害者供述	被告人は、その後、検察官に対して、被害者の着衣や被告人が犯行に使った指について、被害者の供述に符合するが如き供述をしているが、
			また、		肝要な被害者の臀部を1回ではなく3回くらいつかむように触ったとの、
					被告人の各自白調書は、被害者の供述と対比し、むしろ犯行態様がさらに誇張されたものとなっているところ、被告人は、逮捕当日、本件犯行を否認し、その翌日から右各自白調書の作成に応じ、略式手続きにより審判を受けることにも異議が無い旨申述したが、釈放されるや、正式裁判を請求し、弁護人を付して無罪を主張して争い、一貫して後記内容の否認供述をしており、右自白調書については、「警察官から、認めて相手に謝れば、始末書くらいで帰れると言われたが、やってもいないことなので謝ることができずにいたところ、警察官から認めないと10日は帰れないと言われたので、翌日から認めて略式裁判手続きに応ずることにした」旨供述している。
		ところで、			被告人は、前科、前歴など全くなく、
					何度かの転職を経て、その年の8月末に就職したばかりで、
	[89]				このような事件で逮捕された上、
					さらに勾留されて長期にわたり身柄を拘束された場合には職を失う可能性が高いと考えられ、
					警察官において、自白をしなければ勾留すると脅すことはしなかったにせよ、
					逮捕・勾留手続き一般について説明を受けて、
			(また、)	警察官調書、検察官調書	被告人の自白内容からすれば、
	[65]	そして、			

評価a	評価b	評価c	結論
		被害者の着衣、髪型、なかんずく、触る際に使った被告人の指及びその触り方、触った回数という犯行態様の重要な部分で被害者の供述と著しく異なっている。	
着衣のうち、被害者がはいていたのがズボンかスカートかが分からなかったのはやむを得ないとしても、			
被害者の後ろに立ったことから、被害者が腰下まであるサマーセーターを着用していたことが分かったはずであり、また、これが犯行では多少邪魔になるのに、この点に触れる供述をしておらず、			
髪型についても、被害者の長めに伸ばしてアップにして後頭部で結っていた髪型を、被告人は「肩ぐらいまでのストレート」と明らかに事実と異なる供述をしている。			
このことも記憶に残って然るべきところ、被告人はこの点に触れる供述は何もしていない。			
その変更理由について合理的な説明をしておらず、			
態様及び回数については、警察官に対してした供述を維持する供述をしている。			被告人の右各自白調書に任意性は認められるにせよ、信用性はないものといわざるを得ない。
否認を押し通すと勾留されることを案じて、虚偽の自白をする事態もありえないわけではなく、		被告人が否認したため逮捕されてしまい、さらに否認を続けると勾留請求されることを心配して、自暴自棄になって、捜査官の意向に沿う犯行状況を適当に作出した疑いが強く抱かれるところである。	
現に客観的事実に反する供述内容にもなっていることからすれば、			

649事件

積極的注意則	消極的注意則	論理構造			証拠	内容
なし	〔一〕				自白に転じて以降の警察官調書17通、検察官調書3通	実行行為者は自分であり、Xは逃走車両を運転していただけである旨、
なし						「窃盗仲間のFに対して盗みの分け前の分配で不満があったため、Xが実行行為者であると虚偽の供述をしたが、元妻から手紙で諭されて反省して正直に述べようと思った。」
[47]		また、				
[41]						
客観的事実との整合性					被告人の引き当たり（甲41、58）、車両所有者からの聞き取り（甲64）	
					スナックのママの供述（甲72）	
		さらに、			被告人による犯行状況再現（甲40、57）	
	（二）しかしながら、					
[47] 客観的事実との整合性		確かに				
		（しかし）				
					被告人の弁明	「被告人は、両事件当時、実行行為者のXと行動をともにしており、両事件に運転手として関与した。被害店舗は事件以前に何度か買い物に行ったことがある店で店内の様子はだいたい知っていた。」とする弁明内容や、
	[72]					

評価a	評価b	評価b2	評価c	結論
大筋において一貫しており、				
自白に転じた理由についても、一応の説明がなされている。				
被告人の右自白は、被害関係者が供述し防犯ビデオに撮影されている犯行状況だけでなく、犯行に使用したとするナイフや眼鏡、紙袋、脅迫文言を記載した紙片、指紋が残らないように手で塗ったとするセメダイン等の入手先や準備状況、逃走に使用した車両の説明、逃走経路、強奪した金員の使途、ナイフの投棄場所など犯行前後の状況も含めて、詳細かつ具体的に供述するものであり、			これらは右自白の信用性を高める事情というべきである。	被告人の自白の信用性には相当な疑問があるといわざるを得ず、直ちにこれを有罪の証拠とすることはできないというべきである。
その内容が特に不自然、不合理とはいえず、				
前記防犯ビデオに録画された犯行状況や複数の供述とも大筋で一致しているうえ、				
ナイフやセメダインを購入したとする店舗や逃走経路、ナイフの投棄場所、金員を費消したとするスナック、逃走に使用した車両等については、被告人の引当たりによってその存在・場所が裏づけられ、				
T事件の翌日にそのスナックの1つに被告人やXが立ち寄ったこともそのスナックのママの供述によって裏づけられている。				
被告人は、自白にとどまらず両事件の犯行状況の再現も行っているのであり、				
被告人の自白内容についてみると、その内容は				
詳細かつ具体的で、				
引き当たり等により客観的な裏付けがなされている部分も相当存在するものではあるが、				
犯行状況に関する供述の大部分は前記防犯ビデオに録画されているものであり、			被告人が両事件の実行行為者でなくとも、実際に経験していることと、実行行為者から聞いた事情（ただし、被告人は、公判廷においても、脅迫文言を記載した紙片を逃走車両内で見たことがあり、Xから強盗を行った事実は聞いているが、犯行態様の詳細は聞いていない旨述べている。）や、取調官から示唆・誘導された事柄、被告人の想像などを織り交ぜて詳細に供述することが可能なものというべきである。	
被告人は、自白にとどまらず両事件の犯行状況の再現も行っているのであり、当時犯行場所の市川市やその周辺で生活しており、付近の道路状況や店舗についての知識が十分にあったことなどの事情に照らせば、				

第4章 自白の信用性評価に関する注意則

[58] [75]		また、			
		さらに、			
[65]		加えて、			
[48]		また、			
[89] [10]		さらに、			
					被告人は、右供述を始めた理由につき「両事件はXが行ったものだが、自分もこれに関与していたため、後でXが捕まって自分の関与が発覚し、その共犯として本件常習累犯窃盗事件と別に審理されて重い刑が科される結果となるのが嫌だったからであり、単独犯行であれば黙っていた」旨供述しているところ、
				また、	
				甲64ないし70	

被害関係者が供述し防犯ビデオに録画された犯行状況・被害金額等以外に、他の証拠によって裏づけられているのは、逃走経路やナイフ投棄地点、逃走車両、犯行道具を購入したとする店舗等の存在・場所だけで、ビデオに撮影されていない犯行状況の詳細に関する部分（例えばレジ内にビール券や広告紙のメモがあったことや、手指にセメダインを塗布していたことなど）の裏付けはなく、			被告人の自白には、いわゆる秘密の暴露と評価しうるような部分は存在しないといわざるを得ない。
犯行に使用したとされるナイフ、眼鏡、紙袋や余分に準備したとする脅迫文言を記載した紙片等も未発見であり、右紙片の作成経過、作成場所や犯行に使用したとするナイフ、セメダイン等の入手や投棄の事実自体に関する供述についても裏付けは全くないのであって、			
被告人による犯行状況の再現も、ごく大雑把なものであり、それぞれの事件の供述調書の作成が全て終わった後になされたものであることや前記被告人の弁明内容に照らせば、			これを自白調書以上に特に重視することはできない。
被告人の自白や犯行再現、引当たりの際の説明内容の中には、レジから現金を奪ったのが右手か左手かという点が防犯ビデオと異なっていることや、			客観的証拠と整合しないか、整合性に疑問のある部分もあり、
T事件における逃走方向について、被告人が出入口の右に向かって逃走したと説明しているのに対し、ビデオには、強盗の状況を目撃し、犯人を目で追っていたように思われる客が、犯人が店を出た後店の左側の方向を目で追っている状況が撮影されていることなど、			
T事件における脅迫文言の内容やそれを記載した紙片を示した状況、ナイフの示し方、V事件における犯行の際にレジに商品を持って言ったか否か、どのレジからどのように現金を奪ったかなど、一方でよく覚えていない旨の供述がありながら、他方で防犯ビデオと整合する極めて詳細な供述もなされている部分が、犯行態様の重要部分でも複数存在する。			
被告人が両事件に関する供述を始めた当時、捜査機関は両事件と被告人との結びつきについて全く把握しておらず、被告人の「実行行為者はXである」旨の当初の供述によって初めてこの点の捜査が開始されたものであり、	右の理由は自然で十分合理的に理解しうるものである一方、	被告人の弁明と大筋で一致する当初の供述の信用性は軽視できないと考えられる。	被告人の自白が、その弁明どおり、取調官から「防犯ビデオに映っている犯人はXではなく、被告人しかありえない」と強く追及され、防犯ビデオに録画された犯行状況に従った意識的・無意識的、明示的・暗示的な誘導を受けた結果なされたものである可能性は否定できないといわざるを得ない。
このように捜査機関に把握されていない余罪を進んで供述する際にまで、被告人が自己の刑責を軽減しXに罪を着せるために、敢えて虚偽の供述をする可能性が高いとは言いがたく、			
捜査機関は、両事件の直後に前記防犯ビデオを入手しており、	防犯ビデオの犯人とXの顔写真とは似ていないとの認識をもってその後の取調べに当たっていたと推測されることや、		
Xの人定についても、被告人が当初の供述後自白に転ずる前に特定し把握していたのであって、			

				前記のとおり、		
		(三)				
[84] [85]		なお、			Xの顔写真（甲71添付）	
			(もっとも)			
			(しかし)	スナックのママの供述（甲72）	Xと被告人が犯行前後に通っていたスナックのママはXの頭髪を白髪と供述していることや、
				甲71	平成11年10月20日にX及び被告人と会い、トラックを渡した会社経営者も右白髪の写真の男がXだと述べていることに照らし、
			しかしながら、			

被告人の自白中に、よく覚えていない旨の供述と防犯ビデオと整合する極めて詳細な供述が併存する部分が複数あることなどに照らせば、			
(二) に検討した事情と、			
前記三、四に検討したとおり、そもそも両事件の犯人と被告人の同一性に関する最も重要かつ客観的証拠は、犯行状況が撮影された前記防犯ビデオと目撃者の供述であるところ、これらの証拠が被告人と犯人との同一性に相当程度疑問を抱かせるものであることを総合すれば、			
前記 (一) に指摘した事情を十分考慮してもなお、			
検察官が主張するとおり、被告人の弁明によれば、両事件の実行行為者はXということになるところ、防犯ビデオの犯人とXの顔写真(ただし、撮影時期は不明)を比較すると、両者は眼鏡の点では一致するものの、頭髪の色(Xは概ね白髪)の点で大きく異なり、その他の顔立ち等の点からも両者が似ているとはいえず、	この点に関する被告人の弁明をそのまま信用することはできない。		
(被告人は、犯行当時Xは髪を黒く染めていたと供述するが、			
	たやすく信用できない。)	この点に関する被告人の弁明が信用できないことを特に重視して被告人の自白の信用性を肯定することはできない。	
右ビデオの画像と写真だけでは犯人とXの同一性を完全に否定することはできないことや、			
被告人は、両事件の関与者はXと被告人だけである旨、捜査公判を通じて一貫して供述しているものの、両事件当時、被告人は他の仲間とも一緒に窃盗等の犯罪を繰り返し行っていたのであって、	両事件に他の第三者が関与した可能性も否定できないことなどに照らせば、		

652事件

積極的注意則	消極的注意則	論理構造			証拠	内容
[34]						
[77]		また、	(もっとも)[証明力の限定]			本件放火の事実については、公訴提起後、留置係などの警察官からの促しがあったかも知れないにせよ、火災の被害者であるＡ川Ｍ男あてに自筆の謝罪の書簡を留置場から差し出している。
客観的事実との整合性		さらに、	(証明力に限定句付き)			
[47]		のみならず、				
		しかしながら、				
	[75]	①			乙4、乙10、乙12など	
		一方、				本件火災は、前記のとおり、出火からさほど時間が経たないうちに発見され、家人らが水道ホースによる放水等によって消火している。
		しかし、				
	[32]	②			乙10、9月7日付け員面乙12	本件放火の媒介物として用いられた新聞紙の性状について、被告人の供述は、当初「自宅玄関の灯油ポリタンクの下に敷いてあってこぼれた灯油の染み込んでいる新聞紙」、「ずっと前から敷かれていたことから、給油の際などに、何度もあふれた灯油が染み込んだ新聞紙」としていたものが、
					同月15日付け検面	「私が取った新聞紙には、灯油が染み込んでいたかも知れません。」と

評価a	評価b	評価c	結論
任意同行の直後から、本件放火の事実を一貫して認めており、本件器物損壊の事実についても、記憶がはっきりしていない部分が多いとしながらも、なお、自己の犯行であること自体は一貫して認めていた。		その信用性は基本的に高いものと評することもできないではない。	以上の事情に照らすと、被告人の自白の信用性については、合理的な疑義をいれる余地が多分に残されているというべきところ、前記（1）の事情、さらに、前記2について任意性自体は肯定できると判断した事情を併せ考慮しても、被告人と犯人の結び付きにつき、自白の真実性を担保するに足りる秘密の暴露的な供述内容や自白の信用性を高めるような客観的証拠が見当たらないことなどを総合勘案すれば、合理的な疑いを差し挟み得ないほどの十分な信用性を肯定するに足りないといわざるを得ない。
（もっとも、公訴提起という状況を受けて、自己の情状の好転や近隣住民としての自己の家族の立場を慮ってこのような手紙を差し出すこともあり得ないではなく、また、余罪の捜査が続行中であり、捜査の影響から完全に解放されてもいない状況が存したのであるから、被告人に対する捜査着手以前に、被告人が知人等に犯行をほのめかす言動をしていた場合などとは異なり、かかる書簡の発出をもって、自白調書等の信用性を決定的に増強する事情と評価することはできない。）			
前記の本件放火、器物損壊の各事実に関する客観的証拠状況によって積極的に裏付けられる関係に立つわけではないが、自白調書において述べられている犯行状況等は、これらと矛盾抵触するところもない。			
犯行を否認する被告人の公判供述は、前記のとおり、基本的に信を措き難いものであり、これと対比すれば、捜査段階の自白は、整然と、かつ、具体的に自己の犯行状況等が述べられているのであり、			
		前記のとおり、本件放火の事実については、被告人の自白が被告人と犯行を結び付ける唯一の証拠であり、その信用性については特に慎重な検討が必要である。そして、そのような観点から被告人の自白を吟味すると、次の①ないし⑩の点について疑義をいれる余地があるというべきである。	
被告人は、本件放火の事実の犯行態様について、媒介物として自宅から持ち出した新聞紙を用いた旨、任意同行の段階から一貫して供述している。	そうであれば、Ａ川方西側軒下の火災現場の出火場所と目される付近から媒介物であるはずの新聞紙の残焼物等が、部分的にであれ、発見されるのが当然の事理と解される。		
	前記のとおり、この点についての採証活動は行われないまま、現場が取り片付けられてしまっており、これを裏付ける客観的証拠は存しない。		
供述を後退させている。そして、そのように供述が変更された理由については、何ら触れるところがない。			

[62]		③				実況見分調書	
		他面、					
			なお、			9月7日に実施された燃焼実験	本件放火の事実につき、A川方への延焼可能性を検証するため、自動車学校の旧教習コースに模造建築物を建て、本件A川方の火災直前の状況と同じく、その壁際に廃材を平らに積み上げ、これに点火してその燃焼経過を観察する方法により行われているが、媒介物としては、灯油を染み込ませた新聞紙を用いている。
[42] [45]		④					
			すなわち、			乙2、乙4、乙10、乙12	被告人は、本件放火の犯行に及んだ背景事情として、家計のやりくりをする母親から、収入が少ないことについてしばしば愚痴を言われていた上、自らの型大工としての仕事も安定してあるわけでなく、ストレスがたまっていたこと、そのストレスを毎日のように酒を飲んで紛らわせていたこと、酒を飲んで酔っぱらうと、火を付けてみたいという衝動に駆られることを繰り返し供述している。
			そして、			乙4	本件放火の直接的な動機形成の過程については、前記のとおり、「8月12日の夜、いつものように一人で酒を飲んでいると、仕事が見つからず収入のあてがないという不安が頭をよぎり、また母から金がないと愚痴をこぼされるかと思うと、何となくむしゃくしゃしてきた。散歩しようと思い、ライターと煙草を持って玄関に行くと、灯油の入ったポリタンクとそのポリタンクを載せるキャスターとが目に入った。ポリタンクなどを見たときに、この日も、仕事がなくていらいらした気持ちを発散させるために、どこかに火を付けてやろうという気持ちになった。そして、ポリタンクを載せるキャスターの下に敷いてある新聞紙を使って火を付けてやろうと思い、これ持って外に出た。」と説明している。
			しかしながら、				

本件火災当日に実施された実況見分の結果に表れている焼燬状況等は、積み重ねられた廃材のすき間に新聞紙を差し込み、これに点火したという犯行態様と矛盾するものではないと考えられるが、		
残燃物等により、媒介物が特定されていないことから、被告人が供述する2、3枚の新聞紙にライターで点火するという方法で、実際に廃材に火を燃え移らせることができるかどうかについては、発生した結果に依拠して検証することができない。		
この実験の時点では、捜査機関は、被告人のその時点における自白に基づいて、灯油が染みた新聞紙が媒介物として使われたという心証を抱いていたものと解されるが、①と同様に出火場所から油分が検出されたという証拠も存せず、この点についても物的裏付けは皆無である。そして、②の検察官調書における供述のとおり、新聞紙に灯油が染みていなかった可能性もあるとすると、そのような新聞紙が媒介物として十分であるかについては、やはり検証されていないことに帰する。		
	被告人が説明する犯意形成過程に照らし、媒介物として新聞紙を選択することについては、違和感を禁じ得ない。	
深夜わざわざ放火を目的として出かけること、しかも、その犯意形成のきっかけは、灯油を入れるポリタンクなどを見たことであったこと、かつ、家を出る時点では具体的にどこに火を付けるかについては決めておらず、火を付けやすそうな所に放火するという程度の意識であったことに照らすと、放火の媒介物として、在中の灯油を容器に入れるなどして持ち出すというのではなく、容器の下に敷いてある新聞紙を選択するということには、それが媒介物として適格を欠くというわけではないにしても、やや唐突な印象を受け、違和感を禁じ得ない。媒介物の選択は、即、被告人が当時思い描いていた放火の犯行像と一致するはずのものであるところ、被告人の供述では、当該新聞紙が、いかに当時の被告人の抱いていた放火の目的を達するのに適していたのかについては全く触れられておらず（この点は、後記の迫真性の欠如と共通する。）、前述したとおり物証が存しないことと相まって、氷解しない疑義を残すというべきである。		

第4章　自白の信用性評価に関する注意則　　III

[48]		⑤				
			しかるに、			被告人の捜査段階の供述調書には、被告人の生活状況や平素のストレス等については、大部かつ詳細な供述が録取されている一方、
					乙4、その他の調書	肝心の本件放火を決意するに至る動機形成過程については、唯一、前記④に引用した検察官調書の記載があるのみであり、
			もとより、			
[46] [49]		⑥	のみならず、			
				[例1]	乙4	放火行為自体について最も詳細に録取されている検察官調書についても、被告人は「私は、……。」と述べられているのみである。
				[例2]	乙12	本来、より詳細な供述が記載されているはずの警察官調書においてすら、放火行為自体については、「……。」という供述が記載されているのみである。
				(他面)	乙12	同調書では、「……」と詳細に供述されているが、乙4の記述では、被告人は、むしろそのような観察はしていないように読み取れるし、
					乙16	後の検察官調書では、被告人の直接的認識としては、「……」という推論をしている旨の記載となる。
			なるほど、			
			また、			

112　第1編　証拠評価に関する注意則の再生

そのような動機に基づく放火であれば、その動機形成過程の本体をなすはずの、放火によるストレスの解放や軽減の期待（放火のどのような点がストレスの発散になるのか、人が騒ぐからか、炎を見たいということなのか、他人を攻撃してみたいということなのか、それ以外にあるのか）、特に、既に自供しているそれ以前の余罪で得られた快感や達成感との関係で、これを再び得ようとしたのか否かなどが、当然捜査の過程で問いかけられ、これについてどのような供述が得られたのかが、生々しく記録されるはずである。		
その余の調書は、平素のストレスと飲酒酩酊から、直ちに放火を決意したかのような、紋切り型の迫真性を欠く記載にとどまっている。		
犯行動機については、供述者の表現力や自己分析の能力に左右される余地が大きく、前記のとおり、被告人は、その当公判廷における供述態度を見ても、これらの能力に欠ける点があるのではないかとも察せられるのであるが、	そのような事情を考慮に入れても、被告人の動機に関する供述内容は、平板な印象をぬぐうことができない。	
被告人の各供述調書における本件放火行為自体についての供述は、いずれも比較的簡単な記載にとどまっており、	真に犯行を体験した者の供述としての迫力に乏しいとの印象をぬぐい難い。	
乙四で述べられている材木の存在は、現場の客観的状況と符合しているが、実況見分調書等、捜査によって得られた資料から構成できる事実であるともいい得る。そのようなものでなく、被告人の生々しい体験として、ライターで点火したら、火はどのように燃え上がったのか（灯油が染み込んでいるかも知れないことと、燃え方に差異があったか、風はどの程度あったかなど）、どのくらいの時間炎を見守っていたのか、その時、炎によってどのような光景が浮かび上がっていたか、それを見て何を考えたかなど、真に被告人が放火をしたのであれば、目の前に展開したであろう情景や印象について、何ら触れるところがない。		
前記動機との関係においても、周囲に目が行かないほど「火を付けるのに夢中」な気持ちとか、材木への延焼を確認しないまま家に帰ることにした「目的を達成したような気持ち」というのが、具体的にどのような気持ちなのかについても、触れられておらず、うがった見方をすれば、単に上記のとおり犯行状況について具体的な供述を得られないことを糊塗するための方便ではないかとの疑いすら抱かせる。		
本件放火の事実についての捜査は、事件からおおむね一か月程度の時間が経過しているとはいえ、通常であればまだ比較的記憶が保持されていると解される時点で行われているのであり、これらの供述内容の欠落は、記憶の減衰で説明できる程度を超えているといわざるを得ない。		

[46] [49]		⑦				
			ところが、		乙2ないし4、6ないし12、15ないし18	
				(ちなみに)		
			また、これに関連して、例えば、		乙12、乙4	
			なお、			強いて言えば、被告人が犯行後自宅に戻る途中、段差等でつまずいたとの供述部分は、
[48]		⑧				「その場から直ぐに家に帰り、……」
			また、			放火した後の現場の様子について全く関心を示さなかったという点も、
[10] [16]		⑨			乙13、乙19	被告人は、本件放火の事実との関係では余罪に当たる本件器物損壊の事実についても、これを認める供述をしているが、
			そして、			被告人が記憶に残っていると述べる部分の供述も、
被告人の特性		⑩				新聞紙に灯油が染みていたかどうかに関する前記②
						A川方西側の廃材の積まれていた状況に関する前記⑥括弧内
						本件放火及び器物損壊の事実以外の余罪において、灯油を用いたかどうかに関する前記
			また、		乙19	器物損壊の犯行動機について「……」と述べているが、
					M昭証言	後記M昭証言では、被告人は「携帯電話をかけながら」犯行に及んだというのであり、また、その様子は、面白半分に悪戯をしているように見えたというのであって、動機としてさほど深刻なものがあったとはうかがわれない状況描写がされており、

夜間に敢行された犯罪において、犯人の犯行時及びその前後の行動、さらに、その前提となる周囲の状況の認識との関係で、当該場所ないしその付近の明暗状況がどうであったかは、普遍的に重要である。したがって、当然、被疑者の自白調書においては、犯行時及びその前後の行動等との関連で、そのような明暗状況に触れる供述（どのくらいの明るさ、暗さであったか、明るかったとすれば、何の照明によるのか、暗かったとすれば、どの程度の状況認識ができたのか、暗かったのに相当の状況認識ができたとすれば、それはなぜか等）が存在すべきはずである。		
本件放火事件に係る被告人の自白調書等の中には、このような明暗状況に触れる供述が一切存在しない。	そのこと自体、自白調書の内容として奇異というべきであり、	
他の証拠を見ても、犯行現場付近の明暗状況を積極的に意識して収集、作成されたとうかがわれる証拠は見当たらない。		
A川宅西側に廃材が積まれているのを被告人が初めて認識した地点についての供述の変遷がなぜ生じたかといった点も、全く不明というほかはない。		
その場所が暗かったことを前提とするものと考えられる（乙12中には、「懐中電灯を持参していなかったのでつまずいた」旨の供述がある。）が、これが客観的裏付けを欠き、むしろ、事実に反すると推測されることは後記のとおりである。		
犯行後の行動について、被告人は、「……」旨、いずれも極めて簡単な供述をしているにすぎない。	しかし、被告人が、真の放火犯人であれば、この間の被告人の行動、心理状況の変化について、詳細な供述をし得るはずである。	
その動機解明の不十分さと相まって、不自然ないし不消化との印象をぬぐいえない。		
前記で論及したとおり、この点の自白は、そもそも被告人の記憶に残っていなかったという事実を、目撃者であるM昭の供述を投げかけることにより、想起させたというものであり、その自白を内容とする警察官調書、検察官調書も、被告人自身記憶が定かでない部分が多いとして甚だあいまいな内容となっている。	そうすると、この点についての被告人の自白は独立の証拠価値に乏しく、結局、せいぜいM昭の目撃証言に準ずるものにとどまるというべきであり、その信用性についても、それだけで高く評価することはできない。したがって、余罪である器物損壊についても自白していることをもって、放火についての自白の信用性を高める事情と見ることもできない。	
M昭供述、証拠物であるタイヤ自体ないしはその燃焼実験の結果から、捜査官において誘導することが可能な事柄であり、唯一、「……」という部分について、他の証拠にはない、被告人固有の記憶に由来する供述と解することができるにすぎない。		
その他、被告人の警察官調書と検察官調書の間における供述の相違、変遷を見ると、被告人は、警察官の取調べにおいては、記憶のあいまいな部分についても、取調官が提示する客観的証拠等の内容に合わせて踏み込んだ供述をし、検察官から、その認識の程度を質されて、これを後退させるということが一再ならず見受けられる。	これらに照らすと、被告人の供述傾向として、被暗示的側面ないしは迎合的側面があるのではないかとの疑いをいれる余地もあるというべきである。	
仮にこれによるとしても、せいぜい電話中の暇潰しとしていたずらをした程度と見るのが至当であろう。		

第4章　自白の信用性評価に関する注意則

[53] [57]				[補足]	乙13	「タイヤに火を付けた理由は、たまたま歩いている途中に立ち止まった時、目の前にあった車に何気なしに火を付けたもので、どんな車でもよかった。」
	なお、検察官は、					本件放火当時、A川方の2階に明かりがついていたこと、
						本件犯行当時、A川方の飼い犬が吠えなかったこと、
						放火した後、自宅へ戻る途中段差等でつまずいたことなど
	しかし、					本件放火当時、A川方の2階に明かりがついていたこと及びA川方の犬が夜間屋内に入れられていたため仮に不審者がいても吠えなかったであろうことについては、
		他方、				被告人ならば、被告人宅とA川方が近隣であることから、
		また、			乙12	A川方の飼い犬が吠えなかったことについて、被告人から、「A川方には犬がいることを知っていたので、犯行に当たり吠えられないか心配であったが、どういうわけかその晩に限って吠えられなかった」という供述でもあったのであれば格別、被告人の警察官調書の中で、わざわざ捜査官の方から「犬が吠えなかったか」と問いかけ、「犬がいることは知っていたが、その時は格別犬がいることを意識していなかったし、犬は全く吠えなかったと記憶している。」という答えを引き出しており、
		さらに、			乙12、甲5、69中の各写真	つまずいた旨の供述については、
[47]	[46] [49]	また、検察官は、				
		なるほど、				
		しかしながら、				

犯人でなければ語り得ない事項について供述した部分があり、		信用性が高いと主張する。	
捜査機関が、本件火災当日若しくはその後のＡ川方への事情聴取によって容易に知り得る事項というべきである。			
Ａ川方の照明の色や飼い犬の存在について、事件とはかかわりなく、以前から知っていたとしても不思議ではない。			
むしろ、捜査官の方が、あらかじめ本件放火当時のＡ川方の犬の状況について予備知識を持った上で、取調べに当たったことがうかがわれるのである。			
そもそも直接放火行為にかかわる事情ではなく、その意味で、有力な秘密の暴露といえるかどうか疑問がある上、つまずいたとする位置は、近くに街燈があってかなり明るいと推測されるし、同所には、被告人の進行方向に対し、進行をさえぎる植え込みの列があることが明白で、むしろ、予想外の段差や木の根でつまずく所とは常識的に考えられず、被告人の供述の客観的裏付け自体に欠けるというべきである。			
前記……に表れている被告人の本件放火の事実に関する自供経過から、		その自白が信用できるものであることは明らかであるとする。	
そこにおいては、誠に犯罪を犯した者がちゅうちょしながら意を決して自供に至る心情が生々しく記録されていると評し得る。			
そうであれば、何故に犯行の核心部分についての迫真性が前述のとおり欠如しているのか理解に苦しむところであり、かえって、被告人がＳ藤警部補に「火付けのことですか」と語り始めた事実が、果たして本件放火の事実であったのかどうかについて、新たな疑義を生ぜしめるとも言い得る。よって、		この点に関する検察官の主張は採用することができない。	

第４章　自白の信用性評価に関する注意則

659事件

積極的注意則	消極的注意則	論理構造	証拠	内容
			ＭＴ証言、被告人の自白	被告人のＹＴに対する暴行は、６月25日が最後であり、26日にはなかったとした上で、
			ＭＴ証言	26日のＹＴの様子は、嘔吐や大便を漏らすことがあり辛そうにしていたが、菓子・ジュース等を飲食し、歩いたり遊んだりしていた、というものであるところ、
	[62] [65]	（しかし）	死体の実況見分調書（甲８）、死体解剖鑑定書（甲10）、現場アパートの検証調書（不同意部分を除く）（甲11）、Ｓ大学医学部教授Ｆの証言（甲60）、Ｓ大学医学部助教授Ｏに対する裁判官の尋問調書（弁５）等	前記の医学的知見に照らすと、
		むしろ、	被告人の公判供述	ＹＴは顔面が紫色で布団に横たわり、立ち上がることもできず、水も受け付けず、嘔吐や大便を漏らす状況だった
	[42] [45]		ＭＴ証言、被告人の自白	12日から25日まで、ＹＴに対して連日加えられた暴行とその契機となった夕食について、食事時間を２ないし３時間、あるいは５ないし６時間とし、その間暴行が継続したようにみられる内容であるが、
		また、	ＭＴ証言、被告人の自白	ＹＴは大腿部や顔面等を手拳で長時間にわたり叩かれ続けても立ったまま黙って耐えており、25日にサッカーボールを蹴るように下腹部を足で蹴られたときだけ数歩後退して倒れたが、いずれの時も、泣くこともせず、母親であるＭＴに助けを求めることもしなかった、という内容であるところ、
		さらに、	ＭＴ証言、被告人の自白	トレーニング器具に腰掛け、あるいは膝をついたり胡坐をかいたりした形で主に手拳で大腿部や顔面等を殴打した、としているが、
	[62] [65]	（たとえ）		
		（むしろ）	被告人の公判供述	手や足による外に、スリッパ、シャワーベッド、掃除機のパイプ、バーベル等を用いて、入浴の際や食事の時（主に足を前に出して座った体勢）等に、ＭＴがＹＴに暴行を加えたとする内容
	以上の検討によれば、			
	なお、			

評価a	評価b	評価c	結論
このように飲食したり歩いたり遊ぶという状況は、外傷性ショックを引き起こした大腿部の打撲傷や重篤な膀胱破裂の傷害を負った者の行動としては到底考えられないものといえる。			
右負傷後のＹＴの状況については、被告人が公判廷で供述する内容の方が、医学的な知見に合致する。			ＹＴに対する暴行・傷害の状況に関するＭＴの証言（甲31）及び被告人の捜査段階での自白（乙３ないし５、13、14、16、19ないし23、甲29）の内容は、重要な点で、医学的知見等に反する部分や客観的な事実に反し合理性に欠ける部分が多く、疑問の余地が大きいものであって、その内容をそのまま信用することはできない。
常識的にみて、連日このような長時間を食事等に費やすこと自体考えにくいところである。			
体重13kgあまりの３歳の子が、そのような長時間にわたり、或いは、致命的な傷害を負うほど大腿部等を手拳で叩かれて、その衝撃に耐え泣くこともなく立ち続けられるか疑問であるし、サッカーボールを蹴り上げるような勢いで下腹部を蹴られても、その衝撃で飛ばされることなく数歩後退して倒れたという状況やこのような種々の暴行を父親から受けながら母親であるＭＴに助けを求めなかったとされることにも疑問が残る。			
殴打するには不自然な体勢であり、またその体勢で大腿部に打撃が集中して両大腿部の外側部分に大きな負傷が生ずるというのも考えにくいところであるし、			
この点も含めた右ＭＴの証言や被告人の自白にあらわれた被告人のＹＴに対する暴行態様では被告人が捜査段階での自白で自分の暴行によらない傷害とするものを除外してみてもＹＴの体に残る多種多様な傷痕を説明しきれないところでもある。			
（これに関しても、被告人の公判供述の方が、ＹＴの傷跡とより合致する説明となっている。）			
			被告人は、捜査段階の自白を公判廷で撤回したが、ＹＴの死亡前夜の状況等重要な点では、むしろ公判供述の方に合理性があり、捜査段階の供述の方が信用性が高いとはいえない。

675事件

積極的注意則	消極的注意則	論理構造			証拠	内容
客観的事実との不一致	客観的事実との不一致				被告人の自白	
		また、			被告人の公判廷供述	被告人は、被告人の立つ位置等について警察官から指示を受けたものではない旨公判廷で述べるところ、
					犯行状況を再現した写真	その位置は、被害者の背後のほぼ真うしろ（やや右寄り）である。
任意性						
		しかし、他方では、				
	[89] [16]			（実際）	取調べを担当した警察官の証言	迷惑防止条例だと罰金で済むということは通常は言わない。しかし、本件で言ったか否かは覚えていない旨証言し、
			また、			
		確かに、				
						警察に身柄を引き受けに来た上司等に虚偽の自白供述をした旨弁解、相談していないことなど
		（ところで）				
	反対事実の蓋然性		しかし、			被害者は、一貫して犯人は被害者の背後左辺りにいた旨述べているところ（被害者は、公判廷において、被害者の左耳辺りに犯人の男の息がかかる感じだった旨説明している）、
						被告人は、自白供述においても、被害者の背後右側にいたことを前提としているが、
			そして、			被害者は、背後右側に被害者の身体に接着して他の客がいたことを肯定しているが、その客がどのような人物であるかは確認していない。
		そうしてみると、				

第1編　証拠評価に関する注意則の再生

評価a	評価b	評価c	結論
被害者が述べる犯人の位置や被害内容の全てに合致するものではないから、	被告人が警察官の強い誘導に従って被害者の言い分を全部認め、これに沿った供述調書が作成されたものとは考えがたい。	この事実からすると、本件当日の自白供述については、被告人は、取調べに対し、自らの痴漢行為につき真実を述べたが、自己の罪責の軽減を図ってその一部のみを認めたか、あるいは、被告人の主張するように、被害者の訴えた痴漢被害に概ね沿う内容の虚偽の自白供述を自らしたかのいずれかと一応考えられる。	被告人の自白供述の信用性については、前記のとおりいずれにも解釈しうる余地がある上、被告人の立っていた位置についての疑問は残ることから、被害者の供述と被告人の自白供述を併せて検討しても、犯人を被告人と断定することにはなお合理的な疑いを残すと言わざるを得ない。
被告人は、当初痴漢行為を否認しており、自白供述をするまで約3時間取調べを受けているところ、この間の取調べに任意性を疑わしめるような事情は認められない。			
被告人が、迷惑防止条例違反の罪であれば罰金で済む旨を取調官から言われた可能性はあるし			
(被告人のこの点の弁解を否定できない。)			
仕事上予定され、参加する同僚との関係では被告人が責任者的な立場にあったセミナーに出席できない状況に遭遇し、被告人が不安を感じていたであろうことは容易に推認できる。		痴漢の疑いをかけられた通常人の心理としては、およそ信じられない対応であるとして一概に排斥することは相当ではない。	
逮捕、勾留されたわけでもなく、前記の程度の取調べを受けただけで、やってもいない痴漢行為を認める虚偽の自白供述をするか否か不審な点がないわけではなく、			
被告人の説明に対する疑問点はあるが、			
検察官は、本件当日の自白供述について、被告人が、自らの痴漢行為につき真実を述べたが、自己の罪責の軽減を図ってその一部のみを認めたにすぎないと主張しており、そのように理解することも可能である。			
この点は罪責の軽減とは無関係である。			

709事件

積極的注意則	消極的注意則	論理構造			証拠	内容
供述の一貫性・客観的事実との整合性					平成13年2月15日付けの警察官調書 (26)	本件大麻草は自分で吸うために隠して保管していたものに間違いがない
					同月19日付けの警察官調書 (27)	その供述を維持し、S田K路から、白色クラウンのキーを借りて、後部トランクを倉庫代わりに使っていたもので、白色クラウンの後部トランクの扉の裏側に本件プラスチックケースを貼り付けていたが、トランクの中に落ちているのを見つけられてしまったなどと供述
					同月21日付けの警察官調書 (28)	S田K路に対し、「トランクの中にやばい物、入れさして下さい。」などと頼んで、白色クラウンの後部トランクを倉庫代わりに使っていたなどと供述
					同年3月5日付けの検察官調書 (30)	同趣旨の供述
						被告人が白色クラウンのキーを預かり運転していたこと
						被告人がS田K路の配下的な立場にあったこと
	[62] [65]	次に、			平成13年2月19日付けの警察官調書 (27)	（本件大麻草の隠匿状況について）磁石を取り付けた本件プラスチックケースの中に本件大麻草を入れて、白色クラウンの後部トランクの裏側に貼り付けておいた旨供述
					同月21日付けの警察官調書 (28)	本件大麻草の隠匿の時期、方法について具体的に供述し、本件大麻草の所持で現行犯逮捕された前日の平成13年2月13日、被告人、S田K路及びその内妻の3人で夕食のために外出するなどし、被告人が、白色クラウンを運転し、S田K路らを居宅マンションまで送った後、同月14日午前0時過ぎごろ、Tパチンコの駐車場に白色クラウンを駐車したが、その際、本件プラスチックケースを後部トランクの扉の裏側の中央付近に貼り付けて隠匿したのが最後である旨供述
			しかしながら、		証人M口K美の公判供述、現行犯人逮捕手続書（1）、捜索差押調書（2）及び写真撮影報告書（6）	
					写真撮影報告書（6）の添付写真5番、6番	
				この点、	平成13年2月21日付けの警察官調書 (28)	警察官が白色クラウンの後部トランクを開けた時、トランクの裏側に付着しているはずの本件プラスチックケースがなかったのでびっくりしたが、後部トランクの中にはいろいろな道具が入っていたので、警察官らがこれらを取り出したり、中シートをめくったりして、警察官らが気がついた時には中シートの下にまで落ちていたのだと思うなどと供述

評価a	評価b	評価c	結論
被告人は、警察官により本件大麻草が発見された時点において、本件大麻草が被告人の物で、被告人が白色クラウンのトランクに入れておいたなどと供述していることに加え、その後の取調べにおいても、一貫して、本件大麻草については、白色クラウンの所有者であるS田K路の承諾を得て、被告人が白色クラウンの後部トランクに隠匿して保管していたことを認める供述をしており、		被告人の捜査段階での自白は、それ自体、不自然な点はない。	被告人の捜査段階での自白にはその信用性には重大な疑問があるということができる。
被告人の捜査段階での自白は、これらの事実とも矛盾せず、それ自体、不自然な点はない。			
本件プラスチックケースは、白色クラウンの後部トランク底部の中シートと底板との間の部分から発見されたものであり、しかも、底板のほぼ中央あたりに置かれていたことを認めることができる。 なお、写真撮影報告書の5番、6番の添付写真は、証人M口K美の公判供述中には、後部トランク内を捜索した後、写真撮影のために、警察官がトランク内やシートをめくった状態を復元したうえで撮影したと窺われる部分もあるが、いずれにせよ、警察官らが本件プラスチックケースを発見した状況をほぼ正確に再現しているものと考えられる。	被告人が白色クラウンの後部トランクの蓋の裏側に本件プラスチックケースを付着させて隠していたというのであれば仮に後部トランクの開閉などの衝撃で落下したとしても、本件プラスチックケースは中シートの上部に落下したままの状態になっているはずであって、本件プラスチックケースが発見された場所まで移動するとは考えがたい。	被告人の捜査段階での自白には、本件大麻草の隠匿方法という重要な点について客観的な状況と合致せず、その信用性には重大な疑問が残るというべきである。	

第4章　自白の信用性評価に関する注意則

			しかしながら、	本件プラスチックケース	横約6センチメートル、縦約10センチメートル、厚さ約2センチメートルの大きさであり、
					しかも、警察官らは、後部トランク内の傘等の積み荷を全部取り出してから、トランク底部の中シートをめくったというのであるから、
					本件プラスチックケースが後部トランクの中シートの下から発見されたこと
			そして、	捜査段階の被告人供述？	本件プラスチックケースの隠匿状況についての被告人の上記供述部分
					しかも、被告人の供述は、本件大麻草の所持により現行犯逮捕された当日に本件プラスチックケースを隠匿したというものであることからすると、
	[12] [89]	また、		公判廷供述	捜査段階で本件大麻草の所持の事実を自白したのは、S田K路が所有する白色クラウンから、本件大麻草が発見されたため、S田K路の物と思い、S田K路には個人的な恩義があったことから、自分が罪をかぶろうと思った旨供述
					そして、被告人は、本件当時、S田K路から住居や食事代などの提供を受け、S田K路の配下的な立場にあった
					現に、被告人は、現行犯逮捕の当初は、S田K路の名前を出さず、白色クラウンの所有者は知らないなどと、S田K路をかばう供述をしていた
	[53]	加えて		捜査段階の被告人供述	被告人は、捜査段階において、本件大麻草の購入や吸引状況、大麻の使用歴などについて、かなり具体的な供述
				捜査段階の被告人供述？	本件大麻草が在中していたチャック付きプラスチック製袋やこれを包んでいたプラスチックフィルムについての被告人の供述
					被告人は覚せい剤事犯の前科2犯を有し、うち1犯は営利目的事犯であり、今回も、覚せい剤の自己使用及所持でも起訴されるなど
否認供述の変遷・あいまいさ		そうすると、		被告人の公判供述	

警察官らは、白色クラウンの後部トランク内を捜索するにあたっては、当然のことながら、薬物等が隠匿されている可能性のある物件の存否について十分な注意を払っていたとみられるうえ、	警察官らにおいて、本件プラスチックケースが後部トランクの中シート上に落ちていたのを見落としたとは考えがたく、白色クラウンに対する捜索の当初から、本件プラスチックケースは後部トランクの中シートの下部にあったと認めざるを得ない。	
他の積み荷などに紛れて見逃しやすい大きさとはいえず、		
中シートの上にある積み荷等を慎重に確認した後、中シートの下の捜索に移ったとみられるのであって、		
犯人はその箇所に本件プラスチックケースを隠匿したと推測するのが自然である。		
その経過などについてもかなり具体的な内容のものであり、	被告人において、本件プラスチックケースの隠匿状況を勘違いして供述したとは考えられない。	
S田K路に不利益な供述を回避する動機も十分に存するところであり、		
その供述内容には大麻の購入や使用を経験した者でなければ知り得ないとも思われる部分もあるが、いずれも本件大麻草の隠匿保管に直接関与しない者であっても供述することができる内容のものであるうえ、		これらの供述内容が被告人の捜査段階での自白の信用性を特段に高めるものとまではいえない
犯人でなければ知り得ないといった事実は含まれてはいないことや、		
規制薬物に対する知識も相当程度あると考えられることからすると、		
	あいまいなところや何度も供述を変遷させる	全面的には信用できないが、この点を考慮に入れても、なお、

第4章 自白の信用性評価に関する注意則

第2編

証拠評価に関する
コミュニケーションの諸相

第5章
刑事裁判における弁論と判決理由のコミュニケーション

1 はじめに

　1980年代以降、刑事裁判における「事実認定の適正化」のための研究が進展していた。この研究の核となるものの1つとして、注意則の定立という作業[1]が挙げられる。しかし、注意則を定立することにより直ちに「事実認定の適正化」が果たされるかどうか、検討の余地がある。例えば、注意則を適用する形をとりつつ、無罪判決破棄の結論に至った裁判例を例に挙げ、「注意則が必罰主義を内実とする実体的真実主義の思想に立って活用されることとなれば、直感的印象的判断方法に引きつけて注意則を適用し、その結果、注意則を有罪認定を合理化する論理として機能させることとなる」[2]と主張する論者がある。これは、裁判官の姿勢により、注意則適用の方法はいかようにもなりうるという、「人」に由来する外在的原因を取り上げたものである。
　しかし、注意則の定立が「事実認定の適正化」に必ずしも直結しない原因として、注意則自体に内在する問題も挙げられるのではなかろうか。注意則の定立という作業は、もともと、裁判官が証拠評価の際に依拠すべき経験則の内容の定立という目的のためになされている[3]。つまり、注意則を使用するのは裁判官、という前提に基づいているのである。しかし、実務において注意則を使用するのは、裁判官に限られない。検察官や弁護人も、自らの主張

---
[1] 渡部保夫『無罪の発見』(1992年、勁草書房)、守屋克彦『自白の分析と評価——自白調書の信用性の研究』(1988年、勁草書房)、木谷明「犯人の特定」(同『刑事裁判の心——事実認定適正化の方策〔新版〕』〔2004年、法律文化社〕157頁)、下村幸雄「共犯者の自白」(1996年、日本評論社)、司法研修所編『自白の信用性』(1991年、法曹会)、同『共犯者の供述の信用性』(1996年、法曹会)、同『情況証拠の観点から見た事実認定』(1994年、法曹会)、同『犯人識別供述の信用性』(1999年、法曹会)等。
[2] 川崎英明『刑事再審と証拠構造論の展開』(2003年、日本評論社)217頁。
[3] 守屋・前掲注1書2頁参照。

を組み立てる拠り所として、あるいは自らの主張を正当化するために、これら注意則を活用しようとする[4]。裁判官による注意則の適用のあり方が誤っているという現象を別の角度からみるならば、注意則を正しく適用させようとする当事者の活動が十分に実を結ばなかった、注意則は当事者のための有効な武器にならなかったということになろう。そして、その原因は、もともと注意則が当事者の使用を直接の目的として作られていないことに求められるのではなかろうか。この点、「裁判所が任意性の判断をするとき、思考の指針にする程度の意味しかない」、「実践的契機を提供しない法解釈論」との評価がなされることもある[5]自白法則に関する研究の現状と酷似しているように筆者には思われる。「事実認定の適正化」を果たすためには、裁判官の事実認定が客観的手法により行われると同時に、裁判官の事実認定を第三者が検証・統制できるシステムが構築されねばならない。後者の点に関する研究は極めて不十分な状況にあるので、今後検討を急がねばならない。今後の注意則研究も、前者の点だけでなく、後者の要請をも意識して進められる必要があろう[6]。

以上のような検討を進めるためには、現実の訴訟の場において、証拠評価に関し当事者がいかなる活動をしているか、そして、その活動と裁判官の証拠評価とはどのような関係にあるのかを分析するという基礎的作業がまず必要である。本章では、1つの事件を取り上げ、いわば予備実験的に分析をしてみながら、これらの検討をいかなる視点で、いかなる方法により行うべきかを考察しようとするものである。

2 証拠評価は裁判官独りで行うものか

証拠を評価し、事実を認定するのは裁判官だが、この作業は、外部からの影響を受けずに、真空の中でなされるものではない。証拠の評価が争点になった場合、当事者が当該問題につき主張を展開するのが通常であろう。こ

---

[4] 大出良知他編著『刑事弁護』(1993年、日本評論社) 108頁以下参照。
[5] 渡辺修「刑事弁護の活性化のために——あとがきに代えて」北山六郎監修『実務刑事弁護』(1991年、三省堂) 383、386頁以下参照。
[6] 中川孝博「情況証拠による事実認定に関する試論」大阪経済法科大学法学研究所紀要31号 (2000年) 89頁 (本書第1章)、同「犯人識別供述の信用性評価に関する試論」大阪経済法科大学法学研究所紀要32号 (2001年) 39頁 (本書第2章) および本書第3～4章参照。

の活動は、裁判官に何らかの影響を与えていることは疑いない[7]。

　ところが、判決において、当事者がどのような主張をし、それに対し裁判官はどのように応じたかが直接的に示されるのは、必ずしも通常のことではない。例えば、上告審において、証拠評価を尽くさなかったとして破棄される事例（審理不尽型）をみると、上告趣意書の内容を記し、それに対し応答するという形で判決理由が書かれることはほとんどなく、最高裁自身の証拠（記録）評価につき叙述されるのが通常であることがわかる。一審判決や、控訴審において事実誤認が争われた事例の判決については、当事者の主張あるいは控訴趣意の要点が判決理由の冒頭に記されることが多いけれども、それに直接的に対応させて証拠（記録）を検討していくというスタイルは一般的ではなく、証拠により認定できる事実をまず確定し、叙述した後、所論を排斥していくという形が通常である[8]。

　このような判決理由は、あたかも裁判官が、当事者の主張にまったく影響されず、真空の中で最初に証拠評価を行い、当事者の主張に対する考慮は、なされないか、あるいは証拠評価を行った後になされているかのような印象を与える。しかし、このような印象どおりの判断過程がとられたと考えることはもとよりできない。もともと証拠評価の過程につき判決理由に示すことは法令上要求されていないと一般に解されていること、したがって、事実認定の補足説明の書き方につき実務上法的規範は存在しないこと等を考慮するならば、「事実認定の補足説明」は、心証形成の過程を示す／当事者の主張に対し丁寧に対応するという観点よりも、その他の観点[9]を重視して書かれているのが通常と考えたほうがよさそうである。

　いずれにせよ、このような事情に鑑みると、判決理由のみを対象として、両当事者間あるいは当事者と裁判官の間になされるコミュニケーションのありようを十分に分析することはできない。このことは、単にこれらの研究

---

[7] 団藤重光（元最高裁判事）は、次のように述べている。「私の経験では、ある殺人事件で、弁護人は国選だったと思いますけれども、実によく調べて、敬服するような上告趣意書を書いてきたのがありました。……なるほどそのとおりであって、原審の認定はおかしいというので、事実誤認の理由で原判決を破棄したことがあります。正直のところ、裁判官の目で記録を読んでも、なかなか見抜けません。弁護人のほうで証拠間の矛盾を、具体的に鋭く指摘して来たので、その目で見るとなるほど上告趣意書のほうが本当らしいという気持ちになってきたのでした。私はこの弁護人のおかげで誤判を犯さないですんだわけで、大変感謝しております」（団藤重光『死刑廃止論〔第6版〕』〔2000年、有斐閣〕178頁以下）。
[8] 石塚章夫「判決理由についての覚書」梶田英雄判事・守屋克彦判事退官記念論文集『刑事・少年司法の再生』（2000年、現代人文社）379、387頁参照。
[9] この点、石塚・前掲注8論文388頁、横川敏雄『刑事控訴審の実際』（1978年、日本評論社）133頁以下等参照。

を進める障害となるだけでなく、実務においても一定の問題を引き起こしている。すなわち、当事者は、自身の活動が裁判官にどのような影響をもたらしたか、自身の主張がどのように裁判官に考慮されたのか、判決からはわからないので、裁判官の証拠評価に対する不信感を募らせるという点である[10]。当事者の観点に立つならば、裁判官の証拠評価に誤りがあるとの評価は、「証拠評価を尽くさなかった」という実体的問題と、「証拠評価に関する当事者の主張に耳を傾けなかった」という手続的問題、2つの問題に由来するということになろう。後者の問題は、裁判官の事実認定を第三者が検証・統制できるシステムの構築が不十分であるということを意味するものでもあるので、「事実認定の適正化」という観点からも無視できない。

3 証拠評価をめぐるコミュニケーションの諸相

(1) 検討対象と方法

　証拠評価をめぐり、当事者間、および当事者と裁判官との間にどのようなコミュニケーションが実際になされているのだろうか。そこにはどのような問題があり、どのような解決が図られねばならないのだろうか。ここでは、これらの課題に取り組んでいくための手がかりとして、道頓堀事件[11]のY被告人に対する裁判における、目撃者Bの供述をめぐるコミュニケーションを分析する。本件における主たる争点は、「X被告人が手を振り払った反動で被害者が川に転落したのか、あるいは、X被告人とY被告人が共同で被害者を抱え上げ落としたのか」であった。目撃者Bは、両被告人が共同で被害者を抱え上げ、落としたという検察側の主張を裏づけるものとして、公判廷において証言した。主尋問終了後の精神的状態が「供述不能」要件を満たすと判断され、捜査段階において作成されたBの検察官面前調書が採用されている。このような事情のため、Bに対する反対尋問は十分になされていない。

　これらB供述につき、主としてその信用性をめぐり、両当事者の攻防が繰り広げられた。裁判所は、一審、二審ともに、B供述の信用性を否定した。被

---

[10] 五十嵐二葉「『判決には理由を附す』ことは必要か」庭山英雄先生古希祝賀記念論文集『民衆司法と刑事法学』(1999年、現代人文社) 255頁参照。
[11] 道頓堀事件については、葭井順子「道頓堀川ホームレス事件その1 (被告人Y)」刑弁情報19号 (1999年) 25頁、後藤貞人「道頓堀川ホームレス事件その2 (被告人X)」同28頁、中川孝博＝本田稔＝佐々木光明「刑事法のプロセスがわかる──道頓堀事件」法学セミナー551号 (2000年) 34頁等参照。

告人側の主張が通ったと評価できる事例であり、特に検討対象とする意義に乏しいように思われるかもしれない。しかしながら、一審、二審ともに無罪という事例においてなお問題が見出されるならば、むしろそれらは、日本における、証拠評価をめぐる両当事者間及び当事者と裁判官のコミュニケーションに存在するであろう諸問題の深刻さを象徴するものともいえるのではなかろうか。

　証拠評価をめぐるコミュニケーションにつき検討すべき点は多々あるが、ここでそれらすべてを網羅することはできない。出発点として、「形式的な」分析を行ってみたい。すなわち、①訴訟記録（B検面調書、B証言記録、論告要旨、弁論要旨、一審判決書、控訴趣意書、答弁書、二審判決書）を検討対象とする。②B供述に対し、筆者自身の評価は行わない。③B供述に関する、当事者や裁判所の「解釈」のありようを整理していく。すなわち、当該供述に基づき当事者はどのような主張を行っているか、当事者の主張は互いにどのように絡み合っているか／いないか（互いに無視していたり、水かけ論になったりしていないか）、当事者の主張に対する一審裁判所の応答はどのようなものか（当事者の主張を無視したりしていないか）、一審裁判所の応答に対する当事者の反応はどのようなものか（一審判決をどのように批判／正当化しているか。その批判／正当化の主張と、当事者が一審でなした主張はどのように対応しているか）、それに対する二審裁判所の応答はどのようなものか、といった視点から各記録を分析する。④③から抽出された問題から、今後この種の検討がいかなる観点からいかなる方法で進められねばならないか、試論を呈示する。

(2) 証拠

　まず証拠をみておこう。**表1**は、Bの検面調書を抜粋したものである。内容は3部に分けられる。第1は、犯行を目撃するまでの自身の状況を説明した部分である。第2は、目撃した犯行状況を説明した部分である。ここには、被告人ら2人により被害者が抱え上げられているところを見た旨の叙述がみられる。第3は、自身が目撃した事実が間違いないと考える根拠を示した部分である。

表1 ● B検面調書の抜粋

このように私は、Xと被害者の様子を気にして、そちらの方をチラチラと見ながら橋を渡ってきて、……の付近まで歩いてきました。	犯行目撃に至る状況説明
そして、再び金髪の男達の方を見たところ、被害者が、2人の男に抱え上げられ、今、まさに橋の欄干の上から落とされようとしている瞬間でした。 このとき、被害者は、椅子に座っているような姿勢で、そのまま抱え上げられたという感じで、2人の男に抱え上げられていました。 XとYが、どのようにして、被害者を抱え上げたのかについては、一瞬の出来事でしたので、よく覚えていないのですが、3人の態勢から考えると、Xが被害者の南側に立って、右手を背中の方、左手を足の方にして持ち、Yは、被害者の北側で、右手を足の方、左手を背中の方に回して、YとXが2人で向き合うような形で、被害者の男性の両側から、この男性を抱え上げていたものと思われます。	目撃した犯行状況の説明
検事さんから、被害者を川に放ったのは、X1人だったのではないかと尋ねられましたが、そのようなことはあり得ません。 とにかく、私が見たのは、被害者が、椅子に腰掛けているような姿勢のまま抱え上げられて、全くそのままの姿勢で川の中に放り込まれたことであり、いくら何でも、そのような姿勢で、人1人を欄干越しに川の中に投げ込むという作業を、1人でできるはずがないと思うからです。	自身目撃した事実が間違いないと考える根拠

表2は、Bの公判廷における主尋問に対する証言内容を抜粋したものである。これをみると、検面調書内容とは異なり、被告人ら2人により被害者が抱え上げられているところを見た旨の供述が引き出せていないことがわかる。そこで検察官は、検察取調べにおける供述を思い出させ、検面調書に書かれていることは当時の記憶に従ったものである旨確認する戦略に転じているのである。

表2 ● Bの公判廷証言の抜粋

検：それからどのような場面をあなたは記憶されていますか。 B：その次はもういきなり被害者がほられて、本当に椅子に座ったような状態のままで川の向こうに落ちていったというのが私の目に焼きついてます。 検：今、おっしゃったのは被害者の方が川の向こうにほられたというのは放られたという趣旨ですか。 B：まるで物をほるように、人間て、ああいうふうなほられ方をするんやなあなんて思ったのを覚えてます。 ……（5問5答中略）…… 検：そのときの被害者の方はその場所的にといいますか、高さとか、欄干を基準にすると、どのような位置にあったんでしょうか。 B：どういうのかしら、やっぱり姉も私も怖くて、じっとそこだけを見ていた	被害者が川に転落した様子について

わけではありませんので、あっちを見たり、警察を見たり、何かあったら交番に行かなきゃいかんなとか、そんなことを考えながら見てましたので、どのぐらいの高さからほり込まれたかということはちょっと覚えておりません。 ……（4問4答中略）……	
検：被害者の方が椅子に腰掛けたような姿勢、格好で落ちていったというような表現をされましたけれども、そのときにその近くに誰かいましたか。 B：もう私は被害者が欄干から消えるか消えないか、その間くらいにもう交番のほうに走って行ってますので、その直後のことは分かりません。 検：被害者が川に落ちる直前のことなんですが……。 B：（省略） 検：私の質問は被害者の方がそのような姿勢で川に落ちる直前ごろ、被害者の近くに誰か人がいたかということをお尋ねしているんですが。 B：それはXさんはもう近くにいましたね、男の方は2人いてたと思うんですけど、私はその被害者のほうをずうっと見てましたので……、被害者ばっかし見てましたね、何か。 ……（3問3答中略）…… 検：被害者が川に落ちたのはその原因について何か思い当たる事実関係はありましたか。 B：それはありません。別に被害者の方が加害者の方に対して何かをしたとか、そういうことは全くありませんでしたので。	被害者が川に転落したときに周囲にいた人物について
検：何故被害者の人が川に落ちたのだというふうに思いましたか。 弁：異議。 裁：どうぞ、答えて下さい。 B：（省略） 検：今、私のお尋ねしているのは、被害者がそのような、あなたがおっしゃる椅子に腰掛けたような姿勢で背中のほうから落ちていったということを言われたんで、それはどんな事情でそうなったんだというふうに思われましたか。 B：それはやっぱりほり込まれたんだと思いました。 検：誰にですか。 B：その2人にと思いました。1人ではああいう状態では絶対川に落ちることは不可能です。 検：今、2人でというふうに言われたのはどういう事実に基づいて2人だというふうにおっしゃるんですか。 B：それはやっぱりこの姿勢（座った状態を指して）のままで、1人で抱えて落とすことはできないと思ってました。今でも思ってます。 ……（4問4答中略）…… 検：そのときにあなたの気持ちの中で、何か2人でやったというような痕跡が残ってますか。 B：痕跡は残ってないんです。ただ思っていることはあるんですけれども。 検：どんなことですか。	被害者が2人により放り込まれたと推測した事情

B：何でこんな変なときばっかし気が合うんかなと思いました。 ……（32問32答中略）……	
検：あなたは被害者が川のほうに落ちていった状況について検察庁では今日ご証言されたのよりもうちょっと詳しくお話になっているんですけれど、どういうふうに検察庁で述べられたか、覚えてますか。 B：(省略) 検：被害者の方が落ちていった状況ですけれども、検察庁では南側で被害者を抱えていたのがXで、北側にはYが被害者を抱えていたという趣旨のことをお話になっているんですが、思い出せませんか。 B：今はただ、あの姿勢で落ちるのには両脇から抱えないと落ちられないであろうと思うとしか申し上げられません。	検面調書内容の確認

(3) 論告および最終弁論

　論告において、B供述につき言及されている部分は少ない。論告要旨をまとめたのが**表3**である。前述のように、被告人ら2人が被害者を抱え上げたところを直接目撃したか否かの点で、検面調書内容と証言内容にはずれがみられるのであるが、論告要旨では、検面調書内容と証言内容を区別せず、一括して要約し、被告人ら2人が被害者を抱え上げたところを見たと主張している。検面調書内容および当該供述が信用できる理由として3点挙げている。第1（論a）は、近接した地点で目撃したという客観的視認条件、第2（論b）は、有意的注意があったという主観的視認条件、第3（論c）は、X、Y両被告人の自白と内容が一致しているという点を挙げている。

表3●論告要旨の要約

Bは、当公判廷及び検察官調書において「……」旨供述している。 B供述は信用性が高い。 　ア　約8メートルという近接した地点 　イ　被告人らの行動に危険を感じながら、意識的に犯行状況を目撃 　ウ　台車から立ち上がった際の被害者の姿勢や同人が川の中に突き落とされた際の態様及び同人を挟んだYとXの位置関係等について、Yの供述やXの捜査段階における供述と一致している	論a 論b 論c

　これに対し、最終弁論はどのように応答しているだろうか。弁論要旨をまとめたのが**表4**である。
　冒頭、前述のような、検面調書内容と証言内容とのずれにつき解釈を示していない論告に対する批判がなされている。ここに、証拠評価の実体そのも

のではなく、証拠評価に関する主張の形式に関する問題を1つ指摘することができるだろう。最終弁論は、論告への応答という形で示されるべきものである。しかし、証拠の解釈につき論告が示さず、結論しか述べられない場合、それに対する弾劾は、かみ合わないものになる可能性が出てくるので、被告人側の負担は重くなるということである。

表4●弁論要旨の要約

① 公判廷供述の要約 ② 検察官は、「当公判廷及び検察官調書において」と一括して要約しているが、両者には食い違いが顕著に存在しているのであり、右のような検察官の論告のあり方が相当でないのは明らかである。	公判供述の解釈をしない論告に対する批判
③ 要約から明らかなように、公判廷供述の核心部分は、単なる意見乃至推測にすぎない。	弁a
④ 意見乃至推測に関し、それらの根拠となる事実について、正確な観察や記憶やその再現に支えられているのであるかどうかについても、否定的に解さなければならない。 　複数人により投げ込まれたとの意見を持っている根拠は、被害者が落ちていく姿勢が椅子に座るような状態のままであったことを目撃し、そのような状態で落ちていくのであれば、それは1人の人間によって現出されることは絶対不可能との意見を持っていること→論拠に乏しい。	弁b
ア　Xらの公判供述に則して見れば、1人でも可能	弁bあ
イ　被害者の体重は非常に軽かった	弁bい
ウ　被害者は寝起きの状態だった	弁bう
エ　Xは若くて相応の力を持っていた	弁bえ
⑤ 検察官調書の要約	
⑥ 2人が抱え上げているのを見たとの記載内容は信用できない。	弁c
ア　公判廷供述では明確に否定されている。	弁cあ
イ　2人が被害者を抱え上げている態勢そのものを目撃したのであれば、それを公判廷で供述しない理由はない。	弁cい
⑦ 取調時は正確に述べたと思うが、その記憶が公判供述の段階ではなくなっているかのように述べる部分があるが、おかしい。	弁d
ア　川に落ちる姿勢などは大変明確に記憶され、相応の迫真性をもって再現されていることからすれば、その直前・直後の様子についてだけ再現ができなくなったということは考えにくい。	弁dあ
イ　そもそもBは、とばっちりを受けてはかなわないという心理状況にあったことから、Xの方からは離れて行こうとしていたものであり、「目を合わせるのが恐い」、見るとしても直視するのではなく、ちらちらと見るに留まるという	弁dい　→論b

第5章　刑事裁判における弁論と判決理由のコミュニケーション　137

態様であった。 　ウ　さらに、公判廷で「（実況見分時に）いろいろ聞かれても、もう1つ分からなくて、1つの映像がぽん、1つの映像がぽんというふうに分離してあるわけなんです」と述べている。この意味は、目撃の記憶がビデオのように一連の動きがまとまってあるのではなく、1場面、1場面を静止画として切り取ったものが存在しているものということ。	弁dう	→論b
エ　イとウを結合して考えると、チラチラと間をおいて見ているのだから、見ていない「間」にあってどのようなことがおこっていたかについてはそもそも知覚されていないことがわかる。	弁dえ	→論b

　証拠評価そのものに関する最終弁論のポイントは、公判廷供述につき2点、検面調書につき2点、計4点存する。公判廷供述に信用性が認められないと主張する理由の第1（弁a）は、2人が被害者を抱え上げたといった点は、推測に基づくものであり、直接事実を目撃したものではないという点である。第2（弁b）は、そのような推測の根拠――単独の人間によってBが目撃したような状況が作り出されることは不可能――となる事実についても、信用性がない（その理由を4点挙げている。弁bあ、い、う、え）という点である。

　検面調書が信用できないと主張する理由の第1（弁c）は、2人が抱え上げたという部分は、公判廷では明確に否定されているし（弁cあ）、目撃したのであれば公判廷でそれを供述しない利用はない（弁cい）ので、信用できないというものである。第2（弁d）は、取調時の記憶が公判では失われたと述べる点について、真実目撃したのであれば、当該部分の記憶だけ失われたというのは疑問であり、むしろ目撃していないから記憶がないのだ（その理由を4点挙げている。弁dあ、い、う、え）という点である。

　これらの主張のうち、弁dい、う、えは、論告における論bと直接的に対応している。すなわち、被告人らの行動に危険を感じていたから有意的注意があるとの論告の主張に対し、他の事情もあわせ、被告人らの行動に危険を感じていたので、ちらちらとしか被害者らを見ておらず、犯行状況を通して目撃していないと応答している。論aや論cに直接対応した叙述はないが、論a（近接した地点での目撃）については、そもそも目撃していないという弁a、bが、実質的には対応している。また、論c（被告人らの自白と一致）に

ついては、被告人側は被告人らの自白の信用性を全面的に争っているので、特にここで論じる必要はないといえよう。

(4) 一審判決

　これらの両当事者の主張に対し、一審判決はどのように応えただろうか。一審判決書を要約したものが**表5**である。B供述に対する叙述量はごくわずかである。また、一般的傾向と同様、本判決理由も、両当事者の主張に対応させて証拠を評価していくという叙述方式をとらず、証拠評価につき自身の見解のみを述べる「独白型」のものとなっている。

表5●一審判決書の要約

① 検察官調書の要約		
② 公判廷供述の要約		
③ 公判廷供述は、共同犯行と思われるとの意見ないし推測を述べているに過ぎない。	1 a	弁 a
④ 検察官調書の信用性はない。	1 b	
ア　共同犯行状況を真実目撃しているのであれば、この点に関し公判廷で曖昧な供述に終始しなければならない理由はない。	1 bあ	弁 c
イ　調書記載自体も、一見明確に目撃していたかのようだが、被害者の左右に被告人らがいたという状況の下で突然被害者が椅子に座るような姿勢のまま川に落ちるのを見た後、川の方を向いて様子を見ている2人がおり、その後2人が被害者の救助に走ったことなどから、共同犯行と推測して供述したのではないかとの疑念を払拭しがたい。	オリジナル	
1　「3人の態勢から考えると……被害者を抱え上げていたものと思われる」という程度のもので、具体的根拠が示されていない。	オリジナル 1 bい	
2　「……いくら何でも、……1人でできるはずがないと思う。……」との供述記載は、単独ではなし得ないとの前提のもとに、投げ込んだのは2人であると決め付けていることが窺われる。	オリジナル 1 bう	
3　終始被告人らの行動を凝視していたものではなく、本件が一瞬の出来事であり、肝心な部分を見逃してしまう可能性も多分にある。	1 bえ	

　公判廷証言については、「意見ないし推測を述べているに過ぎない」と一刀両断されている（1 a）。これは、結論的には最終弁論の弁 a と一致する。しかし、そのような結論がどのような評価により導き出されたのか、そして、当該意見ないし推測がどのような程度の強さのものか（弁 b 参照）については叙述がないので、裁判官の判断過程は、判決理由からはわからない。

　検面調書については、信用性がないとの結論が示され（1 b）、その論拠と

して大別4点挙げられている。第1（1bあ）は、共同犯行を真実目撃したのであれば、この点につき公判廷であいまいな供述に終始する理由はないというもので、これは弁cいに対応する。これに対し、弁cあについては、「共同犯行の目撃につき明確に否定している」との弁論に対し、「あいまいな供述に終始している」と一審判決は評価しているが、この解釈の食い違いにつき論拠は示されていない。

第2ないし第4（1bい、う、え）では、検面調書内容も、推測に基づいている疑いがあるとし、その理由を挙げている。このうち、④イにおいて、共同犯行を推測して供述した疑いを裁判所が抱いた理由として示されている「その後2人が被害者の救助に走ったこと」は、論告にも最終弁論にも言及されていなかったものである。1bいも同様である。また、1bうや1bえについて、類似の主張は弁論でもなされているが（弁bあ、い、う、え、弁dい、う参照）、文脈が異なるので、別物と捉えるべきであろう。裁判所の判断には論証がない（弁論における当該主張は、一定の疑いの存在を裏づけるために当該主張がなされているが、判決理由においては、それ自体が疑いとして扱われている）。

以上のように、一審判決の叙述は、弁論に示されていない新たな事情（主として検面調書のテキスト解釈）がメインとなっている。結論的には弁論と一致するとはいえ、弁論の主張と裁判所の叙述が直接的に対応する箇所はほとんどない。かつ、裁判所自身の叙述が簡潔なため、どのような理由により当該判断が導き出されたのか、細部につき追証するのは困難である。

(5) 控訴趣意書

簡潔であった論告と異なり、控訴趣意書におけるB供述に関する叙述は膨大なものになっている。表6に、控訴趣意書の内容を要約して示した。内容そのものについては本表を参照していただきたい。ここでは、その「叙述形式」の特徴をみることにする。

表6●検察官控訴趣意書の要約

① 原判決の「検察官調書の要約」引用 ② 原判決が検察官調書の信用性を否定した理由引用 ③ 1aは、公判供述の内容を曲解したもので不当。 　ア　公判供述引用	控a

イ　このように、公判供述を仔細に検討すれば、検察官調書の供述内容につき、当時の記憶のとおり、ありのままに供述したものであって、その内容は現在でも間違いないと考えている旨一貫して認めている。	控aあ 論証なし	→弁a
ウ　時の経過や体調の問題もあり、証人尋問の時点では、被害者が椅子に座ったような状態のままで川に落ちていったとの限度で供述するにとどまり、あえてそれ以上の事実関係について明確な証言をすることを避けたものといえる。	控aい	弁dあ無視
エ　イとウをあわせて考えると、意見ないし推測を述べたものとは到底いえない。		
オ　Bは、「椅子に座るような姿勢で川に落ちていった。その直前、被害者の近くに２人がいた」との断片的事実を目撃し、これを前提として、「２人によって放り込まれたと思った」との推測を供述しているのであり、前提たる事実の目撃なしに、推測の供述をしているのではない。この点原判決は看過している。	控aう 控aあい うと矛盾	
④　１bあは、Bの証人尋問当時における、同人の精神状態や目撃時点からの時の経過に対する考慮を全く欠いた、不当な判断である。	控b	弁dあ無視
ア　Bは鬱病に罹患しており、しかも、公判で体調を崩すなどの極度に緊張した精神状態にあった（２つの例を挙げている）。	控bあ	
イ　Bの主治医の供述を検討すれば、より一層明らかとなる 　　尋問引用。「中略」３箇所 　　以上のとおりであり、BがAの証人尋問の状況を聞き、自身の証人尋問に不安を感じていたことがうかがわれる。	控bい	
ウ　Aの証人尋問では、弁護人が、あたかも犯人扱いするような追及をしており（根拠４点）、善意の第三者であるAにとって極めて峻烈な体験だった。	控bう	
エ　Bは、自らもそのような尋問にさらされることを心配した（当時の主治医の診察状況）。	控bえ	
オ　案の定、厳しい追及的尋問にさらされた。	控bお	
カ　このように、公判供述は、証言不能と同視される最悪の精神状態の中で、強引に実施された証人尋問の中でなされたものであることを考慮すると、あいまいな供述にわたったことも、むしろ当然である。	控bか	
⑤　１bいは、検察官調書の供述記載について重大な誤解をし、右誤解のうえでB供述の信用性を検討しており、首肯できない。	控c 調書テキスト解釈	
ア　検察官調書記載内容の引用		
イ　要するに、立ち上がった被害者を２人が抱え上げる状況を目撃していないが、既に２人によって被害者が抱え上げられてしまっていた状況を目撃したというものである。	控cあ	
ウ　にもかかわらず、原判決は、２人が抱え上げる全過程までも目撃していたかのごとく誤解した上で、Bの供述の検討をしているもので、右前提自体に重大な誤りがある。	控cい	
エ　さらに、具体的根拠が示されていないと原判決は判示するが、「３	控cう	

人の態勢から考えると」と根拠をきちんと示しており、そのうえ、検察官調書中で、その具体的内容として4点挙げている。

　　オ　そもそも目撃状況について根拠を要求すること自体、独自の見解で失当であるが、それはさておいても、検察官調書を仔細に検討すれば、具体的根拠を挙げていることがおのずと明らかになるにもかかわらず、原判決はこの点を全く看過している。　　　　　　　控cえ

⑥　1bうは、検察官調書を曲解しているもので、失当である。　　控d

　　ア　検察官調書は、前記のような具体的根拠を挙げつつ、犯行時の目撃状況を詳細に供述した後、「いくら何でも1人ではできるはずがないと思う」として、目撃状況の記憶に何らの揺るぎもないことを明らかにしたものにすぎず、全く見なかった事実を予断に基づき推測しているなどという類のものではない。

　　イ　原判決は、本件犯行は1人でもなし得るとの抽象的前提のもとに「Bは2人で投げ込んだと決め付けている」と判示したもので、余りにも強引な立論である。

　　ウ　なお、本件犯行が1人では不可能であることは多言を要しない。　　弁bあいうえ無視

⑦　1bえは、Bが本件を意識的に目撃しており、その供述内容も極めて体験性の高いものであることを看過している。　　控e

　　ア　被害者が立ち上がったのを見て、Xらから危害を加えられることはなくなったと安堵し、一瞬目を離し、再び見たとき、2人による犯行を目撃し、異変に気づいてその行動を注視したものである。この一連の流れの中で、2人が共同した行為を意識的に目撃していたことが認められ、極めて信用性が高い。　　弁d無視

　　イ　極めて体験性の高い供述をしている（2点挙げている）。

　　ウ　目撃時の姿勢等についても、明確に特定している（1点挙げている）。

　　エ　確かに終始被告人らの行動を凝視していたものではないが、それでも本件犯行の肝心な部分をきちんと目撃しており、捜査段階の当初から、被告人ら2人が共同して投げ込んだ旨を明確に供述し、その後も一貫している。　　弁d無視

⑧　本件当時58歳で、特段視力に問題が無いBが、十分明るい時間帯において、極めて近距離から本件を目撃するという非日常的かつ特異な体験をし、目撃直後には、交番に申告するなど、目撃内容を早期の段階で明らかにし、かつ、記憶が鮮烈に保持される契機を有していたのである。しかもBは、被告人らと何らの利害関係を有しなかったのであり、そのうえ、当時の記憶どおりありのままに供述した内容が録取されている検察官調書は、その信用性に疑いを差し挟む余地は皆無である。　　控f　　論ab詳細化

　第1に、論告要旨と比較すると、そのほとんどすべてが今回初めて登場する主張である。控訴趣意書は原判決の叙述に対し書かれるものであることは

いうまでもない。したがって、原判決の判断が、原審の段階で予想もつかなかった新奇なものであれば、論告に登場しなかった新主張が目立つことはありうる。しかし、原判決の判断はそのようなものではない。「Bの供述は事実に基づくものか、意見・推測に基づくものか」はまさしく原審で争われたところだったのである。なぜ一審の段階でこれらの主張を行っておかなかったのか、疑問が残る。

　第2に、原判決の叙述1つ1つにつき詳細な叙述がなされている。これは、原判決の叙述が非常に簡略なものであることに由来すると思われる。すなわち、原判決の叙述は、論証が十分に示されていない、結論だけが示されているものなので、それが当を得ない理由を書くことは容易なのである（判決の論理は示されていないので、それに対する反証を要せず、自身の論理のみを示せばよい）。判決の簡潔な叙述につき、その意味を自身が規定し、それを批判するという方法がその典型である（控 c）。原判決と控訴趣意書との関係のみに注目すると、このような特徴が指摘できる。

　第3に、弁論要旨と控訴趣意書との関係に注目すると、弁論の主張には十分に対応していない（無視している）場合が多い。例えば、控 d の「なお、本件犯行が1人では不可能であることは多言を要しない」との叙述は、1人でも犯行が可能だとの弁 b の主張を完全に無視した形になっている。弁論要旨の論理に対応する形で控訴趣意書を書こうとするならば、叙述のありようはまったく異なったものになっていたであろう。無視された弁論要旨のポイントは、原判決が同じく無視したポイントと重なっている。

　もちろん、現行法上控訴趣意書は原判決に対する批判という形で書かれるので、原審の弁論要旨の叙述に配慮する必要は、形式的にはないという指摘は可能である。しかし、そのような指摘は、逆に、原判決が弁論に対応した形で叙述していた場合との不平等、あるいは、原判決に対する批判という形式により、一審での攻防の詳細が無視されてしまうような現行法の問題点を浮き彫りにするように思われるのである。

(6) **答弁書**

　検察官の控訴趣意書に対する答弁書の内容は、**表7**のとおりである。

表7●答弁書の要約

① 控訴趣意の要約
② 控a f批判──弁dう反復
③ 控b批判
　控bおか（弁護人批判）に対する応答時の経過論に対する応答──弁d反復
④ 控c批判
　控cえ批判──判決テキスト解釈
　一審判決引用
　一見明確に目撃したかのように読めるけれども、明確な目撃を根拠付ける事情としては、もっとも有力な、すなわち「肝心な部分」に時間的に近接する状況についての供述記載でさえも、態勢からの推測に止まっているという趣旨を語るものとして説示していることは文脈上明らか。
⑤ 控d批判
　検察官調書引用
　検察官の具体的発問に対する回答という形態──調書記載方式のコンテクスト
　具体的供述記載なし
　共同犯行そのものを知覚していれば、その旨の供述がなされるはずなのに、「1人でできるはずがない」という理屈を強調していること、この理屈の強調は、公判供述でも同様であること。これは信用性判断の要となる。
　揺らぎが無いことを示すものではない。Bの主観的意見としてはそうかもしれないが、意見を支える理屈は、他の目撃証言等により否定されている上、被害者の体重が極めて軽量であったことなどの本件状況事実に照らし、成立しないことは明らかである。──弁b反復

　本答弁書の「叙述形式」の特徴は、控訴趣意書の特徴をそのまま裏返したものと評することができるだろう。すなわち、①弁論における主張が無視された点につき、弁論の当該主張を反覆し、②原判決の簡潔な叙述につき、控訴趣意書の論理に合わせて解釈された点については、「原判決の意味はそのようなものではない」と原判決の叙述の別解釈を行う、という手法で対応しているのである。

(7) 二審判決

　二審判決の叙述もきわめて簡潔である（**表8**参照）。この叙述も、一般的傾向と同様、控訴趣意書や答弁書の叙述に対応させず、自身の見解のみを述べるというスタイルをとっている。実質的には、控訴趣意書の主張を全て一刀両断する形になっている。

表8●二審判決書の要約

所論は、Bの原審証言及び検察官調書についても、その供述内容を引用し、また、Bの証言時の体調等を理由に、原判決の評価を論難するが、		控ａｂｃｄ
B供述が重要な点で推測供述である疑いは、その供述内容自体からも十分うかがわれるところであり、	一刀両断	
その推測は、前提となる目撃状況を併せて考慮しても、被告人が犯行に荷担した可能性を示唆するに止まり、被告人の加功を疑いないものとするほどの合理性を有するものといえない。		控ａう
検察官調書の記載が実体験であれば、検察官調書にある程度の目撃状況について具体的に証言できないのは理解できないとする原判決の疑念は、所論が指摘する証言時のBの体調や時間の経過を考慮しても否定し難いところである。	一刀両断	控ｂ

4　証拠評価をめぐるコミュニケーション研究の方向

　以上、道頓堀事件におけるB供述の評価をめぐる両当事者間、および当事者と裁判官のコミュニケーションのありようをみてきた。もとより、わずか1つの事件、さらにその中の一証拠をめぐる状況を垣間見たにすぎず、ここから、日本における実務の一般的傾向を導き出すことはできないし、また、本検討のみに依拠して一般的に理論を構築することができないことはいうまでもない。しかし、本検討により指摘できる問題点を出発点として、今後の事実認定研究の方向性を考察することは許されるであろう。

　本検討から、証拠評価をめぐるコミュニケーションにつき、次のような問題点を指摘できる。第1に、本章は、当事者の主張に対し裁判所が十分に考慮したことが判決理由に示されないという実務の問題を紹介するところから出発した。道頓堀事件B供述の検討を行った結果、自身の主張と他者の主張が十分にクロスしないという現象は、当事者と裁判官との関係においてのみみられるものではないことが明らかになった。すなわち、①検察官はそもそも証拠の評価につき十分な主張をせず（論告）、それにより、検察官の主張に対応して自身の主張を展開するという形で弁護側が防御することをそもそも妨げている。②一審判決は、弁護側の主張に対応させるというスタイルの叙述方式をとっていない。また、叙述が簡潔なため、控訴審段階において検察官が自身の主張を展開するのを容易にしている。後者の点は、控訴審にお

いて、原判決の叙述の意味が争点になるという、ある種の煩雑さを生じさせている。③控訴趣意書は、弁論においてなされた主張を無視している。④そのため答弁書は、弁論の主張を反覆するしかない。このような争いは、本来一審段階ですませておくことが可能なものである。本件控訴審における争いは、本来まったく不必要なものと評することができるだろう。本章では触れなかったが、証拠評価をめぐるコミュニケーションについては、同一事件における上級審判決と下級審判決というフィールドも存在する。そして、そこでも下級審の叙述に上級審が対応しないという問題が存在する[12]。このように、証拠評価をめぐるコミュニケーションにつき、いずれのフィールドにおいても、無視・一刀両断がはびこっている可能性がある。

　第2に、このような荒廃したコミュニケーションをシステム自体が促進しているという側面を指摘できよう。当事者の主張に応えるという形で判決理由の叙述がなされないこと（そのような判決理由の書き方をシステムが許容していること）や、控訴趣意書では原判決の批判のみをすれば足りること（そのような控訴趣意書の書き方をシステムが許容していること）が、控訴審における前述のコミュニケーションを生み出しているともいえるのではないだろうか。

　以上のような問題点をふまえ、今後事実認定研究はどのような方向に歩みを進めるべきなのだろうか。

　「証拠評価をめぐるコミュニケーションの適正化」という視点から「事実認定の適正化」論を突き詰めていく必要がある。そのためには、証拠評価そのものとは切り離した、「適正な事実認定を支える手続のあり方」[13]につき理論的検討を進めていく必要がある。この点、再審請求審のあり方をめぐり進展してきた証拠構造論を、一審段階においてもおよぼそうとする見解が登場し[14]、注目される。当事者主義あるいは被告人の防御権という点に基礎を置き、事実認定に関しシステムを構築していくこと自体は妥当と考える。しかし、訴因に関する議論状況からも窺えるように、当事者主義という土台から直截に唯一妥当な事実認定システムが導き出されるものではない。証拠評価

---

[12] 中川孝博『合理的疑いを超えた証明——刑事裁判における証明基準の機能』(2003年、現代人文社) 26〜107頁参照。
[13] 川崎・前掲注2書224頁。
[14] 水谷規男「適正な事実認定と証拠構造論」刑法雑誌39巻2号 (2000年) 312頁、川崎・前掲注2書218頁以下等参照。

に関し被告人の防御を十全に行わしめるためには、どのようなシステムがよいのかを考察するためにも、「証拠評価をめぐるコミュニケーションの適正化」という下位概念の内実を、理論的検討、および裁判例の実証研究、双方を通じて豊かにしていくことが必要ではないだろうか。

前者については、「証拠評価をめぐるコミュニケーションの適正化」という視点から従来の概念を捉えなおす作業が必要である。最終意見陳述権（刑訴法293条）、判決理由（刑訴法44条、378条）、事実の援用（刑訴法382条）、事実誤認の意義（刑訴法382条、411条）、二重の危険（憲法39条）、合理的疑い（憲法31条）等、様々な概念が問題となろう[15]。

後者については、心理学等隣接諸科学との連携が不可欠である。ただし、いかなる視点・方法により共同作業を進めていくべきかについては、模索の段階にあるといわねばならない[16]。例えば、本章がとりあげた道頓堀事件につき、ある社会学者が検討を行っている[17]が、法学の立場からみると当該研究には問題が多い[18]。2000年に発足した「法と心理学会」等を通じ、刑事訴訟法学と隣接諸科学とのコミュニケーションが充実したものになることが望まれる。

---

[15]「合理的疑い」概念の再構成については、中川・前掲注12書261頁以下参照。証拠構造論に対する私の考えはここでは留保しているが、結論は本書第13章で示される。

[16] この点、当事者にとって有効な武器となりうる注意則を定立するための研究を進める際に隣接諸科学といかなる共同作業が必要かにつき、中川・前掲注6論文（本書第1〜2章）および本書第3〜4章参照。

[17] 狩谷あゆみ「リアリティが事実を確定する！」広島修道大学論集40巻2号（2000年）221頁。

[18] 例えば、B証言につき、論者は、弁護人のリアリティ構成（「1人でやった」）は再現されておらず、検察官のリアリティ構成（「2人でやったらしい」）は再現されたと評価し、その他の証拠に関する検討とあわせ、Y被告人が無罪になったのは証拠に基づかない別の理由によるものだとの推測を行っている。詳述する余裕はないが、この分析には次のような大きな問題がある。第1に、論者の表現を使用するならば、「1人でやった」というリアリティ構成を再現する必要は弁護人にはないこと、それに対し検察官は「2人でやったらしい」ではなく、「2人でやった」というリアリティ構成を再現しなければならないこと、すなわち挙証責任が検察官にあることについての理解が不十分であるように思われる。第2に、検察官自身「2人でやったらしい」というリアリティ構成を再現しようとはしていないこと、すなわち①「1人でできるはずはない」とのBの推測に対し、②そのような推測を根拠づける事情を引き出しながら「2人でやったのを見た」との記憶を喚起しようとし（この部分は、当該論文に紹介されている主尋問のプロセスにはなぜか登場していない。本章表2と対比せよ）、それができないので③検面調書の内容（「実際に2人でやったところを見た」）を紹介し、記憶の喚起を促すが、それにも失敗する、という主尋問の流れが十分に把握されていないように思われる。検察官は、「2人でやったところを見た」との供述を引き出せないので「1人でできるはずがない」との供述を引き出す戦略に転じたのではなく、あくまでも「2人でやったところを見た」との供述を引き出すことに固執し、それに失敗しているのである。このように、本研究には検面調書の取扱い方などの「データのコンテクスト」に関する知識が不足しているように筆者には感じられる。

第6章 コミュニケーション・ベースとしての証拠構造分析

1 はじめに

　日本弁護士連合会人権擁護委員会は、1983年に誤判原因調査研究委員会を発足させ、昭和40、50年代以降の無罪確定14事件を詳細に分析した。その成果は、最終的に『誤判原因の実証的研究』（1998年、現代人文社）にまとめられている。

　誤判原因調査研究委員会は現在、一新されたメンバーにより第２次調査研究に取り組んでいる。季刊刑事弁護36号（2003年）に掲載された特集「誤判に学ぶ刑事弁護」は、その途中経過報告とでも言うべきものである。

　この調査研究には、従来の誤判研究にはない、注目すべき視点がみられるように思われる。本章は、本特集の諸論文に示唆を受けつつ、この種の誤判原因研究をさらに発展させるためのポイントについて考察したい。

2 誤判原因研究の目的・対象・方法

(1) 目的

　これまで、誤判の原因を究明しようとする調査・研究は数多く行われてきた。もっとも、「誤判」という言葉自体が多義的なものであることからも窺われるように、その目的、検討素材、検討方法は多彩である。

　前述の『誤判原因の実証的研究』は、当時続々と出てきた再審無罪事例につき、現行刑訴法施行間もない特殊な時期の例外事例にすぎないとの声もあがる中で行われた。昭和40、50年代における誤判事件が検討されたのはそのためのようである[1]。見込み捜査、別件逮捕・勾留や代用監獄を用いた自白の強要、証拠開示に対する裁判官・検察官の非積極的姿勢、目撃供述の信用

性判断の甘さ、自白調書の信用性判断の甘さ等々、そこに挙げられる数々の誤判原因は、日本において誤判の生じるメカニズムが、戦後まもなくの頃も、昭和40、50年代においても、それほど変化していないことを示している。

　近年の事件を対象として、同種の視点、方法論による誤判原因研究を行ったとしても、おそらく同様の結論が出てくるだろう。現在においてあらためて大規模な誤判原因研究をしようとするならば、別の新たな視点をもって行うことも有用だと思われる。そのためには、誤判原因研究に求められている「ニーズ」を探ることがまず必要だろう。

　誤解をおそれずにいうならば、『誤判原因の実証的研究』のアプローチは、刑事裁判に関わる機関・人を、問題となる場面において個別的に捉えるものといえよう。例えば、証拠開示がスムーズになされていれば誤って有罪とされなかっただろうという場合、「誤判原因」は、当該事件において証拠開示をしなかった検察官であり、証拠開示につき積極的姿勢を示さなかった裁判所であり、そもそも証拠開示につき関係者の裁量によらしめているところが多い現行制度であるということになる。あるいは、誤って自白の信用性を肯定した判決が出た場合、「誤判原因」は、そのような判断をした裁判官であり、違法な取調べを行った捜査官であり、捜査の違法をチェックできなかった検察官だということになる。このようなアプローチによる誤判研究の成果は、日本の刑事裁判システムをより適正なものにすべく、法解釈論、立法論を検討する際の基礎資料となる。

　もっとも、日々裁判に携わっている弁護士にとっては、このようなアプローチに立った誤判原因研究は、直ちに仕事に役立つわけではない。いかに日本の刑事裁判の現状に問題があろうと、弁護人は、その現状の中で活動をしなければならない。弁護人にとって今直ちに必要なのは、「過酷な現状の中で、どのようにすれば誤判を防ぐことができるのか」ではないだろうか。

　誤判原因研究がこのニーズに直接応えるためには、訴訟関係者によるコミュニケーションのありようを分析する必要がある。制度的条件が十分でない中で妥当な判決を出させるためには、訴訟関係者のコミュニケーションがとりわけ重要な意味をもつからである。また、制度的条件が十分であったと

---

[1] 日本弁護士連合会人権擁護委員会編『誤判原因の実証的研究』（1998年、現代人文社）中の「刊行にあたって」を参照。

しても、訴訟関係者のコミュニケーションに意味がなくなるわけではない。「制度を動かすものは人」であり、その「人」は孤立して存在するものではなく、他者とのコミュニケーションを通じて行動するものだからである。裁判官は、他者の影響を受けずに真空状態の中で有罪・無罪を判断するわけではない。検察官や弁護人、被告人の主張に影響を受けるのである。訴訟関係者のコミュニケーションという観点からみると、誤って有罪判決が出たという状態は、被告人側の説得が功を奏しなかったということを意味する。無罪判決が出たという状態は、被告人側の説得が功を奏したということを意味する。私たちは、その交渉・説得の過程に関心を持たずにはいられない。

このように、訴訟関係者のコミュニケーションを客観的に分析することにより、誤判原因研究はさまざまなニーズに応えうるものとなろう。コミュニケーションのありようが判決に影響を与えるところ大である部分を抽出することは、刑事弁護の活動のあり方を考察する際の基礎資料となる。また、このような研究は、コミュニケーションの適正化を図るための制度論を検討する際の基礎資料ともなる。訴訟関係者のコミュニケーションのあり方の適正化は、単なる運用論を超えた、理論的な問題として検討されなければならない[2]。

(2) 研究対象と研究方法

それでは、訴訟関係者のコミュニケーションの適正化という観点からの誤判原因研究はどのように行われるべきか。当該研究のための物的・人的資源が無尽蔵にあるのであれば網羅的な研究も可能だが、そのような恵まれた環境にある人、機関はないと思われるので、対象と方法をある程度吟味する必要がある。すなわち、実証研究という形をとる以上、検討の素材とする事件を選定しなければならず、そのためには核となる検討領域を絞り込まねばならず、研究の妥当性 (validity) を考慮しつつ、入手可能な資料との兼ね合いで、①何から、②どのような結論を、③どのような方法により、④どの程度の確実性において導き出すことができるかにつきあらかじめ仮説を作っておか

---

[2] 訴訟関係者のコミュニケーションのあり方は被告人の防禦権に内在する理論的問題であることにつき、中川孝博「証拠評価をめぐるコミュニケーション研究序説」『光藤景皎先生古稀祝賀論文集下巻』(2001年、成文堂) 601頁 (本書第5章) 参照。なお、証拠評価をめぐる、判決理由を通した上級審と下級審のコミュニケーションのありようを検討することにより「合理的疑いを超えた証明」の意義を考察したものとして、同『合理的疑いを超えた証明——刑事裁判における証明基準の機能』(2003年、現代人文社) がある。

ねばならないだろう。本格的調査研究に至る前段階の予備的研究として、次のような手順をさしあたり提案してみたい。

第1に、無罪判決をできるだけ多く収集・分析することである。季刊刑事弁護36号特集の各論稿は、日弁連が収集している無罪判決群から事件をピックアップしている。私たちも、第7集まで（2003年当時）出ている日本弁護士連合会刑事弁護センター編『無罪事例集』でその一部にアクセスすることができる。のべ200件を超える無罪事例が集められている貴重なデータ集であり、これを中心に事例をピックアップしていくのは適切だろう。これらの無罪事例は、被告人側と他の訴訟関係者のコミュニケーションが適切になされたことを窺わせるものといってよい。無罪事例の検討から入ることは、一見「誤判原因研究」の名にそぐわないとの印象が持たれるかもしれないが、比較対照となるものをまず明確に設定することは有用である。誤判が争われている事件を検討する際の視点・方法・座標軸が、そこから具体的に導き出されることになる。

第2に、これらの無罪判決を読み、多くの事件で問題となっている（一般性のある）争点を選定する。あまり一般性のない争点は、割愛せざるをえない。

第3に、抽出した争点につき、①その争点をめぐりどのような証拠を、②裁判所がどのように評価しているかを読みとる。判決理由中のこれらの記述につき、事件間に共通する顕著な特徴がみられるかを分析する。

この段階で、判決理由自体から弁護活動における注意則を抽出することも可能だろう。季刊刑事弁護36号特集の諸論文がその例である。ただし、無罪判決理由はあくまでも裁判官が書いたものであり、当該事件における具体的弁護活動を知る素材としては間接的なものにとどまる。訴訟関係者のコミュニケーションを調査するという目的のためには、あくまでも弁護活動を推測させるものとして判決理由に接しなければならない。

第4に、事件間に共通する特徴が見出された事件について、当該特徴を生み出した訴訟関係者のコミュニケーションがいかなるものかを分析する。刑事確定訴訟記録法等を利用した事件記録の収集、訴訟関係者に対する聴き取り調査等が必要となろう。

そこで得られた座標軸を使用して、誤って有罪判決が出たとされる事件を分析し、比較していくことになる。

3　予備的検討

(1)　概観

上述した検討方法のうち、「第3」の分析を試みに行ってみよう。日本弁護士連合会刑事弁護センター編『無罪事例集第7集』(2002年) の中から、被告人と犯人の同一性が争われ、犯人識別供述や被告人の自白の信用性が争われたもの12件を対象とする。各判決理由から、裁判所の判断のポイントと、検討された証拠をピックアップしたものを**表**に示した[3]。

これをみると、供述の信用性が争われた事件のほとんどにおいて、そのポイントが、当該供述の変遷もしくは当該供述内容の不合理性（供述内容どおりの犯行不可能・困難性、客観的事実との矛盾）であることがわかる。そこで、この点に絞って、証拠の特徴及び裁判所の判断をみていくことにしよう。

表●『無罪事例集第7集』に含まれる、被告人と犯人の同一性が争われ、目撃供述や自白の信用性が争点となった事例における証拠と裁判所の判断

事件	判決理由が重視している部分とそれに関係する証拠	
	裁判所の判断	証拠
605事件 迷惑防止条例違反 東京高判平12・7・4 破棄自判	被告人が犯人だと特定するに至った事情につき、被害者供述の変遷を重視	①被害者証言 ②被害者員面3通以上（原審弁護人請求によるもの） ③被害者検面 ④取調べ警察官Kの証言（控訴審で取り調べられたもの） ⑤現行犯人逮捕手続書（控訴審で取り調べられたもの）
606事件 迷惑防止条例違反 東京高判平12・7・14 破棄自判	被告人を犯人と特定するに至った経緯の不確かさ、自白調書内容の不合理性、被害者が追及していないのに被告人が追いかけてきて痴漢をした、しないの口論をし、決着をつけるために2人で警察に行ったという経緯を重視	①被害者証言 ②「関係証拠」（本件電車の乗車率に関するもの） ③被告人員面（否認調書）1通 ④被告人検面1通 ⑤「関係証拠」（被告人が検挙された経緯に関するもの）

---

[3] 判決理由の書き方は様々であり、どのような証拠を検討したのか明確に記したものから、かなり端折ってあるものまでさまざまである。わかる範囲で表に示した。

614事件 迷惑防止条例違反 東京簡判平12・8・11	犯行態様等につき、検証結果と被害者供述の矛盾を重視	①被害者証言 ②犯行態様に関する各種検証 ③電車運行状況調査報告書
615事件 迷惑防止条例違反 東京高判平12・9・18 破棄自判	被告人が犯人だと特定するに至った経緯の不確かさ、犯行態様に関する被害者供述と客観的状況（特に被告人が多くの荷物を持っていたこと）との矛盾を重視	①被害者証言 ②被害者員面1通（控訴審で取り調べられたもの） ③被害者検面1通（控訴審で取り調べられたもの） ④実況見分調書1通 ⑤写真撮影報告書1通 ⑥被告人員面1通 ⑦被告人検面1通
617事件 強制わいせつ 大阪地判平12・10・19	反対尋問結果（被害者自ら、捜査官に誘導されたことを認める）、および被告人が犯人だと特定するに至った事情等につき、被害者供述が変遷していることを重視	①被害者証言 ②被害者員面1通 ③実況見分調書（被害者による指示説明部分）1通 ④被害者検面2通 ⑤写真撮影報告書（弁護人が作成し、請求したもの） ⑥被告人供述（否認）3種（弁解録取／勾留請求前の取調べ／勾留質問調書）
623事件 強盗 名古屋高判平12・12・13 破棄自判	被害者が、実は狂言である旨供述したことを重視	被害者証言（控訴審で取り調べられたもの）
626事件 迷惑防止条例違反 東京高判平12・8・29 控訴棄却	被告人を犯人と特定できた事情の不確かさ、目撃者証言内容の不合理性を重視	①被害者証言 ②被告人を犯人と特定した理由につき、弁解となる証拠群（医師N作成の診断書写し〔原審弁護人が請求したもの〕／写真撮影報告書a〔原審弁護人が作成し、請求したもの〕） ③目撃者証言 ④写真撮影報告書b（原審弁護人が作成し、請求したもの）
627事件 窃盗未遂 大阪地判平13・1・31	被告人の犯行状況に関する供述の変遷、客観的・主観的視認条件の悪さを重視	①被害者証言 ②その他被害者供述4種（現場に臨場した警察官らの証言／目撃状況を再現させた警察官の証言／被害者員面3通／現認再現結果報告書） ③被害者のアルコール呼気検査結果 ④現行犯人逮捕手続書

629事件 傷害・窃盗 高松高判平 13・1・25 破棄自判	視認条件が悪いこと、他事件については自白しているのに本件のみについては一貫して否認している被告人の態度を重視	①被害者証言 ②被害者の供述調書1通 ③主観的視認条件が悪いことを示す証拠群（事件2日前に撮影された被告人らの写真／「関係証拠」〔被告人らの髪の長さを示すもの〕／本件直前に撮影された共犯者の写真／「関係証拠」〔被告人らの年齢・性別・服装が似ていたことを示すもの〕） ④客観的視認条件が悪いことを示す証拠群（実況見分調書／被害者の供述調書） ⑤被害者以外に、被告人が犯人であることを供述する者がいないことを示す証拠群（本件現場にいた関係者の証言・調書／共犯者の供述調書〔被告人関与を言及していない調書〕／弁護人請求による被告人の家族宛手紙〔原審弁護人が請求したもの〕／他事件における被害者の供述調書）
642事件 道路交通法違反 大阪高判平 13・3・6 破棄自判	目撃供述の変遷と、被告人が虚偽の自白をするに至った理由を重視	①目撃者供述3種（証言〔否定〕／員面〔否定〕／検面〔肯定〕） ②被告人検面 ③被告人員面（控訴審で取り調べられたもの） ④保釈請求等に関する原審の経緯
649事件 強盗・常習累犯窃盗 岐阜地判平 13・3・12	被告人が犯人であることを示す積極証拠が何もないことを指摘	①防犯ビデオテープや、それをプリントアウトした写真 ②4人の被害者員面（計7通） ③被害者証言 ④2人の目撃者員面（1、2通） ⑤写真面割 ⑥被告人員面17通 ⑦被告人検面3通 ⑧犯行状況再現
691事件 窃盗保護事件 奈良家決平 12・9・27	自白内容の不自然さ、目撃者供述の不自然さを重視	①目撃者証言 ②目撃者員面 ③少年員面 ④少年検面 ⑤少年が自白した理由を示す弁8、9、11号証 ⑥少年の自白が不合理であることを示す弁29、30号証（目撃者のノート） ⑦少年の否認内容の一貫性を裏付ける弁12、13号証（目撃者の店で買った物）

(2) 供述の変遷

　供述の変遷が信用性判断のポイントとなっている事件においては、当該供述者の供述が比較的豊富に取り調べられているものが多い。例えば605事件では、被害者供述は、証言、員面調書3通以上、検面調書、取調べ警察官の証言が取り調べられている。617事件では、証言、員面調書、実況見分調書、検面調書2通が取り調べられている。627事件では、被害者証言、現場に臨場した警察官らの証言、目撃状況を再現させた警察官の証言、員面調書3通、現認再現結果報告書が取り調べられている。

　素材の豊富なこれらの事件では、供述の変遷の様子が具体的に把握されるとともに、その変遷の経緯が捜査の具体的過程とともに把握されている（警察官証言が多いことに注意）という特徴がみられる。素材の豊富さは、証拠開示が十分になされていることを示し、捜査の具体的過程の把握がセットになっていることは、弁護人が、単に変遷の存在を示して弾劾しようとしたのではなく、変遷に至った理由をも具体的に明らかにしようとの計画を立て、それに成功したことを示唆している。

　なお、これらの事件では、反対尋問が強度に成功していることも特徴として挙げることができよう[4]。617事件や642事件では、証人自身が捜査官に誘導されたことを反対尋問で認めている。このような供述を引き出すことができたのは、捜査の実際につき弁護人が見通しをもっていたからではないかと推測されるのである。

(3) 供述内容の不合理性

　供述内容の不合理性がポイントとなっている事件においては、被告人側が収集・作成した証拠が多く取り調べられている事件が多い（判決理由から明らかにそれがわかるものとして617、626、629、691事件）。これらの証拠は、負罪供述どおりの犯行が可能ではないことを示したり、客観的事実との矛盾

---

[4] 私はかつて、犯人識別供述の信用性につき、主観的視認条件に関する諸裁判例の検討をしたことがある。そこでの結論は、「ほとんどの場合、供述内容それ自体にもとづき、主観的視認条件につき判断がなされていると推測される。そして、供述内容以外に考慮すべき証拠が多数存在する場合を除き、供述自体が反対尋問で十分に崩されないかぎり、主観的視認条件に関する供述内容は真実であると評価されるのが通例のようである」というものであった（中川孝博「犯人識別供述の信用性評価に関する試論」大阪経済法科大学法学研究所紀要32号〔2001年〕39頁〔本書第2章〕参照）。犯人識別供述の信用性判断に関する注意則が現実の裁判において十分に機能していないこと、それは現実の裁判において機能させるだけの力を当該注意則群が持っていないことを言おうとしたものであったが、本章の検討はこれを裏付けるものである。

を示すものとして重要な意味を持っている。

　これらの事件において弁護人は、被告人に有利な証拠の収集・作成に成功し、また、それを裁判所に対し採用させることに成功したわけである。これらの成功は、偶然によるものとみることはできないだろう。事件の構造、見通しをしっかり立て、それに沿った収集活動、説得活動がなされたことが示唆される。

(4)　これらの検討からみえてくるもの

　こうしてみると、さまざまな弁護活動の成功の前提として、事件と証拠の構造分析がしっかりなされていることがあらためて確認される。2000年に亡くなられた植木敬夫弁護士は、「検察官が捜査の結果に形を整えて法廷に提出してくる証拠は、もちろん被告の有罪判決を得るためのものである。しかし、もしそれがデッチあげ事件であるならば、それは『捜査』の結果を直接表現するものであるが故に、それはまたデッチあげの過程をも表現する証拠であるはずである。一つ一つの証拠は、そのような捜査過程の流れの中で、それぞれの時点で、特定の目的の下に、特定の意味を持って作成されてきたものである。事実がそうである以上一つ一つの証拠を『捜査』の発展の過程の中において考察することによってのみ、その意味を全面的に捉えることができるはずである」[5]と述べているが、今回検討した事例群は、この主張の正しさを裏付ける。捜査過程を把握し、事件と証拠の構造分析が適切になされたからこそ、証拠開示に成功し、有利な証拠の獲得に成功し、無罪を導いたのではないかと思われるのである。

　このことは、これら事例群の判決理由において、捜査のあり方、公判における検察官の行動、捜査段階や原審における弁護人の活動に対する批判が直接間接に多く示されていることからも裏付けられる。例えば617事件の判決理由は、①被疑者取調べにつき「勾留すれば自白するだろうと考え、十分な裏付け捜査もせず、かつ被告人の弁解内容をなかなか調書化しなかった」と述べ、②被害者（X女）取調べにつき「X女の供述には犯人の特定に関する核心的な事項に変遷があるにもかかわらず、本件が現行犯逮捕事件ということ

---

[5] 東京合同法律事務所編『植木敬夫遺稿集──権力犯罪に抗して』(2002年、日本評論社) 150頁。なお、このような弁護実践論と再審請求審における証拠構造論の結びつきにつき、川崎英明『刑事再審と証拠構造論の展開』(2003年、日本評論社) 89〜97頁参照。

もあって、被告人を勾留すればいずれ犯行を自白するだろうと安易に考え、X女の自信のない不明確な供述をうのみにし、X女の供述の信用性につき慎重かつ十分な吟味をせず、被告人の犯人性に関する事項を十分に捜査しなかった」と述べ、③論告・弁論の間際における新たな検察官の証拠請求を原審裁判所が却下したことにつき、「被告人は、捜査段階から人違いであるなどと真っ向から否認しており、公判の維持は、ひとえにX女供述の信用性いかんにかかることが起訴前から明らかであって、検察官もこれを十分認識していたはず」だとして、当該証拠請求却下は正当であったと叙述している。

この他にも、626事件では、①捜査段階において弁護人が検察官の言葉として5万払えば釈放するし、示談をまとめれば起訴猶予も検討すると被告人に伝えたことが叙述され、②控訴審における検察官の新たな証拠の取調べ請求に対し、原審の公判経過を検討して「検察官は第一審においてその立証に遺漏なきを期すべきであったのであり、控訴審において、その立証活動の不備を補うようなことを軽々に許容するのは相当でない」と叙述されている。642事件では、原審弁護人が被告人に「どうしても出たいのなら、認める以外にないだろう。明日もう一度会うから、よく考えておいてください」と伝えたことが言及されているのである。

以上のような叙述は、弁護人による、事件と証拠の構造の的確な分析に裏付けられた、負罪証拠が産出されたプロセスに関する仮説に基づく活動が成功したこと（そしてそれに対抗するだけの説得力をもった活動を検察官ができなかったこと）を何よりも示すものである。誤判原因研究にあたり、その座標軸を設定するために無罪事例を検討する際のポイントはもう明らかであろう。それは、個々の無罪事件において、弁護人が事件と証拠の構造をどのような方法で分析したのか（コミュニケーション・ベースとしての証拠構造分析）、そして、それに基づいてどのように検察官や裁判官とコミュニケートしたのか、である。

4　まとめ

以上、誤判原因分析の一つのあり方を呈示し、その具体的な予備的作業を試論的に行ってみた。その結果、ポイントは、弁護人による事件と証拠の構造分析の具体的方法にあることが示唆された。この点に科学的分析を加える

ことにより、私たちは、実効的刑事弁護のあり方を考察することができるし、また、そのような弁護活動が妨げられず、十全に行われるための制度論を具体的に検討できることにもなろう。

季刊刑事弁護36号特集における諸論文は、判決理由を主たる検討対象として、罪種別に分けた弁護活動の注意則を抽出している。弁護士の方々は、これら諸論文が呈示している注意則に従って活動さえすれば良しと安易に考えてはならない。注意則にただ従って活動・主張しさえすれば良い結果が生まれるとはいえない[6]。注意則は、事件と証拠の構造を探るためのきっかけとして用いられるものとして有効なのである。

やはり、悩める弁護士のニーズに応えるためには、これら注意則を生み出すもととなった実際の弁護士たちの、事件と証拠の構造把握のありようそのものを対象とした、第三者による科学的検討が必要ではないか。今後、様々な資料を駆使した、より精緻な分析を行うことにより、事件と証拠の構造分析の方法、およびそれに基づいたコミュニケートのあり方の実際が具体的・客観的に把握され、訴訟関係者のコミュニケーションに関する理論的体系化が図られることが期待される。

---

[6] 同じ趣旨のことを森下弘弁護士は繰り返し述べている。例えば森下弘「無罪判決獲得のための弁護人の立証活動」季刊刑事弁護20号（1999年）54頁、同「性犯罪事件の実務上の問題点」季刊刑事弁護35号（2003年）36頁参照。

第7章
再審請求審における
コミュニケーション・ストラテジー

1 はじめに

　前章で提唱した「コミュニケーション・ベースとしての証拠構造分析」という視点は、再審請求審において確定判決が認定した事実の証拠構造を分析する際にも有用だと思われる。本章では、いわゆる富山事件[1]における再審請求のありようについて分析してみよう。また、ここでは、本件の新証拠として提出された浜田寿美男作成の鑑定書にも触れ、第1章から問題にし続けている「心理学と法学がどのようにコラボレートすべきか」という点を意識しながら若干の検討を行っている。以下、講演会で話した内容をテープ起こしたものが元になっているので文体が変わるが、ご承知おきください。

2 再審請求審における明白性審査の現状

(1) 再審請求審とは

　今日与えられたテーマは「再審の現状と富山再審・異議審の展望と課題」というものだったのですが、私のほうで「異議審」という部分を省略しました。もうちょっと大きな目で見た方がいいのかなと思ったからです。つまり、富山事件の再審請求審それ自体の問題点だけではなくて、今の再審請求審の判断の全体の流れを念頭に置き、他のさまざまな事件との関連を見る必要もあるということです。そういう観点から報告させていただきたいと思います。

---

[1] 確定判決は、東京高判昭和60年6月26日判時1180号141頁。本章で検討する再審請求棄却決定は、東京高決平成16年3月30日（判例集未掲載）。

それでは、再審請求審における明白性審査というものは現在一般にどのように行なわれているのかをまず確認してみましょう。そのためには、現在ホットに争われているところ２つについて触れなくちゃいけません。
　皆さん、ある程度、再審についてご存じでしょうか。明白性判断について、「証拠構造」とか「全面的再評価」と言われて、ピンとくる方はお手をお挙げください（あまり挙がらず）。……わかりました。説明いたしましょう。
　再審請求審というのは本来、確定した有罪判決に対して、もう１回裁判を開く資格があるかどうかを問題にするところなんですね。ですから、裁判のまったくのやり直しではないのです。そこはきちっと押さえておいてください。裁判のやり直しは、再審請求が認められた後に行われるのです。再審請求審というのは、裁判をやり直す資格があるかどうかを審査する場です。ですから、有罪無罪を生の形で争う場、有罪か無罪かをもう１回判断する場ではないのです。

(2) 証拠構造分析と全面的再評価説

　この審査をパスする要件として従来から問題とされてきたのが、「無罪とすべき明らかな証拠」があるか、です。再審請求審で弾劾の対象になるのは、確定判決ですね。富山さんで言えば二審の破棄自判有罪判決ですが、その有罪判決がどのような証拠に支えられていたのか。本件では多数の目撃者がいて、これらの人たちの目撃供述が信用できるというので有罪にされているわけですけど、もちろん、これらの目撃供述の信用性については公判で争われていたわけですね。その証言が信用できると東京高等裁判所は判断した。この判断というのは、結局どういう証拠に支えられているのか。そして、その証拠はまたどういう別の証拠に支えられているのか。多数の証拠には一連のつながりがあるわけですね。再審請求審では、「無罪とすべき明らかな証拠」によって、有罪判決に至らせたこの証拠群の構造が崩れるかどうかが問題になるわけです。
　例えば、Aという証拠があるとして、このA証拠が信用できるとされた根拠となるa証拠もあるとします。新証拠を投入して、aを崩すことができれば、当然Aも崩れるわけです。有罪認定を支えていた証拠の一角が崩れるわけですから、確定判決の事実認定が動揺するわけですね。そこで、これはどうも無罪判決を得られる可能性がありそうだということで再審が開かれる。

こういうことで、再審請求審では、確定判決はどういう証拠をどういう構造でもって有罪認定していたのかを問題にします。それを問題にするにあたっては、新証拠に直接関連するところだけを見ればいいんだということを言う人もいたりしました。しかし、それでは誤判、冤罪の救済には不十分だということで、新証拠と直接関連する箇所だけを検討するのではなくて全体を見るべきだという考えが有力になりました。もう1回すべての証拠を洗い直して、それぞれがどの程度の証明力を持っているのか、有罪認定を支えた証拠というのはどう関連しているのかというのを、請求審が判断し直すんだというわけです。これを全面的再評価説と言います。

　確定判決はどういう証拠構造を持っていたか。それは強かったのか弱かったのか。弱いということになれば、独立してみればたいして意味のない新証拠を出してきたとしても、それだけでドバッと全体が崩れるわけですね。これをかつては、麦わら1本でも再審は開かれる、という言い方で表現していました。再審の開かずの門を開いたと言われた最高裁の白鳥決定[2]および財田川決定[3]でも、この証拠構造分析を前提として全面的に証拠を見直すんだというアプローチを柱にしていたわけです。実際に有罪か無罪かを判断するのではない。確定判決の証拠構造が崩れるかどうかを見るんだということです。有罪か無罪かは再審を開いた後がんばって争って決めてくれ、こういう話だったんですね。

(3) 名張第6次決定、尾田決定

　このような判断方法が原則に従って求められているとおりに行われるのであれば、再審開始決定も出やすくなるだろうと思うわけですけれども、現実は、「逆流」とも言われるような状況、再審の門が再び閉じられようとしているとも評される状況になってきています。

　最高裁の最近の一連の決定がその懸念の対象であります。第1に、名張事件の第5次再審請求における最高裁決定[4]です。この決定は、確定判決を出させた証拠群を3つに分けるのですが、新証拠がそのうちの1つについて証明力を減殺した、崩したとしても、他に2つあるから、その2つを合わせれ

---

[2] 最決昭和50年5月20日刑集29巻5号177頁。
[3] 最決昭和51年10月12日刑集30巻9号1673頁。
[4] 最決平成9年1月28日刑集51巻1号1頁。

ば依然として確定判決の有罪認定は崩れないという判断をしたのです。

次に尾田決定[5]です。ここでは、すべての証拠について全面的に見直す必要はないというふうに解釈されかねないような表現をとった決定が出されました。

さらに名張第6次決定[6]です。この名張第6次決定においても、提出された新証拠に直接関わるところだけしか判断していないように受け取られかねない決定書が最高裁で出たんですね。

全面的に証拠を検討し直すというのではなくて、新証拠と直接関連する部分だけを見直す方法、例えば、Oさんの証言を弾劾する新証拠を出したら、Oさんの証言だけ見直して、YさんとかTさんの証言については見ないというアプローチ。こういったやり方を限定的再評価と言います。新証拠はこの部分しか問題にしていないのだから、そこだけ見りゃいいじゃないか、全部見直す必要はないということですね。最高裁の判断方法はこのようなものに変化しているのではないかという懸念が示されているわけです。

もともと新証拠を出すのは大変なことですね。大分前の事件で、当時のことを記憶している人もいなかったりしますね。痕跡なんかも新たに鑑定し直そうとしても、資料がもう残ってなかったりする。こういった中で必死に新証拠を出してきても、限定的再評価という判断方法を取られてしまいますと、新証拠に直接関連するところだけしか見直さないということになり、その他の部分は、仮にさまざまな問題があったとしても、無条件に確定判決の認定を受け容れてしまうことになります。再審の門が狭まってしまうことは想像がつかれるでしょう。そういった問題が、今、生じてきております。

かつ、尾田決定については別の問題もあります。証拠構造がいったん崩れたとしても、検察官側が再審請求審の間に出してきた新たな資料を考慮して、合理的疑いを超えた証明がやはりあるというふうに判断すれば、再審を開かなくてもいいという言い方を最高裁はしたんですね。つまり、有罪認定の証拠構造が崩れるかではなくて、「裸の事実判断」と言いますけれども、要は有罪か無罪かなんだ、それを判断すればいいんだというふうに受け取られかねないような表現を尾田決定ではしているわけです。

---

[5] 最決平成10年10月27日刑集52巻7号363頁。
[6] 最決平成14年4月8日判時1781号160頁。

(4) 全面的再評価説 but not 証拠構造論

　このように、再審請求審のポイントであった２つの点は、どちらも今、揺らいでいるわけです。証拠構造を崩せばいいと、有罪か無罪かという問題ではないと言っていたはずなのにもかかわらず、いや、要は合理的疑いを超えた証明があるかどうかだ、有罪無罪の判断をするのだ、となるとこれは大変なことですね。本来、有罪か無罪かについては、公開の法廷で市民が監視する中で、いろんな証拠を出して、攻撃、防御を尽くす中で事実認定が争われるべきものなんですが、再審請求審となると、基本的には公開法廷ではなされないわけですね。裁判所が何を考えているかわからない中で、かつ、証拠調請求権などは請求人に認められない中で、すべては裁判官の裁量に委ねられるところで判断されてしまう、要するに密室の中で判断されてしまうわけですね。

　そんなことをされちゃかなわんというので、今、最高裁の一連の動きはものすごく批判にさらされているわけです。この中で、最高裁の一連の決定をどう読むかということが議論されているわけですけれども、私自身は、こう考えています。先ほど説明しましたように、最高裁は、証拠構造論はとっていないと考えざるをえない。そして、再審請求審においても有罪か否かを問題にしていると言わざるをえないということであります。

　限定的再評価か否かということに関しては、すべての最高裁決定において、「すべての全証拠を総合して判断しても」というフレーズが必ずついていますので、形式的には全面的再評価説を維持している。一部の実務家がねらっているような、限定的再評価説への移行があったというふうには必ずしも言えないと考えています。そもそも、「裸の事実判断」をやるということは、全面的再評価をしないとできないわけですし。

　一連の最高裁決定の分析に興味ある方は、別に論文を書いておりますので、これをご覧ください[7]。この論文を書いた後に、最高裁はさらに２つ決定を出しました。１つは狭山で、もう１つは大崎です[8]。狭山決定[9]の場合にも、

---

[7] 中川孝博「再審理論の再検討」法律時報75巻11号（2003年）22頁（本書第12章）。
[8] その後、袴田事件についても最高裁決定が出た。最決平成20年３月24日（判例集未掲載）。この決定については、本書第12章参照。
[9] 最決平成17年３月16日判時1887号15頁。

新証拠を個別に判断するのみで、全体の証拠構造分析をしていません。限定的再評価のようにもみえる判示はしていますけれども、一番最後をみますと、「他の全証拠を総合的に評価しても」というふうに書いてあって、一応、全面的再評価説をとっているような書き方です。ただし、確定判決の事実認定に疑いが生じるかという、白鳥、財田川が使用していた言い方はもう捨てています。「強盗強姦、強盗殺人、死体遺棄、恐喝未遂の各犯行に及んだことに合理的な疑いが生じていないことは明らかである」、こう書いています。生の有罪無罪判断を問題にしていることを明確に表現している決定になっています。

　もうひとつの大崎決定[10]については、三行半（みくだりはん）——これはものの例えでありまして、実際はもう少しだけあったそうですけれども——、要するに高裁は正しいと言っているだけでして、理由を全然示していないので、どう考えていいかはわかりません。わかりませんが、大崎の高裁決定というのは、限定的再評価説を明確にとるものだったので、それを是認するとはどういう意味かというので議論にさらされているところです。ただ、結論において正しいと言っているだけなので、その高裁がとった方法自体が正しいかどうかは、最高裁は明言していないというふうに考えておくのが、今のところ無難ではないかなと思います。

　まとめますと、今、最高裁は、下級審に対してどういうふうに再審請求審を判断せよと示唆しているかというと、すべての証拠を見直しなさいとは言っているけれども、確定判決の一部でも揺らいだら再審の請求を認めていいとは言っていなくて、とにかくあなた自身が無罪と考えるのであれば再審を開きなさいというふうに言っているわけですね。こう解釈しておきましょう。

(5)　下級審の傾向

　下級審についてはいろいろあって、私はまだすべて検討しきれていませんけれども、村岡啓一さんの論文[11]を読んだかぎりにおいては、同様の傾向にあるようであります。個別に見ると、限定的再評価説に立っているような決

---

[10] 最決平成18年1月30日判タ1210号84頁。
[11] 村岡啓一「再審判例にみる明白性の判断方法」自由と正義56巻11号（2005年）11頁。

定もありますけれども、全体としては同様の傾向にあるということです。

3　富山事件再審請求棄却決定における明白性審査

(1)　仮説１：限定的再評価説 or 心証引継説の採用？

　この流れを踏まえたうえで、富山事件の再審請求棄却決定ではどういう判断方法がとられたかということを見ておきましょう。これもなかなか判断が難しいです。一応、２つの仮説が成り立つように思います。１つは、限定的再評価説、あるいは、心証引継説というのがかつてあったんですけれども、そのような考え方に基づいて判断していると解釈できる可能性があります。

　と言いますのも、この富山事件の再審棄却決定には、まず、証拠構造分析がありません。形式的には、確定判決がどういう証拠に基づいて有罪認定をしているかということを最初に書いているんですけれども、その１つ１つの証拠がどう関連していて、どれが重要で、どれが重要でないか、といったようなことはまったく書いてないですね。こういう証拠に基づいて有罪認定をしたとしか書いていない。その意味で非常に形式的なもので、あまり意味がないものになっておりますので、証拠構造分析をしていないといわざるをえない。

　そして、その全体の証拠がどうなっているかを具体的に分析することなく、請求人が提出した一連の新証拠を直ちに取り上げて、その新証拠１つ１つを分断して、それぞれにつき価値がどれぐらいあるかどうかというのを個別に判断しているわけであります。その当然の帰結ということになりますけれども、確定判決の事実認定そのものを新たに見直そうというところがあまり見られなくて、実際に確定判決の事実認定を所与の前提、それを無条件に受け容れるんだと考えているかのように受け取られかねないような表現を用いたりしています。

　例えば、心理学者の浜田寿美男さんが心理学鑑定を作っておられます。この鑑定について明白性を否定しているわけですが、「確定判決が採用した証拠の信用性判断を揺るがす明白性があるとまではいえない」と表現しています。「自分自身は、浜田鑑定を信用することができない」という言い方をしていないんですね。確定判決の信用性判断を前提に、無条件に自分が受け容れたうえで、そのような判断が覆るかどうかを問題にしているようにも受け取

第７章　再審請求審におけるコミュニケーション・ストラテジー　165

れる表現をしています。

　このように考えますと、限定的再評価説という、今の最高裁の立場よりもかなり狭い、再審をなかなか開かせようとしない方法をとっていると解釈することもできるかもしれません。

(2)　仮説２：全面的再評価説の採用？

　ただ、一方で、はっきり限定的再評価説に立つぞとは言っていないことも確かです。先ほどちょっと紹介した大崎事件の高裁では、はっきりそう言っているんですが、富山事件でははっきり言っていません。その意味で、もしかしたら全面的再評価説を維持しているのかもしれないなと、そういう目で見ますと、全面的再評価説に立っていると判断できるような書き方もしていないことはないんです。例えば、最後の結論のところで、「新証拠と旧証拠を総合的に評価しても」というような言い方をしたりしています。

　あらためて考えてみますと、形式的にみますと、この事件の証拠構造自体はシンプルですよね。さまざまな客観的証拠が多数並んでいて、複雑に絡み合っているわけではなくて、基本的には６人の目撃証言ですね。それと、現場に落ちていた鉄パイプの臭いですね。犬の臭気選別の結果。この２種類です。その意味で証拠構造はシンプルで、それほど分析的に書く必要がないと言えばないかもしれません。また、「裸の事実判断」を行って、結果的に確定判決と同じ事実認定、やっぱり富山氏は犯人だという事実認定に到ったとするならば、結局、このような書き方をするのが通常なんだろうな、今の実務の慣行に従うとこういうふうに書くことになるのかもしれないと、そのようにも思われるんです。

　通常審の一審とか二審でも、有罪認定をするときには、まず初めに自身の有罪心証を形成した過程を書いたうえで、その後、「弁護人や被告人はこう言っているけれども、妥当でない」などと言って切っていく書き方をする人が結構多いんですけれども、そのような書き方に非常に近い形式になっているようにも思われるわけです。

(3)　いずれの仮説を採用すべきか

　さて、どっちなのかということなんですけれども、なんとも言えません。手がかりがそれほど与えられていないわけですので、どっちに立つかという

のは、はっきりとは言えないのです。ただ、異議審でどう戦うべきかという点から考えますと、限定的再評価説的な方法をとって、なるべく再審の門を狭めようと考えているというふうに原決定を解釈できる余地はあるわけですから、その点については全面的に批判しなければいけないだろうなと思います。これは判例違反、白鳥・財田川決定違反だというふうに主張しなければならないと思います。その必要性が高いと思います。

　ただ、「全面的再評価説に立て」と言ってその意見が通ればすべては解決するかというと、やはりそう簡単にはいかないでしょう。再審棄却決定が全面的再評価説に立ったと解釈したとしても、最終的に有罪という心証を形成したわけですよ、実際。異議審に対し、全面的再評価でやれと言ったとしても、担当裁判官が全面的に再評価したら無罪だというふうに思うかというと、必ずしもその保証はないわけです。単に再審請求審における判断方法論についてだけ争うのではなくて、全面的再評価説に立ったとすれば、どのような証拠評価を裁判官にさせるべきか、そこまで戦略を練らなければならないということになると思います。

　繰り返しますが、「裸の事実判断」をするのは本来おかしいんですよ。再審請求審なのですから、裁判のやり直しをしていいかどうかを判断すべきなんです。裁判のやり直しそのものではないのです。しかし、実務の現場で、現に最高裁がそういう判断方法をとっている中で戦うためには、そのような判断方法に則ってもなお勝利しなければならないという重い負担が請求人には課せられているということであります。

4　争点に関する実務の現状

(1) 目撃証言を証拠とする事件の困難性

　では、この富山事件が有罪、無罪の全面戦争にどうやって勝つかということなんですが、これは、率直に言って大変な思いをされるのではないかなと思います。と言いますのも、これまでのさまざまな再審開始事件、死刑確定事件に対し再審が開かれて無罪になったような事例とはかなり違うんですよね。客観的証拠がほとんどなくて、目撃証言一発なんです。先ほど言いました犬の臭気選別についても、確定判決自体は決定的な証拠と見ていないことは明らかで、各目撃証言の信用性を補強するようなものだというふうにしか

捉えていない。今後本件を担当する裁判官の多くもそう捉えるでしょう。そう考えますと、鉄パイプの臭いだけを崩せたとしても、「いや、決定的な証拠は目撃証言であって、目撃証言が信用できる以上、確定判決は維持だ」というふうに言われる可能性が高い。となると、この目撃証言をつぶさなければならないということになります。

　ところが、目撃証言について、客観的な証拠は残っていないんですよね。目撃証言についての信用性を判断するために残っているのは、基本的には人の供述です。公判段階の証言と捜査段階で作成された調書類、そして、それと関連する実況見分調書等ですね。それだけしかないわけです。それらのテキストが信用できるかどうかがメインの問題になってくる。しかしながら、人の供述が信用できるかどうかという点については、往々にして主観的な評価をされがちでありまして、迫真性に富むとか、具体的だとか、実際に見ているからこんなふうに言えるんだとかですね、印象論で語られてしまうことが多いんですね。実際に、それで有罪が維持されている事件が多いわけです。そのような現状に鑑みますと、あいまいな、主観的な印象を優先されてしまって、どんなにロジックで攻めても、「一概にはそうは言えない」、——いわゆる可能性の論理と言いますが——「可能性がないとは言えない」というふうにすり抜けられてしまう可能性が非常に高い証拠しか、この富山事件には残っていないんですね。その中で戦うのは大変であるということを、あらためて繰り返す必要もないのかもしれませんが、思います。

(2) 写真面割帳に関する判断等の現状

　かつ、目撃供述に関しての判断は、自白調書の信用性の分析などと比べると——自白調書の信用性分析も甘いところがかなりあるんですが——さらに甘くなるのが、現在の実務の現状と言わざるをえない。

　例えば、この富山事件では写真面割帳が一部空白になっているんですね。空白のあるページの最後あたりに富山さんの写真だけが多数貼られていたりして、なんだか富山さんを選んでくださいと誘導しているような写真面割帳になっている。そのような写真面割帳というのは、人を暗示・誘導にかける可能性が高いので、そんなものによって、これが犯人ですと選んだって意味がないじゃないかというふうにも思われるんですが、そのような写真面割帳でも特に問題はない、実務の標準的レベルだと判断されてしまうんですね。

現に、本件の写真面割帳にはちょっと問題があったけれども、それほどの問題だとは言えないというふうに、富山事件の確定判決は言っています。

そういった点に鑑みて、写真面割帳に関して、他の事件では現在どう判断されているのか。昭和50年代はともかく、現在はもうちょっと認識が改められているのではないかと思って、最近争われた事件を7つ、8つ調べてみますと、やっぱり似たような写真面割帳が作成されていて、やっぱりそれほど問題がないというふうに多くの裁判官が言っているのです[12]。その意味で、今の裁判官は、こういう写真面割帳が問題だとは思っていないということを前提に戦わなければいけないわけであります。

さらには、この事件の確定判決でも言われていることなんですが、写真面割帳が暗示・誘導の可能性がある、非常に問題のあるものだということが仮に認められたとしても、その写真面割帳に基づいて、富山さんの写真を犯人だと言ったその人自身に、実際に暗示・誘導効果を与えたのかどうかという、そこまでの判断を裁判官はしてきます。ですから、写真面割帳に問題があると仮に判断されたとしても、「でも、この証人達は、はっきりとかくかくしかじかの理由でこれを選んだと丁寧に説明しているので、暗示・誘導の影響はなかったと言わざるをえない」というふうに判断されてしまうわけですね。そこで、写真面割帳に問題があるというだけでは裁判官は合理的疑いを抱かなくて、その暗示・誘導の効果が証人すべてにあったんだということまでこちらが言わないと、認めてくれない可能性が高いわけであります。その意味で現在、写真面割りに関する甘い判断に変化はないし、請求人からすれば非常に困難な状況にあるということです。

(3) 浜田鑑定に対する判断の現状

先ほども触れましたけれども、浜田寿美男さんによる心理学鑑定、供述分析鑑定が、この事件でも新証拠として提出されています。棄却決定は、31丁しかない薄い決定書の中で3〜4丁使って、浜田鑑定がいかに使えないかを力説しておられる。逆説的ですが重要視されているわけですけれども、この浜田鑑定に対する判断の現状、これもみておく必要があるように思います。

---

[12] 法と心理学会・目撃ガイドライン作成委員会編『目撃供述・識別手続きに関するガイドライン』(2005年、現代人文社)127〜128頁［中川孝博執筆］参照。

浜田さんは非常に有名な方でありまして、いろんな事件に関わって、いろんな鑑定をしていらっしゃいます。もちろん、浜田鑑定が受け容れられた裁判というのもあるわけです。甲山事件とかですね。が、浜田鑑定に抵抗を示す裁判官もいるわけです。例えば、狭山事件においても浜田鑑定が出されたわけですけれども、「心理学の立場からの一個の見解であるに止ま」って、「事実認定に影響を及ぼすに足る証拠であるとは認め難い」というふうに裁判所は言っています。
　富山事件では、「鑑定経過に多分に推測の要素が入っていることなどに照らし、確定判決が採用した証拠の信用性判断を揺るがす明白性があるとまではいえない」と述べて、蹴られています。
　袴田事件においても、「浜田鑑定は、本来、裁判官の自由な判断に委ねられるべき領域に正面から立ち入るものであって、およそ刑事裁判において、裁判所がこのような鑑定を命じるとは考えられないのである。その意味で浜田鑑定については、そもそもその『証拠』性にも疑問があるといわざるを得ない」とまで言われているわけです[13]。非常に抵抗を示されているんですね、浜田さんは。正確には、浜田さんの提示された分析方法と結果、ですが。
　このように、浜田鑑定は、その方法に問題があると裁判所から言われているわけですから、いや問題はないということを再審請求する側は説得的に、補強的に主張しておかないと、簡単に蹴られてしまう可能性が非常に高いわけです。現に、富山事件でも請求棄却決定では簡単に蹴られてしまっているわけです。その意味で、蹴られない説得性というのをどうやって求めるか、これがひとつの大事な点です。

(4) フィールド実験に基づく鑑定に対して

　他にも多数の心理学鑑定が、この富山事件では出されています。これらは浜田さんの供述分析、つまり公判調書や捜査段階で作成された調書を分析したものではなくて、実際に証人たちが見たような状況で、果たして見えるのかどうか、そういったことを実験したうえで検討されているものが多いわけですが、これらもことごとく蹴られています。これらのフィールド実験に基づくものも、結局、「一般的にはそうかもしれんが、この事件に関してはそう

---

[13] この決定については、中川孝博「判批」法学セミナー 591号 (2004年) 121頁参照。

は言えない」とか、「実験しているようだけれども、設定した状況は、実際とは違うじゃないか」と言うわけですね。あるいは、「実験したらほとんどの人が犯人を当てられなかったというけれども、少しの人は犯人と当てているじゃないか」。本件の証人もその中の少数の一人なんだと言うわけですね。

こういう言い方をされて、全部切られているわけですね。このようにフィールド実験というのは、切ろうと思えば、状況が違うとか、当てている人もいるじゃないかという形で、簡単に切られる可能性が非常に高いので、簡単に切られないような準備というのをしておく必要があるようにも思われます。

5　どう戦うか

(1) 方法
(i) 外在的批判のみでは危険

といったわけで、だんだん会場の雰囲気が暗くなってきましたけれども、非常に困難な道を、今、富山事件は歩んでいるという話をしてきました。それでは今後どう戦うかという点に移りましょう。ホッとしないでくださいよ。申し訳ありませんが、明るい話にはならないんです。ドラマティックな展開にならなくて恐縮ですが、考えているところを述べさせていただきたいと思います。

ざっと請求人側の提出してきた意見群を読ませていただいたかぎりで、考えたことを率直に申し上げます。もちろん、私は弁護団会議に参加しているわけでもないし、これまでどのようなご苦労が弁護団にあったのかというのもリアルにはわからないわけです。反論があれば自由におっしゃっていただくことを期待しています。

まず、請求人側の主張には外在的批判が非常に多い。つまり、確定判決の判断過程そのものを内在的に批判するというよりも、こういうふうに見たらこうじゃないかと、別の見方からすればこうじゃないかというような言い方を必要とする新証拠が非常に多いと思います。そうしますと、そのようには思わない裁判官にあたれば、「見解の相違に過ぎません」なんて言って切られる可能性が非常に強いんですよね。その意味で、外在的批判のみでは非常に危険だというふうに私は思います。

(ⅱ) 証拠評価をめぐるコミュニケーションの分析

　もう少し内在的にですね、証拠評価をめぐるコミュニケーションを今一度見直して、これまでの捜査段階を含め、どのような証拠について当事者はどういう主張の応酬をして、それに対して裁判所がどう応答したのかを分析したらどうでしょうか。「この点については言及しているけど、この点については無視している」という部分は必ずあるはずです。あるいは、弁護人が強く主張したものを論理としては否定せずに、「しかしこういうふうに見ればおかしくはない」というふうに一刀両断している。つまり、他人の仮説を消去せずに、自分の意見をごり押ししている部分が必ずあるはずです。そういった点はどこかを見るべきです。また、矛盾していたり、あるいは、「Aという結論はaとbを検討しないと出せないにもかかわらず、aしか検討していない」とかですね。そういう論理則違反というものが必ずあるはずです。

(ⅲ) 「つぼ」をおさえた新証拠の作成

　こういったさまざまな問題点を洗い直したうえで、確定判決自身の弱点、確定判決自身の「つぼ」と言いますか、そこを押さえれば崩れるみたいな、その「つぼ」というものをもう一回抽出し直す必要があるのではないかと思います。その「つぼ」を押さえた新証拠というものを作る必要があるのではないかと私は考えているわけです。

　私自身は記録の一部しか見ていませんが、ちょっとだけ見たかぎりでちょっとだけ試論的に言わせていただきましょう。

(2) O供述について

　目撃者の一人であるOさんの供述について見てみますと、一審判決はO供述が信用できないと言っているわけですが、確定判決はO供述を信用できると言っているわけです。確定判決が、一審判決が抱いている疑いをどういう理屈で排斥しているかを見てみますと、いくつかあるわけですが、以下に挙げたものが特に目立ちます。

(ⅰ) **確定判決が一審判決の疑問を排斥している箇所**

① 　警察官証言に依拠した部分

　Oさんは、捜査段階で、写真面割帳を初めて見たときに、富山さんの写真だけを挙げているわけじゃないんですね。計4人の写真を挙げているんですが、それを捉えて、一審判決は、必ずしも自信があったのではない疑いがあ

ると言うんですね。

　それに対して、確定判決は、4人の写真を選別したのは自信がなかったからではなくて、慎重に選んだ結果なんだというふうに言っているわけです。慎重に選んだ結果だと判断した自分の評価が正しいということを理屈づけるために持ってきているのが、警察官証言です。一審では取り調べられていないのですが、有罪判決を出した二審では、実際にその写真面割帳を呈示した警察官を呼んできて取り調べています。その警察官証言によれば、この4人の写真というのは、あやふやに4人並列的に出したのではないと。まずは富山さんをバシッと選んで、その後、3人、もしかしたらこっちかもしれないという形で、後出ししているのが3人なんで、明確に選び方が違うんだということです。確定判決は、その警察官の証言は信用できると言って、先ほどのような判断になっているわけですね。となると、このOさんの写真選別過程を問題ないと判断した要は、警察官証言です。したがって、まずは警察官証言を崩さなければならないということになりますね。

　また、写真面割りの際に警察官が暗示・誘導をしたのではないかという疑いを一審は抱いているわけですが、その暗示・誘導はなかったというふうに、確定判決は言い切っています。なぜそう言えるのかという点についてははっきり書いていませんが、おそらく二審で取り調べた警察官が、「暗示・誘導などはしておりません」と言ったので、それを信用しているのでありましょう。とすると、ここでも問題になるのは警察官証言だということになります。

　さらに、面割りの後に、日比谷公園で面通しをしているわけですけれども、面通しの際に、Oさんは自ら独力で富山さんを当てることができなかったんですね。警察官に「あの人ではないか」と言われて、ああ、あの人ですというふうに言ったわけであります。かつ、100%間違いないという言い方をしていなくて、80%くらいですという言い方をしたりしています。こういった一連の経緯をみて、確信を持って自ら被告人を見出すことができなかったのはやはりおかしいじゃないかという評価を一審はしています。

　それに対して、そういうふうには言えないと二審では言っています。ここでも登場するのは、二審で取り調べられた警察官の証言です。その警察官の証言によると、Oさんは、富山さんを見た瞬間に全身をわなわな震わせていたというんですね。そういったことを警察官は言っているわけです。それを確定判決は信用しています。わなわなと震えていたということはやはり確信

していたんじゃないかと、こういうふうに言っているわけであります。となると、これも警察官証言が問題になってきます。何を見ても警察官証言が要だということがわかりますね。

② 「弁護人が悪い」

Oさんの証言には食い違いや変遷が多いという一審判決の疑問に応えて、二審判決は、それはやむを得ないことなんだと言っています。しょうがないんだと。なぜかというと、弁護人が悪いんだと端的に言っています。つまり、反対尋問でOさんに対し、弁護人は容赦なき追及をしているではないか、容赦なき追及をしたら一般人は混乱するのが当たり前だというふうに言うわけです。かつ、Oさんには問題があって、レトリック豊かな人間ではなくて「表現が稚拙」だったり、「固執的弁明的な供述態度」だというのです。弁護人に対して反発して、怒っていたりするので、混乱するのはやむをえないというふうに言っています。

ちょっと興味深いんですけれども、表現の稚拙さとか、固執的弁明的な証言態度というのは、一審判決でも同じ表現を使って認めているんですね。ただし、それは正反対の意味で。そういう問題があるから信用できないと言っていたんですけれども、二審判決では、だからやむを得ないというふうに、逆転されているんです。これは、論理的に突っ込めるところではないかなという気がしますね。

いずれにせよ、確定判決では、弁護人が悪いんだと言われてしまいました。となると、弁護人が悪いのかどうか、これを問題にしなければいけない。この問題について正面突破しなければいけないのではないかと思います。

③ テキスト解釈

今度は捜査段階の調書についてです。Oさんの場合にはかなり供述変遷があって、細面とか言っていたのが、エラが張っていて角張っているというふうに最終的に変わるわけですけれども、全然違っているじゃないか、信用できないと言ったのが一審です。それに対して二審は、おもしろいんですけれども、「細面というのは長めの顔を意味して、角張った顔という表現と両立できる」ではないか、と言っています。あと、やせ型という供述ががっちりしているという供述に変わっているんですけど、二審は、「このやせ型というのは、いわゆるのっぽというふうに解すればいいんじゃないか、そうすると、がっちりという表現と必ずしも矛盾しない」という言い方をしています。

果たしてそんなふうに解釈できるか、疑問に思われる方も多いでしょう。しかし、そういうふうに読む人が現に存在することは、事実として受け止めなければなりません。

④　弾劾の「つぼ」

Ｏ供述を信用できると言うために、確定判決は、一審判決が示した疑問を次から次へと排斥しなければいけなかった。排斥するために使われたのが、警察官証言であり、弁護人が悪いという主張であり、こうも読めるではないかというテキスト解釈ですね。この３本が「つぼ」だというふうに私は思います。

そうしますと、こうした「つぼ」を押さえるためには、正面突破しかないのではないか。警察官証言は信用ならんという弾劾をしなくちゃいけないし、Ｏさん自身のコミュニケーション特性を分析してＯさんにどういう特性があるかを見るだけではなくて、弁護側の質問というのはＯさんにどういう影響を与えたのか、要するに、弁護人が悪かったのかどうかを端的に問題にしなければいけないと思いますし、調書のテキスト解釈についても、およそそう読めるのかということに関して、なんらかの主張が必要ではないかと思うわけです。

(ii)　この「つぼ」を新証拠は押さえていたか

①　警察官証言の信用性

このような「つぼ」を、請求審の最初の段階で出された数々の新証拠は押さえていたのかどうかということに注目しますと、どうも押さえていないように私にはみえます。

警察官証言の信用性そのものを弾劾するような新証拠は出ていません。ただ、浜田さんの鑑定の中には、公判調書の引用がされています。その中で、警察官がどういう反対尋問を受けているかについて若干紹介されていますけれども、特に、このテーマに関して意味がある分析というのはなされていない。

浜田鑑定の中では、こんなふうに述べられています。Ｋ取調官は、「そのように質問しておりません」とか、「意識して調べはしておりません」というふうに否定し続けるけれども、「事は論理の問題であって、いくら強く否定しても通るものではない。第二期のＯ、Ｙの年齢供述自体が、それを引き出した尋問をはっきり含意している」[14]のだと。

Ｋ取調官は一貫して暗示・誘導などはしていないことを主張し続けるわけ

です。「その主張し続ける供述自体に信用できない要素があるのだ。本当に意識していないんだったら、こんな言い方はしないだろう」ということを浜田さんが指摘しているわけではないんですね。紹介はしているけれども、「事は論理の問題であって」というふうに、別の要素から、つまり年齢供述に変遷があるという調書のテキスト解釈から、暗示・誘導していたに違いないという評価を導き出されています。つまり、公判調書の引用にあまり意味はないんですよ、ここではね。

　といった感じで、警察官証言それ自体から警察官の言っていることは信用ならんという分析はされていません。これは当然でありまして、浜田さんの依頼された事項は、そもそも警察官証言の信用性ではないのですから。結局、警察官証言そのものにメスを入れる新証拠はないという状況なんですね。

② O証人のコミュニケーション・パターン

　弁護人が悪いのかという点と関連して、浜田さんは、Oさんのコミュニケーション・パターンを分析しています。Oさん自身は、どういう問いかけに対してどういう応答をするパターンにあるのか。つまり、迎合しやすい体質なのか、暗示・誘導を受けやすい体質なのか。こういったことをまさに浜田さんが分析されているわけですね。それは、最終的には調書分析によって行っているわけですけれども、その捜査段階の調書の分析にとって要となるのが、公判でのOさんの証言の分析なんですね。その証言におけるコミュニケーション・パターンを抽出したうえで、こういうパターンを持っているOさんは、結局、捜査、取調べ段階でもこういうふうにやっていたという推論過程をとられるわけです。けれども、ざっと読んだところ、弁護人が悪いんだという確定判決の判断を内在的には批判していないし、弁護人が悪いのかということ自体を直接テーマにもされていないように思います。

　例えば、こういう表現をされています。まず、反対尋問に対するOさんの対応が公判調書から引用されています。Oさんはタクシー運転手だったのですが、事件当時タクシーに乗せていた人というのがいまして、その人は何歳くらいの人かということを聞いている部分です。以下のようなものです。

　　弁：男の人は何歳ぐらいの人ですか。

---

[14] 浜田寿美男『富山事件目撃供述についての心理学的視点からの供述分析』(1992年、未公刊) 403頁。

O：47ぐらいかな。47〜48ぐらいだと思います。
弁：47から48ぐらいの感じですか。
O：から50までの間。40から50の間ぐらい。
弁：大分幅が出てきたが、何歳ぐらいなの。
O：それは、わからん。
弁：最初47か8ぐらいと言われた。その根拠は何ですか。
O：大体そのぐらいに見えました。
弁：ぼくが聞いているのは、最初何歳ぐらいかと尋ねた時に、47か8ぐらいだと言われたでしょう。
O：はい。
弁：ところが、その後すぐに今度は、40から50歳ぐらいの間だと、幅を取られて、次には、はっきりしないんだと言われて、そして今度はまた47か48ぐらいだと言われたでしょう。何で、そんなに答えがクルクル変わるんですか。
O：47、8に見えたんだけど……わかんない。

　この部分に関して、浜田さんはこう分析されているわけです。「ごく素朴な応答ではある。しかし、これが証言としてまぎらわしいものであることは間違いない。はっきりしないことははっきりしないで、最初からその点を考慮して幅をもたせればよいところ、印象でパッと答えて、あとでこれを修正していく。こういう応答をする供述者に対して、尋問者がある仮説を強く抱いていれば、これを誘導することは容易であろう」[15]。
　つまり、思いつきでパッと言うのがOさんであって、一定の誘導にかければ、すぐそれに乗る人間なんだということを、このような尋問から分析されているわけです。そういうふうに見ることはもちろん可能だと思います。みなさんはどうでしょうか。いいかげんな人だなというふうに思われたでしょうか。
　が、実際に、裁判官はそう見ていないわけですよね。そして、浜田鑑定に対し、推測に過ぎないんじゃないかと言っているわけです。再審請求審で勝つためには、やっぱり裁判官の視点に立って考える必要があると思うんです

---

[15] 浜田・前掲注14書421〜423頁。

第7章　再審請求審におけるコミュニケーション・ストラテジー　177

ね。そこで、裁判官の視点、すなわち「弁護人が悪いからだ」という仮説に立って、もう１回、このテキストを読み直してみましょう。Ｏさんは、いいかげんで信用できない人というよりも、弁護人にいたぶられて慎重になっている人間なんだ、こういう仮説に立って読み直してみましょうね。そうすると、こんな感じになるでしょうか。

  弁：男の人は何歳ぐらいの人ですか。
  Ｏ：（また、なんか聞いてきたなぁ。）
   47 ぐらいかな。47～48 ぐらいだと思います。
  弁：47 から 48 ぐらいの感じですか。
  Ｏ：（オウム返しに聞いてきたぞ。何かこれはひっかけようとしているのではないだろうか。やばいな。揚げ足は取られたくないな。ちょっと幅を持たせよう。）
   から 50 までの間。
   （もう少し幅を持たせるか。）
   40 から 50 の間ぐらい。（と言っておこう。）
  弁：大分幅が出てきたが、何歳ぐらいなの。
  Ｏ：（同じことばかり聞きやがる。もう知らん。）
   それは、わからん。

 こういうふうにですね、弁護人がいろいろ聞いてきて、それにずっと耐えてきて、かなり怒っているものだから、「何か聞いてきたら、また僕がどう答えようがさらに突っ込んでくるんだな、揚げ足を取って突っ込んでくるんだろう」というふうに思い、慎重に答えなければならないと身構えている。Ｏさんがこのように考えていたとしても、このような尋問経過になりうる。
 どうでしょうか。なるほど、と思う人も出てくるのではないでしょうか。そう思えばそういうふうに見えてくるようなテキストなんですね。
 そうしますと、浜田さんには、確定判決が抱いているような、「弁護人が悪いからこういう応答になるんだ」という仮説は成り立たないんだという分析までしてもらわなければならない。その仮説を消去して、初めて、浜田さんがここで言われている評価、つまり、Ｏさんは暗示・誘導に乗りやすいんだという評価が、より説得力を持つわけです。つまり、浜田さんのようには読

まない、考えの違う裁判官をも説得させる証拠に初めてなるわけであります。そこまでやってほしいわけなんですが、残念ながらそこまでは浜田さんの分析は及んでいないわけであります。

③　調書のテキスト解釈

最後の、調書のテキスト解釈ですが、これについて浜田鑑定中に言及はされていますけれども、やはり内在的な批判はされていません。浜田鑑定は、確定判決の見方は「いかにも強引であって、素直に受け入れられるものではあるまい。とりわけ一〇月七日の一回目の供述では『細面、ヤセ型』となっていたのであるから、これを翌年一月一八日の検面供述での『全体的に角ばった顔、ガッチリ』と比べて、単なる表現の違いと言うのはまず無理なことだと言うべきである」[16]と言っているわけですね。「まず無理だ」という結論だけがあるんです。

しかし、「まず無理」とはいえない、と言っているわけですよ、確定判決は。そうすると、それに対して根拠を示さずに、「まず無理だ」というだけでは水かけ論になってしまうんですね。水かけ論をしかけて、負けてしまうのは、残念ながら、再審請求をする方なんですよね。そうしますと、困難ではありますが、論理的に、あるいは心理学的に、このように読むことはおよそできないということを浜田さんは分析する必要があるのではないか、というふうに思っているわけです。

6　まとめ

以上のように、私には、本件の「つぼ」だと思っているところを押さえる新証拠は全然ないように見えます。この富山事件の展望というのをどうすればいいのかということに関しては、残念ながら展望は開けないんですけれども。開けないんですが、あえて、こういった点、今までの新証拠では明示的に取り上げていない点というのを——これはごく一部の資料を見ただけですからね、実際に全記録等を精査したら、また別の問題点が浮かび上がってくるかもしれません。そこはまだ留保しておきますけれども——もう一度、こういった確定判決の「つぼ」を崩すという観点から記録を精査し直して、請求

---

[16] 浜田・前掲注14書398〜399頁。

人の主張を補強するという作業がこれから必要になってくるのではないか。
　本当は、こういうことは僕は言いたくないわけです。僕は、この弁護団が提出された新証拠で、本来、再審請求が認められて当然だと思います。浜田さんの鑑定書も、裁判官が抱いた仮説を完全に消去するところまでは行っていないとしても、裁判官の考え方と、少なく見積もっても同等に成り立つ仮説は提示しているわけです。それを論理的に消去できないのであれば、浜田鑑定を完全には否定できていないわけですから、否定できないことを率直に認めて、決着は再審公判でつけようというのが筋だというふうに思うんですが、現状に鑑みると、まずは再審請求審で無罪心証を抱いてもらわなければならない。そんな中で請求人側はどうすればいいのかということについて、私見を提示したと、こういうことであります。どうもありがとうございました。

第8章
少年審判における少年と裁判官のコミュニケーション①

1 はじめに

　2000年になされた少年法改正により、一定の事件につき必要がある場合（少年法22条の2第1項）、検察官に意見を聴いたうえ（同条2項）少年審判における非行事実認定手続に検察官を関与させることができるようになった。関与決定がなされた場合、少年に弁護士付添人がないときには弁護士付添人がつけられる（22条の3）。関与決定に基づき検察官は事件の記録等を閲覧・謄写し、審判の手続に立ち会い、少年や証人に発問し、意見を述べることができる（22条の2第3項）。そして検察官は、法令違反または重大な事実誤認を理由として抗告受理の申立ができる（32条の4）。検察官が関与した事件において、非行事実なしといった理由による不処分決定がなされ、それが確定した場合には、一事不再理効が発生する（46条2項、3項）。
　このようなシステムを導入してよいのか否かについて激しく議論がなされたことは周知のとおりである。検察官関与に対し懸念を示す議論の根幹には、少年審判が刑事裁判化し、少年法システムの福祉的・教育的機能が損なわれるのではないかとの不安があった。実務の状況はこの不安を軽減するものになっているだろうか。上述の新規定には、「必要なとき」に検察官関与を認めることなど、解釈のしかたにより運用が大きく異なりうるものが含まれている。不安が軽減されるか否かは、実務の法運用状況によるところが大きいのである。そこで、これらの規定が現在どのように解釈・運用されているか、どのような問題が生じているか、問題があるとすればどのような方向で解決が目指されねばならないかを検討しなければならない。これらが本章の課題である。
　次のような順序で検討を進めたい。第1に、検察官関与システム導入の趣

旨がどこにあったのか、そしてそのどこに問題があったのかを簡単に振り返る。第2に、検察官関与をめぐる実務の動向を、統計資料や私たち自身の調査に基づいて素描し、評価する。この評価にあたっては、前述の立法趣旨、およびそれと対置される少年の成長発達権保障という理念が座標軸として用いられる。第3に、現在の実務における諸問題を解決するための視座を得るために、少年の成長発達権を保障するための「事実認定の適正化」論を、「少年の言葉を聴く」というキーワードの検討を通して具体化する。第4に、第3で得られた視座をもとに、あるべき検察官関与システムについて考察する。

2 立法趣旨

まず立法趣旨の確認から始めよう。「事実認定の適正化」という観点から検察官を関与させるというのが検察官関与システム導入の趣旨であった。具体的には、①証拠の収集・吟味における多角的視点の確保、②裁判官と少年との対峙状況回避、③少年審判における非行事実の認定手続に対する被害者や国民の信頼確保という3点が挙げられた[1]。

この立法趣旨の当否をめぐり激しい議論がなされたことは記憶に新しいところである。「証拠の収集・吟味における多角的視点の確保」については、もっぱら非行事実ありと認定する方向に向けられた収集・吟味を意図しているのではないかとの批判がなされた。「裁判官と少年との対峙状況回避」については、検察官関与により今度は検察官と少年の対峙状況が生じ、いずれにせよ「懇切を旨とし和やかな」審判でなくなってしまうのではないかと批判された。そして「少年審判における非行事実の認定手続に対する被害者や国民の信頼確保」については、国民の信頼確保という少年の利益と直接関係のない趣旨を入れることが妥当なのかといった問題点が指摘されていた。これらの批判は、成長発達権保障という少年法の理念が検察官関与により損なわれることを危惧するものであった[2]。

なお、これらの立法趣旨の背景には、山形明倫中事件や草加事件といった、

---

[1] 立法経緯については、村越一浩「事実認定手続の適正化をめぐる法制審議会における議論について」猪瀬眞一郎＝森田明＝佐伯仁志編『少年法のあらたな展開』(2001年、有斐閣) 265頁、甲斐行夫ほか『少年法等の一部を改正する法律及び少年審判規則等の一部を改正する規則の解説』(2002年、法曹会) 123〜126頁等参照。

[2] 川崎英明「少年事件にふさわしい適正手続とは何か」団藤重光＝村井敏邦＝斉藤豊治ほか『ちょっと待って少年法「改正」』(1999年、日本評論社) 126頁、服部朗「検察官関与をめぐる一〇の疑問」同書138頁等参照。

事実認定が激しく争われた事件があったことに注意しなければならない。これらの事件により、非行を犯した少年に対し非行事実なしとの認定がなされる不安が生じ、そのような不安からこれら立法趣旨が提示されたのである。もっとも、両事件ともに、遺族が提起した損害賠償請求訴訟においても事実認定は揺れ動いており[3]、果たして問題の所在は少年審判における非行事実認定「手続（システム）」にあったといえるのか、あらためて考えねばならない時期にきているといえよう。

　以上のような状況に鑑みると、改正前に示されていたさまざまな懸念は払拭されているかという観点を軸にして、検察官関与に関する諸規定の運用状況を評価する必要があると思われる。

3　実務の現状

(1)　各種統計

　それでは、実務の現状をみてみよう。まず統計であるが、現在のところ、最高裁判所事務総局家庭局が出しているもの[4]と、全司法労働組合本部少年対策委員会が出しているもの[5]の2種類がある。いずれも簡単なものなので、これらの統計から、現在の運用状況についてはっきりとした結論を出すことは困難である。最高裁判所事務総局家庭局の統計はこれまで数回更新されているが、途中で分類カテゴリーが変更されたらしく、年度ごとの変化を知ることができない[6]。他方、全司法労働組合本部少年対策委員会の統計は、1～6ヶ月のスパンで不定期にとられたアンケートを集計したもので、全家庭裁判所から回答を得たものではなく、かつ、時期ごとに回答数が異なるため、増減傾向を正確に把握することはできない。ただ、大雑把に次のような指摘

---

[3] 山形明倫中事件において、山形地裁判決（山形地判平成14年3月9日判時1806号94頁）は事件性の認定すらできないと述べたが、仙台高裁は7人の元生徒全員に対し共同共不法行為の成立を認める判決を出した（仙台高判平成16年5月28日判時1864号3頁）。2005年9月6日、最高裁第3小法廷は少年側の上告を棄却している。草加事件については、「非行事実なし」との結論で決着がついている（東京高判平成14年10月29日判時1817号59頁）。
[4] http://www.courts.go.jp/
[5] http://www.zenshiho.net/syonenhou.html　なお、このwebサイトには2004年12月末までのデータが公表されている（2005年12月現在）が、2004年7～12月のデータ（関与決定のあった事件6件、申出があり関与決定がなかった事件1件）は、それ以前のものと比べて簡略化されており、関与決定があった事件につき否認事件か否かに関する内訳が示されていない。そこでこのデータを本文中の表2に組み込むことは差し控えた。
[6] 改正法施行後1年を経た段階で出された統計には強盗2件としてカウントされていたが、現在の統計では強盗1件とカウントされている。

表1 ●検察官関与決定があり、2001年4月1日～2006年3月31日に家庭裁判所において終局決定のあった人員

罪名	人員
殺人	11
殺人未遂	4
傷害致死	23
監禁致死	1
強姦致傷	4
強姦	31
強制わいせつ致傷	3
強盗殺人未遂	1
強盗致死	7
強盗致傷	12
強盗	1
現住建造物等放火	1
保護処分取消	1
計	100

＊最高裁判所事務総局家庭局の統計による。
＊罪名は送致罪名による。

表2 ●2001年5月～2004年6月に一定の家庭裁判所において検察官関与決定のあった件数

検察官関与決定がなされた事件	全部否認	17
	一部否認	23
	否認なし	15
検察官から関与申出があって関与決定がなかった事件		50

＊全司法労働組合本部少年法対策委員会の調査による。

はできるだろう。

第1に、前述のように検察官関与が導入された背景には非行事実の認定が激しく争われる事件があったということを前提とすると、それらの事件に匹敵するほど激しく事実認定が争われた事例が改正法施行後にあったという報道にはほとんど接していないにもかかわらず5年間で100件（のべ人数。家裁でも抗告審でも関与決定があったのは強姦未遂1人・強制わいせつ致傷1人）関与決定があり、否認していない事件においても検察官関与を認めているケースが一定数あるという事実は、検察官関与を認める方向でゆるやかに規定を運用する裁判官が一定程度存在していることを示している。

第2に、検察官から関与の申出があったにもかかわらず関与決定をしなかったケースも相当数あり、検察官関与を認めない方向で規定を運用しようとしている裁判官も一定程度存在していることを窺わせる。

実務において関与決定を出す基準は未だ定まっておらず、裁判官の個性によるところ大、といえそうである[7]。

(2) 「改正」少年法検証研究会の調査

次に、私が所属する「改正」少年法研究会が行った質的調査の結果をみて

---

[7] その他、裁定合議制と検察官関与決定の関係につき、斉藤豊治「検察官の関与」斉藤豊治＝守屋克彦編『少年法の課題と展望第1巻』（2005年、成文堂）48、57～58頁参照。

みよう。調査したケースは30件程度であり、数は限られているものの、検察官関与決定があった事件をメインに、関係者に対するインタビューや資料分析を行った結果、次のような実態が浮かび上がってきた（本研究会のとった調査方法の詳細については葛野尋之編『少年司法改革の検証と展望』〔2006年、日本評論社〕4〜10頁を参照いただきたい）。

(i) **検察官関与を認めるか否かに関する付添人の悩み**

現状においてまず指摘しなければならないのは、検察官関与規定ができたことにより、少年と付添人は考えることが増えたという点である。例えばいわゆる「原則」逆送（少年法20条2項）事件の場合、付添人は少年審判で事実をどこまで争うかにつき戦略を立てねばならない[8]。刑事公判において少年をさらしものにしたくないという思い、そして検察官関与で一事不再理がとれるかもしれないという期待から、検察官関与については争わず、少年審判で徹底的に活動するという選択肢をとることもできる。

他方、「原則」逆送事件の場合、文字通り、「原則」逆送されてしまうかもしれないという不安がある。この不安をもとにすると、逆送後のことを考え、あまり手の内をさらしたくない、少年審判ではあまり活動しないという態度をとることになる。少年はこのようなジレンマに陥るわけである[9]。

同種の問題として、抗告受理申立のプレッシャーともいうべき問題を指摘できる。抗告受理申立がなされるのをおそれ、裁判官は、ある種妥協したように思われる事実認定をし、付添人も、真実と異なる事実認定をされても、保護処分をとれたということで、それ以上は争わないと判断する事件があった[10]。

このように、検察官関与に関する規定に由来して、一種の駆け引きまたは取引がなされるという状況が存在する。法律家がとるこれらの戦略は、「事実

---

[8] 正木祐史「20条2項送致の要件と手続」葛野尋之編『少年司法改革の検証と展望』(2006年、日本評論社) 23頁参照。
[9] 同種の指摘をするものとして、座談会「少年に寄り添える付添人・弁護人としていま何が必要か」季刊刑事弁護29号 (2002年) 31、36頁[村山裕発言]。
[10] この点、「審査の可能性があるということになれば、その審査にたえ得るだけの審理・裁判をやろうという心構え、気配りが当然出てくる」との主張もある(座談会「少年法改正の経緯と展望」現代刑事法24号〔2003年〕4、18頁[廣瀬健二発言])。このような発想によるならば、少年も抗告できるのであるから「抗告受理申立のプレッシャー」は問題にならないと考えられるのかもしれない。しかし、生活面、金銭面等、様々な問題を抱え抗告権を行使するのが困難な少年と、そうではない検察官とを同等にみることはできない。また、刑事裁判においても検察官上訴と被告人上訴は法的には等しく置かれているにもかかわらず、裁判官の事実認定は「検察官上訴のプレッシャー」の影響を受けているという事実もある。この点につき、中川孝博『合理的疑いを超えた証明——刑事裁判における証明基準の機能』(現代人文社、2003年) 26〜107頁参照。

認定の適正化」という語感からほど遠いものだと言わざるをえない。

(ii) 「必要性」をめぐる攻防

現在実務において最も激しく対立のある点は、少年法22条の2第1項が規定している、検察官関与の「必要があるとき」の解釈である。

検察官関与が検討されていることを認知した弁護士付添人[11]は、検察官関与を認めるべきでないと判断した場合、裁判官に対し、非行事実を争っていないのだから関与の必要なしとか、確かに否認しているが単純に否認しているというだけで関与を認めるべきでないとかいった主張をする場合が多いようである。一部否認のケースの場合、非行事実そのものには争いはなく、犯行動機といった背景的事情を問題にしている場合も多い。このような場合、弁護士付添人の多くは、もっぱら要保護性に関わる事情であるから「非行事実を認定するため」(少年法22条の2第1項) に必要とはいえないと主張する。

検察官関与を認めなかった裁判官も、以上のような理由に基づく場合が多いようである。これらの主張・判断は、「国民の信頼確保」、「多角的視点の確保」、「裁判官と少年の対峙状況回避」という立法趣旨を限定的に捉えようとするものといえよう。

これに対し、関与を認めるべきだとする検察官の主張、及び裁判官が検察官関与決定をする場合の理由としては、少年が否認しているということや、自白事件だが将来否認に転じる可能性がないとはいえないというものが挙げられることが多いようである。さらに、「原則」逆送対象事件と同じである22条の2第1項1号該当事件などでは、事件が重大なので国民の納得を得る必要性があるという理由が挙げられる。「国民の信頼確保」を重視し、「多角的視点の確保」「裁判官と少年の対峙状況回避」についてもゆるやかに捉えようとするものと言えるだろう。

なお、検察官関与決定には理由が付されない場合も多く、検察官が関与している理由が少年には不明なまま手続きが進められていくケースも多いことを指摘しておく。

(iii) 関与決定があった場合の、検察官の活動

関与決定があった場合、審判廷において検察官はどのような活動をしてい

---

[11] 少年や弁護士付添人が、検察官関与の検討がなされていることを知る機会は、法的に保障されていない。また、意見を述べる権利も保障されていない。少年法22条の3により付された弁護士付添人は、当然といえば当然であるが、検察官関与を防ぐ活動がまったくできない。

るだろうか。

　検察官が訴追官的な行動をとるのではないかという懸念が現実のものとなった事件は現在のところあまりみられないようである。むしろ多いのは、特に「原則」逆送事件に顕著であるが、審判廷に立ち会い、最後に意見書を提出するだけというものである。この現象をもって、「検察官が審判の監視をしている」と評する実務家さえいる。また、証人尋問や少年に対する質問をする場合も、調書の読み聞け、署名、押印につき確認する程度にとどまり、さほど重要な質問をしないという場合が多いようである[12]。

　これらの状況は、検察官が関与する具体的必要性が結果的にはなかった、といえる事件が多いことを示しているように思われる。

　以上とは別に、当該事件の捜査に関与した検察官の立会いという問題が指摘できる。自白の任意性を争っている事件において取調検事が立会い検事として登場し、少年に対し「私は適正に君を取り調べたよね」と発問する事件があった。尋問されるべき者と尋問する者が完全に逆転してしまっている。

(iv) **評価**

　以上のような実務の状況はどのように評価できるだろうか。現在までのところ、検察官関与により、審判の教育的機能が破壊されるという懸念が現実のものとなった事例はあまりないようである。もっとも、それは運用が適正になされていることを直ちに示すものとはいえないだろう。山形明倫中事件や草加事件のような、激しく非行事実が争われる事件が少ないからだという説明も可能である。

　むしろ、そのような懸念は杞憂ではないと思わせる事情が多数存在すると評価しなければならないだろう。第1に、事実認定に関し、一種の駆け引きまたは取引がなされているということである。事実認定をめぐりこのような取引がなされることが、少年によい影響をもたらすとは思われない。

　第2に、検察官関与決定がなされた事件においては、検察官関与を認める方向で積極的に規定が解釈されていることである。被害の大きな事件（「原則」逆送該当事件）イコール国民の信頼確保が必要な事件と判断したり、（一部でも）否認しているというだけで直ちに関与すべきと判断したり、否認し

---

[12] 証人尋問や少年に対する質問の順序については、刑事裁判のように、検察官（付添人）→付添人（検察官）→裁判官という形がとられるケースは多くなく、従来どおり、裁判官が先に尋問・質問を行う場合が多いようである。

第8章　少年審判における少年と裁判官のコミュニケーション①

ていなくても、将来何かあったらたいへんだ（将来否認する抽象的可能性）、「備えあれば憂いなし」との判断に基づいて検察官関与を認めるという状況は、非行事実ありとの認定を確保する方向であらかじめ検察官を用意しておくという意味で、一種の必罰主義的運用がなされていると評価できるように思われる。

　さらに第3の理由として、逆送後の刑事公判における検察官の活動に問題がある事例の存在を指摘しなければならない。刑事裁判においても少年の特性に配慮した運用がなされねばならないはずであるが、検察官の中には、情状に関し答えられない「理詰めの」問いを発し、少年が答えられないでいると「反省していない」と非難したり、少年の全人格を否定するような激烈な論告をする者がいるようである。このような論告を聞いて、少年の内省がとまるケースも指摘されている。このような検察官が、少年審判では突如少年の特性に配慮した活動をするとは考えにくい[13]。

4　成長発達権保障のための「事実認定の適正化」

(1)　少年法の理念と「事実認定の適正化」

　少年法の教育的機能維持、少年の成長発達権保障という観点からみるならば、実務の現状は必ずしも肯定的に評価できない。検察官関与をゆるやかに認める傾向が実務において固定されてはならないと考える。

　それでは、問題はどのように解決されるべきだろうか。検察官関与システムは「事実認定の適正化」のために導入されたものであるから、やはり、「事実認定の適正化」論を軸に据えて検討する必要があるだろう。もっとも、「事実認定の適正化」という言葉は多義的である。そこで、前提作業として、この言葉に含まれている多様な意味を分類・整理し、少年法の理念との距離をはかりながら、それぞれがどの程度の重みをもつべきなのかについて考察しておかねばならない。以下では、「事実認定の適正化」の意義を3種類に分けて検討する。

　第1に、「国民の信頼確保」と関わるが、検察官関与により少年審判の公正らしさが確保され、これが「事実認定の適正化」だ、という考え方が挙げられ

---

[13] 渕野貴生「逆送後の刑事手続と少年の適正手続き」葛野編・前掲注8書105頁参照。

る。手続の公正さの外観をもたらすことが「事実認定の適正化」と考えるわけである[14]。

このような観点は誰のために重要なのだろうか。また、検察官関与システムの導入によってこの意味における「事実認定の適正化」は達成されるのだろうか。被害者やその他国民にとっては、誰が少年審判に参加するかという問題は二次的なものにすぎず、結局のところ結論の正しさに注目すると思われるので、あまり効果は期待できない。また、少年にとっては、前述のような、取引や駆け引きが行われているという意味において、実質的には公正さが失われる可能性が高いのではないだろうか。その意味で、「国民の信頼確保」という意味における「事実認定の適正化」論によって検察官関与システムが正当化されるとはいえない。この観点は重視されるべきものではないように思われる。

第２に、「多角的視点の確保」と「対峙状況の回避」に関わるが、検察官関与により審理が充実したものになりえ、これが「事実認定の適正化」であるという考え方が挙げられる。検察官関与により審理が充実したものになることはありえない、と断言することはできない。しかし、先に指摘した改正前の議論のとおり、検察官関与によって充実するのは非行事実ありとの認定をする方向においてのみということになる可能性が高く、その意味でかえって審理が混乱する可能性を否定することはできない。例えば、草加事件の少年審判廷において、血液型の不一致を付添人が指摘したのを受けて、裁判官が検察官に照会し、検察官が「唾液と汗が混合してAB型の反応を示した」との書面を提出したことが想起されるべきである[15]。このようなケースにつき反省のなされないまま、検察官関与により審理が充実したものになると楽観的に期待することはできない。審理の充実という意味での「事実認定の適正化」論は、留保つきで扱わなければならないと考える。

少年審判における「事実認定の適正化」は、やはり少年法の理念である健全育成（少年法１条）、あるいは少年の成長発達権（子どもの権利条約６条）の保障、その中核たる意見表明権（子どもの権利条約12条１項、国連少年司法最低基準規則14.2、少年法22条）、手続参加権（子どもの権利条約12条２

---

[14] この点につき、前掲注９座談会38頁［守屋克彦発言］参照。
[15] 清水洋「草加事件少年審判の付添人活動」法学セミナー547号（2000年）30、31頁参照。なお、「汗」は後に「垢」と訂正されている。

項）の保障という観点から考慮されるべき問題だと思われる。すなわち、少年の成長発達権を保障する（侵害しない）プロセスとして機能すべき少年司法のもとにおいては、「少年が安心して自らのことばで語れる人間関係を保障されること」[16]、すなわち意見表明権を保障することが最優先事項であり、「事実認定の適正化」もこのポリシーのもとで議論されなければならない[17]。

この点に関し、事実認定の結果を重視し、非行を犯した少年に非行事実なしとすることは、健全育成の観点からも望ましくないという考え方もありうる。しかし、仮にそれが少年の主張を封鎖することにより実現されるのだとすると、少年の主張を封鎖することにより真実が発見されるのだろうかという疑問や、少年の主体性を傷つけるようなプロセスにより健全育成がはかれるかという疑問が生じる。やはり、少年が傷つけられることなく、尊重される審判過程、すなわち、少年と他者とのコミュニケーションが適切になされる審判過程を実現して正確な事実認定をすることが、少年審判において実現すべき「事実認定の適正化」だと思われる[18]。

(2) 手続参加権保障からみた「事実認定の適正化」論を具体化する必要性

それでは、前述の意味における「事実認定の適正化」は具体的にどのようにして実現されるのか。実務にさまざまな問題が生じたとき、人は直截に制度を変えようとする。検察官関与システムの導入もそうである。しかし、少年と他者とのコミュニケーションの適正化が「事実認定の適正化」の中核だとすると、制度という外枠よりも、まず少年と法律家のコミュニケーションのあり方そのものが具体的に検討されなければならない。

---

[16] 福田雅章『日本の社会文化構造と人権』（2002年、明石書店）507頁。
[17] 少年司法の「福祉的機能」から同様の帰結を導くものとして、服部朗「司法福祉からみた少年法『改正』」刑法雑誌39巻3号（2000年）425、428頁参照。少年の意見表明を少年の適正手続の本質たる手続参加権と捉えるものとして、葛野尋之『少年司法の再構築』（2003年、日本評論社）72～74頁参照。
[18] 積極的実体的真実主義を批判し、少年の手続への実効的参加の確保をうたいながら、「非行を行ったにもかかわらず、裁判所において非行事実なしという認定を受け、処分を免れることは、『裁判所を騙せる』ことを学ぶことになり、少年の教育に対して、望ましくない効果をもつことは否定できない」ことを強調する見解がある（斉藤・前掲注7論文62～65頁参照）。しかし、このような言説は、分析的・客観的証拠評価方法に基づき合理的疑いを超えた証明があるか否かを判断するというフィールドにおいては格別の意味を持たない。論者の意図はともかく、この言説は、少年の言い分が嘘であることを前提に、嘘を撤回させるための圧迫的質問の許容、嘘を暴くための補充捜査の積極的容認といった主張を正当化するレトリックとして機能してきた。その意味で、手続の参加権を保障するという観点から事実認定の適正化を導くべきことを前提にするのであれば、この言説がそのような機能を果たすのではないこと、そのような機能を果たす危険がないこと、そしてどのような機能を果たすことになるのかについて詳細な説明が必要であろう。

検察官関与システム導入の是非をめぐって交わされた議論を振り返ってみても、この少年と法律家のコミュニケーションに関する具体的検討が十分になされたとは思えない。検察官関与に反対する論者は、「『為にする弁解』を少年がしたとしても、それをじっくり聴いてやる……ことがなぜできないのか」[19]といったように、少年の主張に裁判官が耳を傾けるべきことを強調する。これに対し、「対峙的状況」の問題を強調する論者らは、「少年の言い分を聴くだけではなく、記録とともに少年の供述や主張を吟味する過程で、少年や少年の主張に沿う証人などに対して弾劾、批判などの活動を行わなければならない」[20]場面をクローズアップし、裁判官のみによる真相究明活動の困難さを強調する傾向がみられた。ここでは、少年の言葉を聴いた後のことがもっぱら問題とされている。このように、「少年の言葉を聴く」ということをテーマにした議論はすれ違いに終わったまま、重要な法改正が行われたのである。

　「対峙的状況」を強調する論者らが「少年の言葉を聴く」こと自体に注意を向けないのは、そのこと自体に困難を覚えていないからかもしれない。「私は少年の言葉にちゃんと耳を傾けている」と思っている裁判官に「少年の言葉を聴く」ことを強調しても、議論がすれ違うことは当然であろう。この問題につきかみ合った議論がなされるためには、少年と法律家のコミュニケーションのあり方につき、一般論、抽象論、精神論を超えた、具体的に議論の素材となるもの、「少年の言葉を聴く」ということの意味を深く考えさせるものが提供されねばならない。

5　草加事件における少年と裁判官のコミュニケーション

(1)　草加事件を検討する意義

　少年と法律家のコミュニケーションを具体的に検討するための素材を獲得する方策としては、実際のケースを検討して問題点を抽出してみることが最良と思われる。ここでは、草加事件の少年審判において裁判官と少年の間に交わされたコミュニケーションを検証したい[21]。

---

[19] 出口治男「非行事実審理のあり方について」荒木伸怡編著『非行事実の認定』(1997年、弘文堂) 241、273頁。
[20] 廣瀬健二「少年審判における非行事実認定手続」荒木編著・前掲注19書211、222頁。

草加事件は、「事実上の再審」とも位置づけられた民事裁判において、「非行事実なし」との結論で決着がついた事件である。したがって、非行事実を認定した家庭裁判所の決定は「誤判」であったということになる。少年審判の段階で少年達は冤罪を主張したにもかかわらず、その声は家裁の裁判官に届かなかった。つまり、草加事件は、家裁の裁判官が少年の声に耳を傾けることに失敗した事例なのである。少年法改正の契機となった事件の一つにつき、少年と裁判官とのコミュニケーションが実際にどのようになされたのかを検証しておくことの意義は大きいと思われる。そこにあらわれた問題点は、少年と他者とのコミュニケーション一般を考えさせる素材となり、また、検察官関与というシステム変更により諸問題が解決するのかをあらためて考えさせる素材ともなろう。

　検討対象は、草加事件の少年審判においてなされた少年と裁判官のコミュニケーション（少年質問の実際のやりとり）とする。検討資料としては、決定書と陳述調書を用いる。分析手法としては、そこに示されている対話そのもの（会話データ）を分析する会話分析の手法[22]を用いる。このような検討方法は、検証可能性という点からみて最善と思われる[23]。

(2)　決定書とその特徴

　本件では、2人の裁判官が関与している。A、B、Cの3少年について審理した裁判官をX裁判官、D、Eの2少年について審理した裁判官をY裁判官と呼ぶ。表3〜表6は、X裁判官、Y裁判官による決定書（以下、X決定、Y決定と呼ぶ）の抜粋である。**表3・表5**は、自白の任意性・信用性に関する判示部分であり、**表4・表6**は、少年院送致と判断した理由に関する判示部分である（波線は少年らの否認供述が信用できないとの評価に用いられた資料を、太字はその評価を、下線は少年らの否認供述に対し直接的に評価している箇所を示す）。

---

[21] 少年審判の実際を検討しその成果を公表することには種々の問題があるが、草加事件については、「非行事実なし」との結論が定まったこと、民事裁判における諸判決が公表され、事件の内容や証拠の内容もわかるようになっていること、今回検討の対象とした記録には少年や被害者等のプライバシーに関わることが含まれていないことなどに鑑み、ここに検討成果を公表することにした。

[22] 会話分析という手法については、さしあたり、海保博之＝原田悦子編『プロトコル分析入門』（1993年、新曜社）、高原脩＝林宅男＝林礼子『プラグマティックスの展開』（2002年、勁草書房）123頁以下参照。

[23] 陳述調書は、要約された形で記録されているのが通常であり、実際のやりとりそのものを記録したものではないので、微妙なニュアンスに至る点までの分析はできない。

表3 ● X決定書①

少年	自白の任意性・信用性に関する判示部分
A	少年は本件につき当裁判所に送致され、少年鑑別所に収容された直後から、終始、その事件当日には被害者に会ったこともない旨主張して、本件非行を全面的に否認する。 　しかし、<u>少年の員面及び検面、少年作成の警察署長に対する各上申書</u>は、いずれも少年及び共犯者らによる**本件非行を具体的かつ詳細に述べているもの**であり、**その内容に不自然不合理なところはなく、被害者の着衣、死体及び各現場の状況とも全く一致し**、さらに<u>これらの各供述に符合する関係証拠</u>、特に共犯者らの員面及び検面、少年及び共犯者らが非行を再現し、あるいは非行現場等を指示説明しているところを内容とする<u>各実況見分調書及び見分報告書、証人Cの当審判廷における供述等</u>に対比して、少年の否認供述はとうてい信用することができない。 　任意性も、……全く疑いはなく、警察官から暴行・誘導を受けたことをいう少年の当審判廷における供述は、<u>その供述全体を検討すれば、とうていその任意性に疑いを抱かせるに足りない。</u>
B	少年は本件につき当裁判所に送致され、少年鑑別所に収容された直後から、終始、その事件当日には被害者に会ったこともない旨主張して、本件非行を全面的に否認する。 　しかし、<u>少年の員面及び検面、少年作成の警察署長に対する上申書</u>は、いずれも少年及び共犯者らによる**本件非行を具体的かつ詳細に述べているもの**であり、**その内容に不自然不合理なところはなく、被害者の着衣、死体及び各現場の状況とも全く一致し**、さらに<u>これらの各供述に符合する関係証拠</u>、特に<u>共犯者らの員面及び検面</u>、少年及び共犯者らが非行を再現し、あるいは非行現場等を指示説明しているところを内容とする<u>各実況見分調書及び見分報告書、証人C、同E及びDの当審判廷における各供述等</u>に対比して、少年の否認供述はとうてい信用することができない。 　任意性も、……全く疑いはなく、警察官から暴行・誘導を受けたことをいう少年の当審判廷における供述は、<u>その供述全体を検討すれば、とうていその任意性に疑いを抱かせるに足りない。</u>
C	少年は本件につき、その事件当日には被害者に会ったこともない旨主張して、全面的に否認する。しかし、少年は本件につき当庁に送致されてきた際、<u>観護措置担当裁判官に対し自供しており</u>、少年鑑別所入所後も、同事件を全面的に認めるとともに反省悔悟の気持を現す内容の書面を作成して、担当の家庭裁判所調査官に提出し、<u>第1回の審判においても同事件を全面的に認める供述をしていた</u>ほか、共犯者A及び同Bの各第1回の審判においては、いずれも自らの保護者立会のもとに、証人として全面自供の証言をしていたものであるところ、その後最終審判（第2回の審判）が近づくに至って、俄にこれを翻して全面否認をするようになったものであり、しかも、それまで嘘の自供をしていた理由として述べるところは全く首肯し難いものであるばかりでなく、他方、<u>少年の員面及び検面</u>は、いずれも少年及び共犯者らによる**本件非行を具体的かつ詳細に述べているもの**であって、**その内容に不自然不合理なところはなく、被害者の着衣、死体及び各現場の状況とも全く一致し**、<u>これらの各供述に符合する関係証拠</u>、特に<u>共犯者らの員面及び検面</u>、少年及び共犯者らが非行を再現し、あるいは非行現場等を指示説明しているところを内容とする<u>各実況見分調書及び見分報告書、証人C、同E及びDの当審判廷における各供述等</u>に対比しても、少年の否認供述はとうてい信用することができない。 　任意性も、当庁に事件係属後のその自供の状況に照らしても全く疑いはなく、捜査段階において警察官から暴行・誘導を受けたことをいう少年の当審判廷（第二回審判）における供述は、<u>その供述全体を検討すれば、とうていその任意性に疑いを抱かせるに足りない。</u>

表4 ● X決定書②

少年	処分の理由部分
A	捜査官の取調の際、早くから自供しながらも、事件の全貌については、黙秘したり、いい加減な供述をするなど不誠実な態度をとり、さらに本件強姦及び殺人につき当庁に送致されてきた際、観護措置担当裁判官に対し自供しながら、**少年鑑別所に入所後、ただちに少年院送致処分を免れようとして、不自然な否認を固執し続け、……**
B	捜査官の取調の際、早くから自供しながらも、事件の全貌については、黙秘したり、いい加減な供述をするなど不誠実な態度をとり、さらに本件強姦及び殺人につき当庁に送致されてきた際、観護措置担当裁判官に対し自供しながら、**少年鑑別所に入所後、ただちに少年院送致処分を免れようとして、不自然な否認を固執し続け、……**
C	捜査官の取調の際に、本件殺人については早くから自供しながらも、事件の全貌については、いい加減な供述をするなど不誠実な態度をとり、さらに本件強姦及び殺人につき当庁に送致されてきた際、上記のとおり裁判官に対し自供しながら、**最終審判が近づくや一転して、不自然な否認を固執し、……**

表5 ● Y決定書①

少年	自白の任意性・信用性に関する判示部分
D	少年は、審判廷において、本件強姦の事実を全面的に否認する。しかし、少年は本件強姦事件が当庁に送致されてきた当日、観護措置担当裁判官に対して自供しており、少年の共犯者であるBに対する殺人、強姦事件の第1回審判期日にも証人として全面自供の証言をしていたものであり、他方少年の員面調書、少年作成の警察署長に対する上申書、検面調書は、いずれも少年および共犯者らによる**本件強姦の事実および前後の状況につき具体的かつ詳細に述べていてその内容に不自然、不合理なところはなく**十分に信用することができる。少年の否認供述は、少年の共犯者らの各検面調書、CおよびEのBに対する殺人、強姦事件の第1回審判期日における各証言、少年や共犯者らが犯行現場の状況を指示説明している実況見分調書などに照し信用することができない。 また、員面調書および少年作成の上申書の任意性は、司法警察員の当審判廷における証言に照し、少年の検面調書の任意性は検察官の当審判廷における証言に照して、いずれも任意性に疑いはない。A、B、Cらの検面調書の任意性は、Aらに対する第1回審判期日における取調検察官の各証言に照して、いずれも任意性に疑いがない。
E	少年は、審判廷において、本件強制わいせつについて事件当日には被害者に会ったことがないとして、事実を全面的に否認している。しかし、少年は本件強制わいせつ事件が当庁に送致されてきた当日、観護措置担当裁判官に対して自供しており、少年と行動をともにしていたBに対する殺人、強姦事件の第1回審判期日にも証人として全面自供の証言をしていたものであり、他方少年の員面調書、少年作成の警察署長に対する上申書、検面調書は、いずれも少年および共犯者らによる**本件強制わいせつの事実および前後の状況につき具体的かつ詳細に述べていてその内容に不自然、不合理なところはなく**十分に信用することができる。少年の否認供述は、少年の共犯者らの各検面調書、CおよびDのBに対する殺人、強姦事件の第1回審判期日における各証言、少年や共犯者らが犯行現場の状況を指示説明している実況見分調書などに照し、信用することができない。 また、員面調書および少年作成の上申書の任意性は、司法警察員の当審判廷における証言に照し、少年の検面調書の任意性は検察官の当審判廷における証言に照し、いずれも任意性に疑いはない。A、B、Cらの検面調書の任意性は、Aらに対する第1回審判期日における取調検察官の各証言に照して、いずれも任意性に疑いがない。

表6● Y決定書②

少年	処分の理由部分
D	（言及なし）
E	（言及なし）

　大雑把にみるかぎりにおいて、両決定には次の2つの共通する特徴を挙げることができよう。第1に、捜査段階の自白調書等の内容が具体的・詳細であり、不自然・不合理な点がみられないことのみを理由に、少年らの否認供述の信用性を否定していることである。ここから、裁判官と少年のコミュニケーションはほとんど調書の信用性判断に影響を与えていないことが示唆される。第2に、各決定につき表現上の差異がなく、均一・画一的であることが挙げられる。ここから、裁判官と少年らの各コミュニケーションにつき、特に少年ごとに差異がなかった（少年らの個性に応じて柔軟に情報を引き出してはいない）のではないかとの推測が立ちうる。
　次に各決定固有の特徴をみてみよう。X決定については、少年らの否認供述が不自然であり、「不自然な否認を固執し続けた」と評価していることが特徴的である。これは、裁判官と少年らのコミュニケーションが少年らの不利に働いたことを示す。少年らの物語は、本来のコンテクストを剥ぎ取られ、それと対置される裁判官の物語に組みなおされたともいえる。Y決定については、少年らの審判廷供述につき具体的に触れた個所が一切ないことが特徴的である。これは、裁判官と少年らのコミュニケーションが裁判官に何の影響も与えなかったのではないかとの疑問を生じさせる。

(3) Y裁判官と少年の対話

　それでは、各裁判官と少年との対話の様子をみていくことにしよう。まずはY裁判官からである。以下は、第1回陳述調書に記載されている少年DとY裁判官のやりとりすべてを記したものである。Y裁判官は、時系列に自白調書等の読み聞け・署名・指印をまずすべて確認していき、その後、嘘を言ったとの少年の主張につき発問している。

　　001　君は、警察、検察庁で調べを受けて調書をとられましたね。
　　　　　はい。

002 （少年の司法警察員に対する弁解録取書〔昭和60年8月4日付〕を示す）これにある署名、指印は君がしたものですか。
　　　そうです。
003 読み聞かされて署名、指印したのですか。
　　　そうです。
004 （少年の司法警察員に対する供述調書〔同年8月4日付〕を示す）これに君の署名、指印がありますが、読み聞かされて署名、指印したのですか。
　　　そうです。
005 （少年の司法警察員に対する供述調書〔同年8月7日付〕を示す）これにある署名、指印は君がしたものですか。
　　　そうです。
006 図面が2枚付いていますが、君が書いたのですか。
　　　そうです。
007 （少年の司法警察員に対する供述調書〔同年8月8日付〕を示す）この調書の署名、指印は君がしたものですか。
　　　そうです。
008 図面が2枚付いていますが、君が書いたものですか。
　　　そうです。
009 （少年の司法警察員に対する供述調書〔同年8月10日付〕を示す）この調書の署名、指印も君がしたものですか。
　　　そうです。
010 図面が付いていますが、君が書いたものですか。
　　　そうです。
011 （少年の司法警察員に対する供述調書〔同年8月13日付〕を示す）この調書の署名、指印も君がしたものですか。
　　　そうです。
012 （少年作成の同年8月15日付上申書を示す）この上申書は君が書いて署名、指印したものですか。
　　　そうです。
013 （少年の司法警察員に対する供述調書〔同年8月16日付〕を示す）この調書の署名、指印も君がしたものですか。
　　　そうです。
014 （少年の司法警察員に対する供述調書〔同年8月19日付〕を示す）この調書の署名、指印は君がしたものですか。

　　　　　そうです。
015　(少年の司法警察員に対する供述調書〔同年8月22日付〕を示す) この調書の署名、指印は君がしたものですか。
　　　　　そうです。
016　図面が付いていますが、君が書いたものですか。
　　　　　そうです。
017　(少年の検察官に対する供述調書〔同年8月5日付〕を示す) この調書の署名、指印は君がしたものですか。
　　　　　そうです。
018　(勾留質問を示す) この調書の署名、指印は君がしたものですか。
　　　　　はい。
019　裁判官に事実を読み聞かされ、まちがいないと署名、指印したのですか。
　　　　　はい。
020　(少年の検察官に対する供述調書〔同年8月20日付〕を示す) この調書の署名、指印は君がしたものですか。
　　　　　そうです。
021　(少年の検察官に対する供述調書〔同年8月21日付〕を示す) この調書の署名、指印は君がしたものですか。
　　　　　そうです。
022　今示した各調書について、いずれも読み聞かされてまちがいのないと署名、指印したのですか。
　　　　　はい。
023　(観護措置質問調書を示す) この調書の署名、指印は君がしたものですか。
　　　　　はい。
024　事実を読み聞かされ、そのとおりまちがいないと署名、指印したのですか。
　　　　　はい。
025　君は、B君の事件で証人として調べられましたね。
　　　　　はい。
026　そのときのことを覚えていますか。
　　　　　はい。
027　君は、そのとき事件を認める供述をしていたわけですが、今日はやっていないと言っていますね。何故前と変ったのですか。
　　　　　今迄やったと言っていましたが、やらないと言っても信じてもらえないと思って話を合せたのです。でもB君がやってないと聞い

第8章　少年審判における少年と裁判官のコミュニケーション①　　197

たから本当のことを言ったのです。
028　B君がやってないとどこで聞いたのですか。
ここで証人として調べられたときです。
029　なぜ最初からやってないと言わなかったのですか。
言ったけど刑事さんが信じてくれなかったのです。皆も認めていたので、俺1人だけが言っても信じてもらえないと思ったのです。

　このY裁判官とDの対話は、Y裁判官の決定書の書き方と同様、非常にあっさりしたものといえる。自白の任意性・信用性に関して直接的に発問しているのは［027］～［029］の3回しかない。少年の返答に対する反応もなく、ただ聞いてみただけ、といった感じである。Y裁判官の質問後、付添人が取調べの経緯について少年に質問しているが、これに対してもY裁判官は反応をしていない（再質問していない）。
　結局、Y裁判官は、形式的には少年に発問しているが、実質的に少年の声に耳を傾けよう（話を引き出そう）としていないことが明らかである。決定書に、少年の否認供述そのものに対する評価がまったく示されていないのも当然といえる。評価するだけの否認供述を引き出していないからである。

⑷　X裁判官と少年の対話
(i)　X裁判官のバイアス
　次にX裁判官とA少年との対話をみてみよう。以下は、第1回陳述調書に記載されている少年AとX裁判官のやりとりすべてを記したものである。X裁判官も、時系列に自白調書等の読み聞け・署名・指印を確認していくという方法をとっているが、その合間に適宜、任意性・信用性に関する質問を織り交ぜている。［問→答］のユニットは66あり、29しかユニットがなかったY裁判官の倍以上である。少なくともY裁判官よりは少年との対話がなされたといえる。

001　君は7月23日に逮捕されたのですね。
はい。
002　（昭和60年7月23日付少年の司法警察員に対する弁解録取書を示す）ここにある君の名前の署名、指印は君がしたのですか。

　　　　　　はい。
003　その時、書かれた内容を読み聞かされましたか。
　　　　　　はい。
004　（裁判官は同書面の少年の供述部分を読み聞かせた）これはどういうことですか。
　　　　　　（答えず）
005　何故、この書面に署名、指印をしたのですか。
　　　　　　自分はやっていないけど、警察に何度云っても信じてくれないから、切りがないから、でたらめを云ったのです。
006　でたらめで殺したと云ったのですか。
　　　　　　はい。
007　殺人というのは大変な責任を負うことは分っていたのですか。
　　　　　　はい。
008　（昭和60年7月23日付少年の司法警察員に対する供述調書を示す）ここにある君の名前の署名、指印は君がしたのですか。
　　　　　　はい。
009　その時、調書を読み聞かされましたか。
　　　　　　はい。
010　（裁判官は同調書を読み聞かせた）詳しい様子が書いてありますが、これはどういう訳なのですか。
　　　　　　（答えず）
011　（昭和60年7月24日付少年の司法警察員に対する供述調書を示す）ここにある君の名前の署名、指印は君がしたのですか。
　　　　　　はい。
012　その時、調書を読み聞かされましたか。
　　　　　　はい。
013　ここにも被害者を見つけてから、殺したということが書かれていますが、これは嘘ですか。
　　　　　　はい。
014　何故、嘘をつくのですか。
　　　　　　やってないと云っても絶対に信じてもらえなくて、切りがなくて。
015　最初に示した調書は君が逮捕された当日ですよ。
　　　　　　自分は云っていたのに……騙されたのです。
016　騙されたというのはどういうことですか。

第8章　少年審判における少年と裁判官のコミュニケーション①　199

皆んな云っているのだぞと。

017 （昭和60年7月24日付少年の検察官に対する弁解録取書を示す）ここにある君の名前の署名、指印は君がしたのですか。

　　　　はい。

018 その時、書かれた内容を読み聞かされましたか。

　　　　はい。

019 検察官は、君に他の者はやったと云っているぞと云いましたか。

　　　　云っていません。

020 （裁判官は同書面の少年の供述部分を読み聞かせた）これはどうなのですか。

　　　　嘘です。

021 何故嘘をつくのですか。

　　　　警察でも云っていたし、検事の処で嘘がつけないから。

022 何故本当のことを云わなかったのですか。

　　　　（答えず）

023 7月25日に、裁判所に勾留質問のため来ましたか。

　　　　はい。

024 裁判官から色々聞かれましたか。

　　　　聞かれました。

025 （昭和60年7月25日付少年の勾留質問調書を示す）ここにある君の名前の署名、指印は君がしたのですか。

　　　　はい。

026 そのとき、書かれた内容は読み聞かされましたか。

　　　　はい。

027 （裁判官は同調書の少年の供述部分を読み聞かせた）これはどうなのですか。

　　　　違います。

028 君が云ったから書かれたのではありませんか。

　　　　（答えず）

029 裁判官に何んと云ったのですか。

　　　　（答えず）

030 殺していませんと云いましたか。

　　　　殺していないとは云っていません。警察、検事さんに殺したと云ったからです。

031　裁判官から被疑事実を読んで聞かされましたか。
　　　　　（答えず）
032　君は裁判官に間違いありませんと云ったのですか。
　　　　　それは云いました。
033　裁判官に何故嘘を云ったのですか。
　　　　　（答えず）
034　殺人が大変なことは分っていたのでしょう。
　　　　　はい。
035　何故事実と違うと云わなかったのですか。
　　　　　（答えず）
036　何故嘘を云う必要があったのですか。
　　　　　（答えず）
037　（昭和60年8月10日付少年の検察官に対する供述調書を示す）ここにある君の名前の署名、指印は君がしたのですか。
　　　　　はい。
038　その時、調書を読み聞かされましたか。
　　　　　はい。
039　（昭和60年8月12日付少年の検察官に対する供述調書を示す）ここにある君の名前の署名、指印は君がしたのですか。
　　　　　はい。
040　その時、調書を読み聞かされましたか。
　　　　　はい。
041　この2通の調書は事件のことが詳しく書かれていますが、どうした訳なのですか。
　　　　　（答えず）
042　被害者に当日会ったこともないのに、何故こんなにも詳しく述べられるのですか。
　　　　　（答えず）
043　（裁判官は昭和60年8月12日付少年の検察官に対する供述調書5丁目表2行目から7丁目表の終りまでを読み聞かせた）これは嘘ですか。
　　　　　はい。
044　何故、嘘を云ったのですか。
　　　　　（答えず）
045　本当は事実を述べたのではありませんか。

違います。
046　(昭和60年8月3日付少年の司法警察員に対する供述調書を示す）ここに
　　　ある君の名前の署名、指印は君がしたのですか。
　　　　　はい。
047　その時、調書を読み聞かされましたか。
　　　　　はい。
048　(昭和60年8月7日付少年の司法警察員に対する供述調書を示す）ここに
　　　ある君の名前の署名、指印は君がしたのですか。
　　　　　はい。
049　その時、調書を読み聞かされましたか。
　　　　　はい。
050　(昭和60年8月8日付少年の司法警察員に対する供述調書を示す）ここに
　　　ある君の名前の署名、指印は君がしたのですか。
　　　　　はい。
051　その時、調書を読み聞かされましたか。
　　　　　はい。
052　(昭和60年8月9日付少年の司法警察員に対する供述調書を示す）ここに
　　　ある君の名前の署名、指印は君がしたのですか。
　　　　　はい。
053　その時、調書を読み聞かされましたか。
　　　　　はい。
054　(昭和60年8月12日付少年の司法警察員に対する供述調書を示す）ここに
　　　ある君の名前の署名、指印は君がしたのですか。
　　　　　はい。
055　その時、調書を読み聞かされましたか。
　　　　　はい。
056　本件で当裁判所に送られて来て、観護措置決定がなされるときに裁判官に
　　　会いましたか。
　　　　　はい。
057　その時、君が警察で述べたことは本当のことですかと聞かれましたか。
　　　　　はい。
058　君は何んと答えたのですか。
　　　　　本当のことを云いましたと云いました。
059　反省しているかと聞かれたときには何んと答えたのですか。

　　　　　　　反省しましたと云いました。
　060　裁判官に嘘を云ったのですか。
　　　　　　　はい。
　061　何故ですか。
　　　　　　　（答えず）
　062　反省していると云ったのも嘘ですか。
　　　　　　　（答えず）
　063　裁判官に何故嘘をついたのですか。
　　　　　　　（答えず）
　064　君が本件について何もしていないということについて君を救うことができるのは、裁判官しかいないということは分っていたのですか。
　　　　　　　はい。
　065　それならば、嘘をつく必要性が何処にあるのですか。
　　　　　　　（答えず）
　066　最後にもう一度聞きますが、君は被害者には会ったことも見たこともないのですか。
　　　　　　　はい。

　まず、X裁判官の発問内容から、X裁判官自身が有している一定のバイアスを抽出してみよう。A少年は、自分の主張を通すためには、それらのバイアスを取り除かなければならない。
　第1に、「裁判官にまで嘘を言うのはおかしい」というバイアス（バイアス①）が指摘できる。「裁判官に何故嘘を云ったのですか」（[033]）、「裁判官に嘘を云ったのですか」（[060]）、「裁判官に何故嘘をついたのですか」（[063]）という発問がみられる。「何故嘘を云ったか」という発問は10回なされているが、その中で嘘をつく相手が明示されるのは「裁判官に」のみである。裁判官に嘘をつくということがとても奇異なことに映っていることが窺われる。「君を救うことができるのは、裁判官しかいないということは分っていたのですか」（[064]）という発問もある。
　第2に、「殺人という重大事件につき、やっていない者が自白するというのはおかしい」というバイアス（バイアス②）が挙げられる。「殺人というのは大変な責任を負うことは分っていたのですか」（[007]）、「殺人が大変なことは分っていたのでしょう」（[034]）という発問がみられる。

第3に、「やっていない者がこのように詳細に供述できるはずがない」というバイアス（バイアス③）が指摘できる。「詳しい様子が書いてありますが、これはどういう訳なのですか」（[010]）、「事件のことが詳しく書かれていますが、どうした訳なのですか」（[041]）、「何故こんなにも詳しく述べられるのですか」（[042]）との発問がみられる。

(ii) 少年とX裁判官の相互行為

　少年はX裁判官にどのように対応しているだろうか。その特徴をみてみよう。

　少年としては、自分の有する物語（取調べにおいて、無実を訴えても聞き入れてもらえず、仲間が自白したと騙されたので自分も嘘の自白をしてしまった。いったん警察で嘘の自白をした以上、検察のもとでも裁判官のもとでも撤回することができなかった）を受け入れさせなければならないし、そのためには、裁判官の有しているバイアスを解消させなければならない。この大事を、裁判官の質問に答えるという形式で成し遂げなければならないわけである。したがって、少年が自己の物語をどれだけ説得的に語れるかは、裁判官がどのような質問をしてくるかに依存する。それでは、X裁判官の質問は、少年が自己の物語を説得的に語るにふさわしいものになっているだろうか。

　第1に、少年が本来語るべきことを直截に聞かない（返答すべき内容に直接対応しない質問形式）場合がみられる。このような場合、少年は素直に裁判官の質問形式に従ってしまうため、裁判官のバイアスに正面から反応することができない。「殺人というのは大変な責任を負うことは分っていたのですか」（[007]）という質問は、形式的には、「わかっていたか、わかっていなかったか」を尋ねるものであるが、少年としては「わかっていたが自白せざるをえなかった」理由を示さなければならない。しかし少年は「はい」としか答えられない。そしてX裁判官は、「わかっていたが自白した理由」を尋ねないのである。

　第2に、複雑で長い返答が要求される質問をする場合がある。少年はこれに答えることができない。「これはどういうことですか」（[004]）、「詳しい様子が書いてありますが、これはどういう訳なのですか」（[010]）、「事件のことが詳しく書かれていますが、どうした訳なのですか」（[041]）といった質問に対し、少年はすべて沈黙している。

裁判官の質問にのって自己の物語を十分に語れない少年は、1ヶ所、裁判所の問いに答えるという形式を破り、流れを変えようとしている。[030] のユニットがそうである。ここでX裁判官は「殺していませんと云いましたか」と尋ねている。これに対し少年は「殺していませんといったか否か」を答えて終わりとするのではなく、「警察、検事さんに殺したと云ったからです」と、真実を述べなかった理由も含めて返答している。これに対しX裁判官は、無視をするという形で応じている。殺していないと言わなかった理由を既に述べているにもかかわらず、X裁判官は、殺していないと言わなかった理由を問い続けるのである（[031]〜[036]）。

　少年の返答を無視するというパターンは他にもみられる（[014]〜[016] に続く [017]、[020]〜[021] に続く [022]）。同じ質問を繰り返すというパターンもこれと同種のものといえるかもしれない。前述のように、「なぜ嘘をついたのか」という質問は10回登場する（[014]、[021]、[022]、[033]、[035]、[036]、[044]、[061]、[063]、[065]）。[014] と [021] では、少年は理由を答えている。あとの8回については、沈黙している。説明してもすぐ振り出しに戻って同じ質問を繰り返されるのでは、少年は沈黙する他になかろう。

　このように、X裁判官と少年のコミュニケーションは、「返答すべき内容と乖離した質問形式」、「答えにくい漠然とした質問」、「少年の返答の無視」という3つの方法により、裁判官の強力なコントロールの下に置かれている。X裁判官には、少年の物語を聞こうとする姿勢はみられず、うまくしゃべることのできない少年から具体的な返答を引き出す努力は一切していない。X裁判官は、「本当は事実を述べたのではありませんか」（[045]）との質問に端的に示されているように、自己の物語（少年は非行事実を犯した）を崩そうとしていない。

　X裁判官の一連の発問は、少年の物語を具体的に引き出すためにではなく、少年の物語の撤回を迫る目的でなされていると解釈するのが妥当だろう。このような場においては、少年が問いに答えれば答えるほど、一方で少年は無力感を強め、他方で裁判官は不信感を強めていったであろうことは想像に難くない。少年の言葉の意味は、X裁判官の物語に沿って、読み替えられていくことになるのである。決定書でX裁判官が「不自然な否認を固執し続けた」と記したのは、その当然の帰結である。

(5) 示唆されること

　X裁判官もY裁判官も、少年に問いを発してはいる。しかし、彼らは少年の言葉を聴いてはいないのである。草加事件の少年たちは、裁判官とのコミュニケーションにより二重の被害を受けている。第1に、裁判官が少年の物語を聴かないことである。第2に、裁判官が自己の物語に固執し、その場を強力にコントロールしているため、少年は自身の主張が十分にできないことである。少年が自己の物語を語るためには、そうできるような場が設定されねばならない。その場を設定する第一の責任者は、もちろん手続の主宰者たる裁判官である。「少年の言葉を聴く」ためには、一件記録を検討して自ら構成した物語はひとまず脇に置き、少年の物語を聴く姿勢をもって、少年の物語を十分に引き出すような質問をし、少年の返答に十分に反応する必要がある。このような姿勢やコミュニケーション技術を習得していない裁判官の下においては、他に誰が関与しようとも、「事実認定の適正化」はありえないといわねばならない。

6　コミュニケーションの適正化と検察官関与システム

　以上のように、少年審判における「事実認定の適正化」の最優先課題は、裁判官と少年のコミュニケーションの適正化であり、実際に交わされるコミュニケーション自体の具体的検討である。検察官関与の問題についても、この最優先課題との関連で検討されねばならない。このような前提を踏まえたうえで、実務で最も争点となることの多い、検察官関与が「必要なとき」の解釈を中心に、「事実認定の適正化」に付与されている3つの異なる意味に即して検討してみよう。

　まず、裁判官や検察官が重視している、国民の信頼の確保という観点についてであるが、前述のように、これは結局「公正らしさ」の確保を意図するにすぎないものであり、必要性の考慮にあたって独立に考慮されるべきものではないと思われる。そもそも少年法22条の2第1項1号、2号が対象事件を限定しているのは、国民の信頼の確保という観点からそれらが重要な事件と考えられたからだと思われる。実務では、1号事件＝重大な事件＝国民の信頼確保のため検察官関与が必要な事件、と考える検察官や裁判官もいるが、

重大な事件か否かは、このような要件が規定されたこと自体ですでに考慮されているのであるから、屋上屋を重ねて「必要性」でそれを考慮するのは、二重の算入である。信頼確保という観点は、検察官関与に伴いかすかに期待される付随的効果にすぎず、付随的効果自体を目的として必要性を考慮するのは、規定の構造に反するというべきだろう。

「証拠の多角的収集・吟味」という観点や、「対峙状況の回避」という要素も、少年とのコミュニケーションを断つポリシーの表明にほかならず、「少年の言葉を聴く」、すなわち少年の意見表明権、手続参加権を保障するという大前提に反するものであるから、「必要性」で考慮されるべきものとはいえない。

結局、「必要なとき」とは、意見表明権の保障という文脈で解釈されねばならない。手続の主宰者は裁判官である以上、裁判官がまず少年と適切なコミュニケーションをとるよう努力しなければいけない。少年と適切にコミュニケーションをとりながら記録を点検していくという形態があくまで基本であり、そのようなコミュニケーションがうまくいかなくなった場合に初めて、他者の手が必要になってくるということができるのではないだろうか。

このようなアプローチによるならば、「必要なとき」とは、裁判官と少年のコミュニケーションが不全に陥る高度の蓋然性があり、このままでは少年の意見表明権、手続参加権を保障しながら事実認定をしていくのが困難だという状況がある場合のことだ、と解釈できる。したがって、まだ裁判官と少年がコミュニケーションをとっていない審判開始決定の時点で検察官関与が必要になる事例は考えられない。もしそのような状況が生じたとすれば、むしろその裁判官に固有の問題があることを意味するのであるから、裁判官の回避（少年審判規則32条）という形で処理すべきだろう。

なお、少年と他者のコミュニケーションの改善につき、まず配慮すべき地位にあるのは付添人であることを念のため指摘しておかなければならない。付添人の活動にもかかわらずコミュニケーション不全の蓋然性が高くなった場合に検察官関与が考慮されるべきである。その意味で、検察官関与を国選弁護士付添人を付す要件としているようにみえる少年法22条の3には問題がある[24]。

また、少年の手続参加権保障という観点からは、検察官関与につき少年の

---

[24] この点につき、武内謙治「公的付添人制度に関する検討」葛野編・前掲注8書160頁参照。

意見を表明すること、関与決定につきその理由が示されることが必要である。少年法22条の2第2項は、「検察官の意見を聴かなければならない」と規定しているが、これを反対解釈し、「少年や付添人の意見を聴かなくてもよい」との結論を導き出すことは妥当でないと考える。

　職権主義構造が維持されている以上、訴追官的役割を検察官が果たすことはできないはずであるし、公益の代表者という検察官の地位も、被害者等、特定の私人の利益を追求するものではないという意味にすぎず、積極的な意味を有しているとはいえない。裁判官と少年のコミュニケーションが不全に陥る高度の蓋然性が生じたときに検察官関与が必要とされるのであれば、検察官には、審判の協力者として、裁判官と少年・付添人の関係を修復させる役割を果たすことが期待されることになる。当然、検察官はそのような姿勢と技術をもたねばならない。一般的にそのような技術をもつことが検察官に期待できないのであれば、検察官関与システムは廃止したほうがよいだろう[25]。

7　おわりに

　これまでの検討をまとめてみよう。実務において検察官関与が認められる事件では、立法趣旨に沿って、かつ、さらに緩やかに「必要なとき」が解釈されているものが多い。しかし、立法趣旨の背景にある「事実認定の適正化」論は、少年法の最重要目標である成長発達権、意見表明権、手続参加権と抵触する危険を内包しており、実務の運用状況をみても、そのような不安を払拭させるものになっていない。「事実認定の適正化」は、あくまでもこれらの権利の保障を目的としなければならず、検察官関与システムもこの目標の下に組み直されるべきである。意見表明権、手続参加権の保障という点での最重要課題は、手続主宰者たる裁判官と少年のコミュニケーションの適正化である。実務に携わる者は、実証研究などを通して先例（良い例も悪い例もあわせて）に学び、しかるべき研修を受けることにより、少年の言葉を聴く技術

---

[25] 代わりに、このような役割を担うのに適した専門家の関与が検討されてもよい。なお、抗告受理申立制度は、前述のように事実認定の適正化を妨げる危険が高く、廃止されるべきである。検察官が関与した場合における一事不再理効の付与という制度も、同一形式の実体裁判であるにもかかわらず検察官が関与した場合にのみ付与されるというのは理論的にも説明がつかない。これも、検察官関与の有無にかかわらず一事不再理効を付与する形に改められるべきであろう。

を修得し、実践しなければならない。検察官関与は、裁判官や付添人の実践活動が、その努力にもかかわらず功を奏しない場合にはじめて認められるべきであり、検察官は、裁判官と少年の関係を修復する存在として行動すべきである。

　最後に、事実認定の適正化に関する議論は、やはり検証可能な事実に基づいてなされねばならないことをあらためて強調しておきたい。「事実認定の適正化」という標語のもとに、少年審判について語られることが多いわけであるが、それらの語りは、どれだけ開かれた、検証可能なものになっていただろうか。率直にいって、実務家は、経験に基づく印象・結論のみを語ることが多く、研究者は、理念に基づいた抽象論を語ることが多かったのではないだろうか。「少年の言葉を聴く」ことの意味というごく基本的なことについてすら具体的に議論が交わされることなく行われる「事実認定の適正化」とは何なのだろうか。少年審判の内部に立ち入って検討することには難しい面もある。しかし、第三者が入って直接記録等を検討する試みも始められている[26]。少年審判における事実認定過程についても、同様の試みをして、この領域における研究や議論を深化させるべきだと考える。最高裁が出しているような簡素なデータや、一部の実務家による印象論のみに基づいて、改正法の「見直し」がすまされてはならない。

---

[26] 家庭裁判所調査官研修所監修『重大少年事件の実証的研究』（2001年、司法協会）。

第9章
少年審判における少年と裁判官のコミュニケーション②

1　はじめに

　検察官関与制度の運用状況に関しては、数種の調査報告が出ている。このうち、最高裁判所事務総局家庭局が定期的に発表している『平成12年改正少年法の運用の概況』[1]および法務省による国会報告『少年法等の一部を改正する法律による改正後の少年法等の規定の施行状況に関する報告』[2]は、ただ数字が並んでいるだけであり、運用状況の分析がなされているとは言い難い。運用状況の調査・分析に基づく提言としては、日本弁護士連合会『「改正」少年法・5年後見直しに関する意見書』[3]、全司法労働組合『少年法「5年後見直し」にあたっての提言』[4]等がある。いずれも、検察官関与制度の運用を批判的に捉えている。

　これらの調査・分析に比較して、司法研修所編『改正少年法の運用に関する研究』(2006年、法曹会――以下『運用研究』)第5章(以下、「本章」)の特色は、施行後3年間の状況に限定されており、かつアンケートの対象者が裁判官に限定されてはいるものの、検察官関与の対象となる全事件につき調査を行っている点にある。その意味で、調査・分析が確かな技術に基づくものであるならば、かなり精度の高い分析結果が出てくることが期待される。したがって、今後の実務の運用に影響を与え、「5年後見直し」にも強い影響を与える可能性が高い。そこで、「本章」を概観し、「本章」の分析結果に基づくといかなる運用改善提言もしくは立法提言がなされるかを予測したうえで

---

[1] http://www.courts.go.jp/about/siryo/saiban/sonota/index.html
[2] http://www.moj.go.jp/PRESS/060609/060609-1.pdf
[3] http://www.nichibenren.or.jp/ja/opinion/report/060316_3.html
[4] http://www.zenshiho.net/syonenhou.html

（**2**）、「本章」がそのような提言を裏付けるものとなりうるかという観点から、「本章」の調査・分析方法および結果の妥当性につき検討したい（**3**）。

2　『改正少年法の運用に関する研究』第5章の概要

(1)　第1節

　「本章」は、「制度の導入」、「運用状況の概要」、「検察官からの申出があったが関与決定しなかった事例」、「アンケート結果」、「まとめ」の5節からなる。それぞれの内容につき、順に紹介する。

　第1節「制度の導入」（「本章」201～207頁——以下、本文中に挙げる頁数は全て「本章」のものである）では、検察官関与制度が設けられた趣旨、本制度の導入の経緯、関与検察官の役割、関与要件、関与決定が可能な事件の範囲、必要性、検察官の権限につき簡略に述べられている。本節の目的については説明がないが、「改正法の趣旨を踏まえた運用がされているかどうかを実証的に検討」（1頁）するという『運用研究』の目的に鑑みると、まず冒頭で立法趣旨を確認し、それを、次節以降においてデータ分析をする際の指標とすることを明らかにしたとみるべきだろう。

　立法趣旨等の説明につき特に目新しいところはないが、検察官関与を認めるべき必要性に触れた箇所において、「制度趣旨や導入の経緯に照らせば、主として検察官関与が求められるのは否認事件であり、かつ、少年側が『非行事実』の存否を激しく争う事例が典型的なものとして想定されていると考えられていた」（205頁）と述べつつ、注では、非行事実を少年が全て認めている場合にも検察官関与を認めるべき場合がありうることにつき国会で議論がなされていたこと、および、法令の解釈適用に争いがある場合にも検察官関与が認められるべきことを指摘している（206頁）点には留意しておかねばならない。

(2)　第2節第1款

　各種データの分析を行う第2節「運用状況の概要」（207～249頁）および第3節「検察官からの申出があったが関与決定しなかった事例」（249～259頁）が「本章」のメインとなる。第2節では、検察官関与がなされたケースについて、第3節では検察官関与がなされなかったケースについて、分析がな

される。

　第2節は、「統計的分析」、「2類型に分けての事例の紹介」、「検察官が関与した審理の実務」の3款に分かれる。前2款は主として検察官関与を認めた理由に関する分析、後1款はその他の手続に関する検討である。

　第1款では、第1目「ア　関与の契機」が登場する前に、相当量の叙述がなされている。そこでは、改正法施行後3年間で検察官関与決定がなされた事例が76件（72人）あることが示され、これらケースにつき、①罪名、類型別にみた特徴、②22条の2第1項1号、2号別にみた特徴、③審理期間等手続的観点からの特徴、④終局処分の状況について記載されている。殺人・傷害致死・強姦・強盗関連事件が検察官関与決定事例の95％以上を占めること、1号事件と2号事件の数がほぼ同じであること、観護措置がとられたケースがほとんどであること、審理期間は観護措置が認められる最長期間である8週間を超えるものが多いこと、終局処分が不処分となるケースはほとんどないことなどが指摘されている。

　「ア　関与の契機」では、検察官が関与申出をした事件は1号事件に集中していることが示されている。この傾向は、検察官関与決定がなされなかったケースを含めて検討しても同様だという。このデータから、「被害者死亡という重大な結果が生じた事件に対する検察官の関心の高さがうかがえる」（215頁）との解釈がなされている。また、裁判官が求意見をした事件には強姦事件類型が多いことも示されている。なお、この点については「被害者保護のための諸方策（遮へいの措置、ビデオリンクによる証人尋問等）を採るか否かを検討することをも含め、公益の代表者である検察官を審判の手続に関与させ、自らは中立公正な判断者の立場を保持しやすくすることが望ましいと考えられる事案が少なくないことを示している」（215〜216頁）と解釈されているが、強姦事件類型において求意見された割合が高いということのみからここまでの解釈まで引出すことができるかは疑問である。そのように考えている裁判官が多いという推測が限度であろう。

　「イ　証人尋問が行われた事件」では、72人中40人で証人尋問が行われ、2号事件、特に強姦事件類型においてその割合が高いことが示されている。証人尋問が行われなかった事件は32人と多いが、この点については「少年本人に対する質問等により、非行事実の成否等の判断が可能となるなどの事情があったものと思われる」（217頁）との推測がなされている。

「ウ　国選付添人が選任された事件」では、国選付添人が選任されたのが18人といったデータのみが示されている。

「エ　裁定合議事件」では、72人中21人において裁定合議決定がなされたことが示されている。検察官からの申出との関連性や事件類型等との関連性が明確に見出されないことから、「個々の事件における合議体による判断の必要性等がある程度そのままに反映されているものと思われる」(219頁)との推測がなされている。

「オ　観護措置の特別更新がされた事件」では、特別更新が認められる要件に合致する41人中31人で特別更新がなされていることが示されている。この数字につき、「非行事実の認定のために検察官が関与する事件に限らず、取り調べるべき証人の数が増えれば増えるほど審判期日も多数回を要することになりがちであり、必然的に審理期間が長期化する傾向にあるのもやむを得ない」(219～220頁)との評価がなされている。

「カ　検察官関与決定の理由」では、家裁が検察官関与決定をした理由、検察官の関与申出の理由、家裁の求意見理由に関するデータが示され、「検察官においては主として事案の重大性に関心を寄せているようにうかがえるが、家裁が、②事案重大のみを理由として求意見をしたものは見当たらず……、また、非行事実が争われる可能性があることを理由として求意見したものもなく、少年の否認等による事実関係の現実の争いの有無を求意見の主要な判断基準としているように思われる」(221頁)との解釈がなされている。家裁が関与決定をした理由については解釈・コメント等が付されていない。他に、被害者に対する配慮措置等を要するという理由により関与決定をしたケースが複数あること等が紹介されている。

以上のような統計的分析の後に、「キ　考察」が示される。とはいえ、これまでの分析結果を総括しているのではなく、「証人尋問の実施を中心に」検討がなされている。検察官関与の「必要なとき」の解釈をめぐり、非行事実の存否が激しく争われるような例外的事案に限られるという考え方と、事案が重大な場合には国民の信頼確保のため柔軟に関与を認めるべきという2つの考え方を紹介し、後者については、多角的視点の確保・対峙状況の回避という立法趣旨に鑑み不当とし、前者については、基本的には妥当としつつ、同じく2つの立法趣旨に鑑み、必ずしも証人尋問を行う必要性がない場合でも関与の必要性が認められる場合はあるとする。本款で検討したデータから当該

結論が導き出されているわけではなく、統計的分析とは独立した考察となっている。

(3) 第2節第2款

　第2款である「(2)　2類型に分けての事例の紹介」では、検察官関与決定がなされた72人につき、2つの類型に分けて事例の質的分析がなされる。第1類型は「少年の犯人性、アリバイの有無をはじめ、少年の行為と生じた結果の因果関係、少年の故意、被害者の承諾・同意等の有無、正当防衛、責任能力の有無等、非行事実の成否が争われ、その認定のために証人尋問、鑑定等が行われ、あるいは観護措置の特別更新をしたなどの事案」、第2類型は「犯人性そのものや犯罪の成立自体には実質的な争いはないが、少年が故意を争っているとか、少年自身が行った実行行為の態様、共謀の内容等の重要な関連事実に争いがあるとか、共犯少年は事実を争っているけれども、少年自身は事実をおおむね認めているなどから、他の客観的証拠関係等に照らして証人尋問等は行うことなく、少年本人に対する質問を実施しただけで非行事実の認定ができた事案」と定義されている。

　「ア　第1類型に属するとみられる事例」では、10事件の紹介がなされている。法的評価に関わる場合でも検察官関与が必要なことを示す事例（(イ)(ウ)）、対峙状況回避（家裁の中立公正さの保持）のために関与が必要なことを示す事例（(ア)(イ)(ウ)(キ)(ケ)）、多角的視点の確保のために関与が必要なことを示す事例（(キ)）、強姦等類型事件においては関与の必要性が高いことを示す事例（(エ)(オ)(カ)）、主観的要件が争われているにすぎないような事例においても関与の必要性が認められる場合があることを示す事例（(コ)）が紹介されている。対峙状況回避という側面から正当化される事例の紹介が多い。正当化される理由として、「保護処分に付した場合の処遇効果等も考えれば、少年側と対峙的状況に陥るわけにはいかない」（228頁）という点が挙げられていることが特徴的である。また、強姦等類型事件については、「被害者の証人尋問の際にビデオリンク方式……のような措置を執るべきかどうかについては、検察官に事前に検討してもらう都合上も、関与決定をするのが好ましい」（229頁）[5]、

---

[5] 日本語がおかしいが、そのまま引用した。「このような措置を執るべきかどうかを検討しなければならない事例においては……」という趣旨であろう。

「被害者の心情等にも十分に配慮しつつ証人尋問等を行わなければならず、さりとて少年側から家裁の中立公正さに疑念を抱かれるようなことがあってはならないから、家裁が自らを中立的な立場に置く方策の一つとして、……検察官を関与させる必要性が認められる」(230頁)といった正当化理由が挙げられていることが目新しい点である。なお、主観的要件のみが争われているような場合に検察官関与を認めてよいかについては争いのあるところだが、本目では、多角的視点の確保および対峙状況の回避という観点から必要性を認めるのが正当としている。総じて、本目における叙述は、各事例について詳細な分析をするというよりも、第1款の末尾に付された「考察」における解釈によるとどのような場合に関与決定が必要になるかという観点から、うまく適合する具体例を紹介するといった趣が強い。

「イ　第2類型に属するとみられる事例」では、4事件の紹介がなされている。㋐事件は、検察官から関与の申出があったことを考慮し、送致事実とは異なる事実認定をする可能性を理由に検察官関与決定をしたものだが、これについて「このような場合に、検察官関与の必要性が認められることについては、おそらく異論がないところであろう」(236頁)とのコメントが付されている。㋑事件は主観的要件を争ったものだが、対峙状況回避のため関与が必要な事案だったと評価されている。㋒事件は、事実認定ではなく事実の法律的評価が問題になった事案だが、これについては「殺人未遂罪により送致されたにもかかわらず、傷害罪に認定替えの上保護処分決定を行うに当たり、手続の適正さに配慮したものであろう」(238頁)と評価されている。ここで「手続の適正さ」という用語が初めて登場するが、この用語の意味につき説明はない。ただし、注において山﨑和信論文を参照するよう指示がある。当該論文には、次のような叙述があるので引用しておこう。

　　検察官の抗告受理の申立ては検察官関与の決定がされた場合に限られている……ことからしても、例えば、否認していることを理由として申出がある場合において、証拠関係からみて非行なしや一部認定落ちになりそうなケースについては検察官を関与させるのが相当であって、関与させずに非行なしなどとすることは一般的には相当でないであろう[6]。

---

[6] 山﨑和信「少年審判の事実認定手続の運用と課題」現代刑事法52号 (2003年) 38、43頁。

この叙述に鑑みると、「本章」における「手続の適正さ」とは、送致事実と異なる事実を認定（とりわけ、送致事実よりも軽い事実または非行事実なしを認定）する可能性がある場合には、検察官が抗告受理申立をできるように、検察官関与を認めることを意味するようだ。最後に(エ)事件であるが、少年が審判で事実を争わず、検察官も補充的質問をしたにとどまる事案であり、本目において、唯一「結果的には、検察官関与の必要はあまりなかった」（239頁）と評されたものである。

(4)　第2節第3款
　検察官関与決定の理由をめぐる検討をメインとしていた第1款、第2款とは異なり、ここでは関与決定に関わるその他の手続に関するデータの紹介がなされている。
　「ア　国選付添人の選任手続」では、事件受理から国選付添人選任までの実日数につき、「11日以上20日以内」のカテゴリーに属する事件が最多であること等のデータが示されている。選任までの期間だけではなく、事件受理から終局決定までの日数等も示され、例外的事件を除くと、結果として「終局決定に至るまでの事件全体をみた場合には、可能な限り迅速な処理に努めているといえるだろう」（242頁）と評されている。本目のタイトルは「国選付添人の選任手続」であるという点に鑑みると、終局決定に至るまでの事件全体をみる前に、事件受理から国選付添人選任までの実日数をどう評価するか、そして、必ずしも肯定的には評価できないのであれば実務がそうなっている原因はどこにあるかを解明しなければならないはずだが、これらの評価・分析はなされていない。
　「イ　事前打合せ」では、事前打合せが活用されていると評されている。根拠となるデータは正確には示されていない。「具体的事例の審理経過を通して見てきたとおり」（243頁）と述べられているが、前款で示された具体的事例は14件にすぎず、かつ、その中で打合わせがなされたことが示されているのは5件である。また、「対象期間を異にする……アンケート」（243頁）が別個に行われたようだが、その結果については、ここでは「事前打合せを行ったとの回答が多数に上って」（243頁）いると書かれているのみである。261頁には21件と書かれてあるが、何件中なのかは明示されていない。おそらく「55件中21件」ということだろうと推測する（259頁参照）が、この数字をもっ

て事前打合せが活用されていると評してよいのかどうかは、私にはわからない。

「ウ　審理計画の策定」では、迅速な審理を実現するために、打合せの席で検察官や付添人に対し、争点の所在等に関する意見を明示した書面を提出するよう依頼するなど、家裁がより主導的役割を果たすべきことが主張されている。また、アンケートの中で、裁判所書記官による進行管理の徹底、及び家裁調査官による社会調査着手の早期化という意見が出たことが紹介され、それを肯定的に評価している。本目は実証研究の結果を示したとは言いがたい。執筆者の主張がメインとなっている。

「エ　期日指定等」も同様であり、実証研究の結果ではなく、執筆者の見解のみが示されている。審判関与者の事前打合せの場を設定し、審判期日の予約をする必要等が主張されている。

「オ　証人の出頭確保」においては、アンケートにおいて証人の出頭確保を検察官に依頼した旨の回答が複数寄せられたことが紹介され、証人の出頭確保、事前の手順説明、被害者への配慮措置を講じるうえで被害者の意向確認、のために検察官を活用すべきであるとの主張がなされている。

「カ　証人尋問の順序・方法」では、証人尋問においても少年に対する質問においても、裁判官が最初に質問する場合と最後に補充的に質問する場合が半々に分かれるというアンケート回答結果が示されている。まず付添人が質問するケースが多いことについては、「少年・付添人側の現実的な欲求が存在し、家裁がそれを考慮している」（248頁）という推測がなされている。検察官が先に質問するケースについての考察はなされていない。

「キ　補充捜査のあり方」では、「検察官の指揮による適切な補充捜査が行われた結果、……（少年の）アリバイ主張が成立しないことが判明」（249頁）したというアンケート回答が紹介されている。実際に当該補充捜査が適切だったのか否かにつき、検討はなされていない。適切だったことを所与の前提としたうえで、「検察官が審判における争点を的確に把握でき、適切な補充捜査を指揮することで、捜査機関において的確な補充捜査が行われたのではなかろうか」（249頁）と評されている。

(5) 第3節第1款

第2節との対照として、本節では、検察官からの申出があったが関与決定

しなかった事例の分析がなされている。そのような事例は83人（87件）であり、関与決定事例よりも多い。第1款では、統計的分析の結果が示される。関与決定事例と対照させるという意味では第2節第1款と小見出し（目）をそろえるべきだと思うが、以下にみるように、かなり異なっている。すなわち、「ア　罪名別等」及び「イ　審理期間別等」で検討されている内容は、前節第1款の序説に相当し、「ウ　証人尋問実施の有無別等」は前節第1款イに相当し、「エ　検察官の申出理由別」は前節第1款アに相当し、「オ　家裁の関与決定をしなかった理由別」は「カ　検察官関与決定の理由」に相当する。前節第1款のウ、エ、オに相当する目は設けられていないが、関連データは各目に散らばって示されている。

「ア　罪名別等」では、関与の申出が多いのは傷害致死、強盗殺人、殺人であること等を示すデータが紹介され、「検察官関与事件における検察官申出にかかるものと同じく、検察官の1号事件に対する関心の高さが分かるように思われる」（251頁）と解釈されている。

「イ　審理期間別等」では、審理期間28日以内が最多であること、全件について観護措置がとられているが、付添人有りが多数であることなどのデータが示されている。データの解釈はなされていない。

「ウ　証人尋問実施の有無別等」では、証人尋問が行われたのは83人中2人であることが示されている。また、裁定合議事件は87件中29件であり、この数字から「検察官関与事件と裁定合議事件との間の関連性はさほど高くはない」（253頁）との前述の主張を反復している。なお、観護措置の特別更新がされた事件は1人とのデータも示されている。

「エ　検察官の申出理由別」では、事案の重大性を理由とするものが多いこと等を示すデータが示されている[7]。これらのデータから、「検察官には、1号事件等の重大で社会的影響も大きい事案においては、公益代表者として審判に関与すること自体が事実認定手続の一層の適正化の観点からは有意義であるとの意識があるように思われる」（253～254頁）との解釈が付されてい

---

[7] 253頁の分類と、検察官関与決定がなされた事案における申出理由を示した220頁の分類は、すべてについて微妙に表現が異なる。例えば、220頁では「事案重大」というカテゴリーが設けられているが、253頁では「事案重大（原則検送事件の指摘を含む。）」となっている。このような用語の不統一は問題である。表現の違いにとどまるのか、分類自体が違うのか、読者には判別しがたいからである。「その他」の扱いも異なり、220頁では「⑤その他」と一括例示されているのに対し、253頁では、そのような項目はなく、「その他には、⑤……、⑥……、⑦……等があった」と例示列挙されている。

る。

　「オ　家裁の関与決定をしなかった理由別」では、家裁が関与決定をしなかった理由が、「必要性なし」（47件）と「争いなし」（37件）の2種に大別されることが示されている。この2カテゴリーそれぞれの正確な意味については解説（定義）されていない。また、このデータにつき、特に解釈はなされていない。さらに、この2つのカテゴリーに属さない事件が3件あるはずだが、それらがどのような理由によるものだったかについては紹介されていない。

　なお、前節第1款には「キ　考察」が付されていたのに対し、本款では「考察」の目が付されていない。

(6)　第3節第2款

　ここでは、第2節第2款に対応して、検察官関与決定をしなかった事例が紹介されている。もっとも、紹介されている事例は5件にすぎない。

　「ア　争いなしを理由とするもの」では2件が紹介されており、前者については、「法律記録から……当時の状況等がほぼ明確になっていたようであり、少年の弁解を容易に排斥できる事案であったとみられ、検察官を関与させる必要性はさほど高くなかったと思われる」（255頁）と評され、後者については「多数共犯事件であり、そのうちの一部の少年が事実関係を争っている場合でも、直ちに全員につき関与決定をするのは相当でない。……種々の要素を総合考慮し、検察官関与の必要性を十分に吟味した上、真に検察官関与決定をする必要があるものに限り関与決定をする姿勢が望ましい」（256頁）との教訓が引き出されている。

　「イ　必要性なしを理由とするもの」でも2件が紹介されている。両者とも、記録のみにより事実認定ができる事案であったことが関与決定を認めなかった理由であろうと解釈されている。「ウ　その他」で紹介されている1件もほぼ同様である。

　第2節第2款では「考察」が付されていなかったが、ここでは「エ　考察」が付されている。紹介したデータを総括するものでなく、多数共犯による事案の考察に限定されている。否認を容易に排斥できるような場合には、必ずしも検察官関与の必要性がない旨の主張がなされている。前節第1款「キ　考察」と同様、データに基づく考察ではなく、執筆者の主張である。データは、当該主張に沿う運用がなされているという意味合いで紹介されているにすぎ

ない。

(7) 第4節第1款

　すでにそこかしこで登場していたところではあるが、この第4款（259〜267頁）において、全国の裁判官に対し行ったアンケートの結果が紹介される。どのようなアンケートを行ったのか、全般的な説明はない。第1款では、概要が示される。

　「ア　出席検察官の活動」では、検察官が証人尋問を行った際の被尋問者の内訳（共犯者が一番多い）、少年本人に対する質問に際し検察官が立ち会った例が多いこと、検察官が意見書を提出した例が多いこと、事前打合せを検察官と行ったとの回答が21件であったこと、補充捜査を依頼したという回答が5件あること、証人等の出頭確保を依頼したという回答が4件あること等が紹介されている。それぞれにつき詳しい分析はなされていない。なお、事前打合せに関する回答につき、執筆者は「意見書提出等と比べて積極的な回答が少なかった」（261頁）と感じている。その理由として、「第1回審判期日で終局決定を言い渡すことも少なくなく、そのような場合には期日の調整や証人尋問等の準備に関する事前打合せの必要性は高くない」（261頁）からとの推測がなされている。この推測が妥当か否かにつき、実証はなされていない。

　「イ　出席検察官の態度」では、少年や少年審判手続に対して配慮していたとの回答が多く、配慮が足りなかったとの回答はなかったことが示されている。もっとも、「厳しい雰囲気であった」という回答が6件、「刑事事件の訴追者・原告官のように感じられた」という回答が4件あった。これにつき、「アンケートからは、事案や検察官の活動の詳細を把握できず、手続の一部分でそのように感じられたところもあるというのか、あるいは検察官が関与して行われた手続の大部分でそのような雰囲気がうかがわれたのかなども分からない上、そもそも検察官関与決定がされたということは、裁判所と少年側が対峙的状況に陥りかねないような事態が想定されているのだから、検察官もそれ相応の厳しい口調や態度で臨まざるを得ない場面もあるだろうし、それがアンケート回答者によって『訴追官的・原告官的』と評価されたということなのかもしれない」（262頁）と推測している。厳しい口調や態度で臨まれた少年が十分に意見表明できたか否かについては、一言も触れられていな

い。

「ウ　出席検察官に対する評価」では、出席検察官の活動につき事実認定手続の一層の適正化に資するものであったという回答が多かったことが示される一方、「事実認定の上で、さほど有益であったとはいえない」との回答も12件あることが示されている。その理由として、「出席検察官が十分に役割を果たすことができるか否かは、関与決定時に家裁がその必要性をどの程度と判断していたかや、関与決定後の審理経過等とも関連し、検察官の責任だけではないと思われる」（263頁）といった推測がなされている。

(8)　第4節第2款

本款では、検察官関与対象外の事件で複数証人の尋問を実施した事件に関する分析がなされている。対象とされた188人につき、審理期間、観護措置がとられた場合の審理期間、終局処分についてデータが示されている。検察官関与の申出があったが関与決定しなかった事件の終局処分の中には不処分とされたものがなく、検察官関与事件においても非行なし不処分が2人であるのに対し、検察官関与対象外事件では非行なしを理由とする不処分が2割近くになること、観護措置の特別更新がなされた事例も多いこと等から、「検察官関与対象外事件についても事実認定上の問題点を含むものが相当数含まれているといってよい」（266頁）と主張している。非行なし不処分の割合が検察官関与対象事件と比べて多いことがなぜ問題とされるのか、理解しがたい。逆の主張、すなわち、対象外事件と比べて対象事件における非行なし不処分の割合が極端に低いことから、検察官関与事件には事実認定上の問題があるという主張も同等のレベルでできよう。つまり、このデータのみでは問題があるか否か、決着をつけることはできない。

(9)　第5節

最後に「まとめ」が付されている（267〜268頁）。これまでの分析結果を振り返り、「検察官関与制度は、おおむね改正少年法の趣旨に沿った運用がされている」（267頁）との評価が下されている。ただし、検察官関与の必要性が事後的にはさほど高くなかったと評価できるものもあることから、「家裁としては、できる限り早期に少年の言い分を聞き、その主張を把握して、これを慎重に見極め、関与決定の要否を振り分けることが重要」（268頁）と評

している。さらに、「検察官からの申出があったが関与決定がされなかった事件の中にも、家裁が複数の証人尋問を実施するなど、事実認定上の問題点がうかがえる事件も存在していた」ので、「今後とも検察官関与の必要性に関する運用が注目されるところである」(268頁)と述べている。そのような問題点がうかがえる事件が存在していたということは、ここで初めて言及されたものである。

最後に、家裁の公正中立さを保持するためには検察官関与が望ましいことが強調され、家裁が多数の証人尋問を行わざるをえない傾向がある事件は、検察官関与対象事件には限られないと指摘し、「これらの事件については、裁判所が直面する困難に対していかに対処すべきかを検討し、これからもなお一層の運用上の工夫、努力その他の方策によって、少しでも問題点の解消が図られることが望まれる」(268頁)という主張で締めくくられている。

3 今後の運用および「5年後見直し」にあたり「本章」が示唆するもの

『運用研究』は、「改正の趣旨を踏まえた運用がされているかどうかを実証的に検討し、その結果を今後の実務に活かそう」(1頁)という目的を持っている。また、施行後5年を経過した際に、施行状況についての検討結果に基づいて法制整備等の措置が講じられる(少年法附則3条)ことに関連して、「本研究報告はこの関係でもいくらかでも資するのではないかと思われる」(1頁)とも述べている。上記のような内容を持つ「本章」は、その検討方法および結果が妥当ならば、今後の実務および法制整備の検討に、どのような示唆を与えることになるのだろうか。

まず、検察官関与制度の運用に関し、基本的には肯定的な評価を得ることに寄与するだろう。例えば、事件の重大性を理由に検察官関与を認めているのではないかとの懸念に対しては、「本章」を援用し、「事件の重大性を理由に関与を申し出ているのは検察官だ。裁判官の判断は立法趣旨におおむね従っている」と主張することが可能である。また、補充捜査の問題についても、「検察官を介し、適切に行われている。問題ない」と主張することができる。

そのうえで、検察官関与をより拡張的に運用することに寄与するだろう。立法趣旨の中でもとりわけ「対峙状況の回避(中立公正さの保持)」という観

点を強調することによってそれは達成されうる。例えば、法的評価や主観的要件に関することで検察官を関与させることに対する批判に対しては、「問題になったようなケースは、いずれも、対峙状況の回避・多角的視点の確保という観点が入っており、問題はない」と反論することが可能である。また、「被害者が証人尋問したり意見陳述したりする場合には、検察官関与が原則必要だ」との示唆を実務に与えることにもなるだろう。少年に対して裁判官の中立公正さを保つことにも資するし、遮蔽措置等が必要か否かの判断や、証人尋問の際の事前準備についても検察官がいてくれると便利だという副次的効果ももたらすことになる。なお、この「対峙状況の回避（中立公正さの保持）」というキーワードは、検察官が訴追官的に行動している事件があるのではないかとの批判に対するエクスキューズとして使用できる。「本章」を援用し、「対峙状況を回避するために検察官を呼んでいるのだから、ある意味しかたないだろう」と主張することができるのである。そして、そのようなエクスキューズがしにくい場面では、「手続の適正さ」という観点を導入し、「非行事実なし決定が誤判だった場合、チェックできるのは抗告受理申立しかないのだから、記録上非行事実ありであることが明らかでない場合、検察官から申出があるならば、原則検察官関与決定を出すべきだ」といった形で正当化されることになる。

　さらに、実務において生じている諸問題につき、家裁の問題ではなく、他の関与者、あるいは制度の問題だと主張することにも寄与するだろう。結果的に検察官関与は必要なかった、という事案が存在するという問題に対しては、「それは結果論にすぎない。関与決定をした裁判所に問題があるのではなく、否認する可能性等が初期段階で具体的でないことに問題がある。このような事例を減らしたいなら、早期選別を可能にするために、関係者一同協力すべきだ。付添人は早く主張を明らかにせよ」と主張することが可能である。また、審理の遅延については、「家裁は精一杯迅速に処理できるよう頑張っている。国選付添人の選任も迅速にやっているし、事前打合せや審理計画の策定もやっている。でも、どうしても観護措置期間を超過してしまう。証人尋問の数が多かったり、鑑定が必要だったりするから仕方がない。社会調査の早期着手を含め、より迅速化・効率化に取り組まねばならない。関係者は協力せよ」と主張することができよう。

　加えて、このような「家裁以外の他の関与者」の努力に解消できない問題

につき、法改正を促すことになろう。前述の審理期間に関する事情は、観護措置期間のさらなる延長を促すことに寄与するだろうし、実務の現状が基本的に妥当なものと評価されることを前提に、対象外事件の拡大を促すこともできよう。

　問題は、これらのような主張を裏付けるに足るものとしての実質を「本章」の分析が備えているか、である。残念ながら、以下にみるように、「本章」の分析には問題が多い。

4　「本章」の評価

(1)　分析結果と考察の未分離性

　「本章」における執筆者の考察は、データの分析に基づくものなのか、そうでないのかが明確に書き分けられていない。そのため、漫然と読む者には、データの分析とは関係なく示された主張も含め、すべての考察が実証研究に基づくものと受け取られる可能性がある。このような誤読の危険を最小限にするため、**2**ではデータに基づく見解とそうでないものを意識的に書き分けて紹介したのである。

(2)　出典の不明示

　統計分析の対象となるデータがいかなるものなのか、読者にはわからない。例えば、「本章」220頁に挙げられている、家裁が検察官関与決定をした理由の分類は、おそらく裁判官に対しアンケートを実施し、その結果をまとめたのであろうが、そもそもどのようなアンケートだったのかは、本書の記述からはわからない。①ないし⑤が選択式で、⑥の「その他」のみが自由記述式だったとも考えられるし、すべて自由記述によるもので、①ないし⑥の分類は執筆者が独自の観点からまとめ、分類したものとも考えられる。この点、「家裁が挙げた理由を、ほぼそのままの表現で分類している」との注があるため（221頁）、自由記述式によるアンケートを執筆者が整理したと読むのが妥当なようだ[8]。だとすると、①「否認等で非行事実に争い」、②「非行事実の認

---

[8]　前述のように、検察官の関与申出の理由に関する一覧表は、同じ機会の調査と考えられるにもかかわらず、220頁後半の一覧と253頁の一覧ではカテゴリー名が微妙に違う点からも、アンケート自体は自由記述式で、執筆者が独自に分類したことをうかがわせる。

定に必要」、③「証拠調べ手続に検察官関与が必要」という3つのカテゴリーはそれぞれ重なり合う内容のように見えるため、それぞれのカテゴリーがどのような意義を持ち、どう区別されるのかが説明される必要がある。しかし、そのような説明は、ない。

また、個々の事例を具体的に紹介する箇所に関しても、基礎資料がどのようなものなのか、読者にはわからない。検察官関与の理由などは書面に記載され保存されるわけではないので、何らかのアンケートが行われたことはまちがいないが、基礎資料はこのアンケートがすべてなのか、審判記録等も取り寄せているのか、不明である。全ての事件において同種同量の資料が用いられたのか否かもわからない。

さらに、そもそも、裁判官に対するアンケートが何回行われたのか、何種類あったのかもわからない。前述のように、統計分析の箇所でもアンケートを用いている。事例紹介の箇所においても、基本的にアンケート回答によっていると思われるが、さらに、「アンケートによると」といった補充説明がなされている部分があるので、別の機会に行われたアンケートも用いているようである。そして、第4款では、対象期間外に終局した事例をも含む「アンケート」の紹介がなされている。

以上のように、本節で用いられたデータがいかなるものであるのかは全くわからない。わからないまま、分析結果のみを読者は受け入れなければならない。検証可能性もなく、反証可能性もない研究、と言わざるをえない。

(3) **選択的情報開示**

アンケートの回答結果等のデータおよび解釈がすべて示されているように見える箇所と、そうでない箇所がある。この点についても、**2**で意識的に書き分けて紹介しておいた。3(2)において挙げた点と同様、検証可能性・反証可能性を担保するという配慮に欠ける書き方である。

このような選択的情報提供を仮に受け入れるとしても、その選択の基準自体が示されていないことも多く、混迷の程はますます深まるばかりである。**2**にも記したが、事例紹介の箇所における事例の選択基準が不明なのがその典型である。「都合の悪い事例を隠しているのではないか」という疑念を抱く者に対し、「本章」は正面から応じることができていない。

第9章　少年審判における少年と裁判官のコミュニケーション②

(4) データ解釈の強引さ・解釈者のバイアス・データ収集方法の誤り

　データの解釈そのものにも牽強付会と言わざるをえない部分が散見される。「補充捜査が適切に行われた」というアンケート回答から直ちに、「関与検察官の的確な指揮のもと、的確な補充捜査が行われた」という結論を導き出している箇所がその典型である。裁判官に対するアンケートは、必然的に、裁判官の意識調査的意味合いを持つことになる。意識調査結果から客観的事象の評価を直ちに導き出すことができないことは、誰でも知っていることである。その他問題と思われる箇所は、前節においてその都度指摘しておいた。

　他方、意識調査結果から客観的事象の評価にダイレクトに導いていない箇所もある。その典型が、出席検察官の態度及び評価に関する分析の箇所である。そこでは、「刑事事件の訴追者・原告官のように感じられた」という回答や、「事実認定の上でさほど有益であったとはいえない」という回答につき、それらから直ちに「関与検察官には問題がある」という評価には結びつけず、このような回答では具体的な様子が明らかにならないので何ともいえないといった「慎重な」態度をとっている。これでは、「実務の現状に対する肯定的な回答か否かによって執筆者は態度を変えている」と評されても仕方がない。

　そもそも、出席検察官の態度および評価に関するアンケートは何のためにとったのだろうか。検察官の態度等に問題があるか否かを調査したいのであれば、当該回答をした者に対し、さらに、どのような点をもってそのように感じたのかにつき自由記述を求める欄を設けるなどして、より詳細な分析を可能にするだけのデータを獲得できるようアンケートをデザインすべきだろう。それをしないということは、「実務に問題がないということを示すためにアンケートをとったが、予想に反して否定的回答が相当数出てきたので、あわてて都合のよいように解釈したのではないか」との疑念を抱かれてもしかたがない。

(5) データ解釈にみられる不整合性

　「実務の現状を正当化するために」データ解釈に相当苦慮していると思われる箇所もいくつかある。

　第1に、事前打合せについてである。「今回のアンケートでも、事前打合せを行ったとの回答が多数に上っており、やはり多くの事例で事前打合せが活用されていることが裏付けられた」(243頁)と評する一方で、おそらく同じ

アンケート結果に対し、「積極的な回答が少なかった」（261頁）とも評している。この点に関してはこれ以上詳述する必要がないだろう。

第2に、「非行事実が争われる可能性」という理由をめぐるデータ解釈についてである。220〜221頁では、「検察官は非行事実が争われる可能性を理由に関与申出してくることが多いが、家裁はそのような理由で求意見することはない」と結論づけ、厳格な運用を家裁がとっているように印象付けられる[9]。他方、送致事実とは異なる非行事実を認定する可能性がありうるという理由で関与決定をした事例が紹介されているし（236頁参照）[10]、263頁では、出席検察官の活動評価につき「②事実認定の上でさほど有益だったとはいえない」との回答が12件あった理由として、「検察官の関与申出理由として、将来の争いの可能性を指摘するものが少なくなかったことも併せ考えれば、②のマイナス回答の中には、検察官関与決定をした時点で予想された事実認定上の争点が顕在化しないまま手続が終了した事例について、後から振り返って検察官の果たした役割を評価した場合に、さほど高い評価をすることができなかったというものが少なからず含まれているのではないかと思われる」と推測しているのである。このような推測が成り立つためには、事実認定が争われる可能性を理由に関与決定している裁判官が相当数いるということを前提にしなければならない[11]。

執筆者自体は、この問題に関し、「このような場合に、検察官関与の必要性が認められることについては、おそらく異論がないところであろう」（236頁）と述べたり、立法趣旨には入っていない「手続の適正」という観点から正当化したりしている。立法趣旨からは正当化できないことを自ら認めているのである。

---

[9] そもそも「非行事実が争われる可能性」とは一般的抽象的可能性を指す場合が多いのであり、検察官に対し、一般的抽象的可能性があるかを尋ねること自体ナンセンスである。そのような裁判官がいないことは当然といえよう。問題は、そのような理由で関与決定をする裁判官がどれだけいるか、である。
[10] 事案の重大性および少年が審判廷で否認する可能性を理由に検察官から関与の申出があり、実際に関与決定をした例として、葛野尋之編『「改正」少年法を検証する』（2004年、日本評論社）81〜82頁参照。
[11] 実際にそのような裁判官がどれだけいるかについては、220頁上に掲げられている分類表のもとになったデータをみれば明らかになる可能性がある。この分類表は、「非行事実が争われる可能性」というカテゴリーを作っておらず、この表のみからは正確なところがわからない。もっとも、元データをみても、「可能性」という言葉を使用していない可能性があることは否定できない。この点に関する調査目的に鑑みれば、自由記述方式を採らず、選択式を採ったほうがよかったのではないかと思われる。

(6) 視点のぶれ

　本書の目的は、改正法の趣旨を踏まえた運用がなされているかどうかを実証的に検討することにあったはずである（1頁参照）。しかし、上にみたように、立法趣旨からは正当化できないものについては別の観点を導入している。また、状況に応じて立法趣旨、とりわけ対峙状況の回避（中立公正さの保持）という要素をかなり拡大解釈している点にも注意が必要である。「保護処分に付した場合の処遇効果等を考慮すれば、少年側と対峙状況に陥るわけにはいかない」（228頁）、「被害者の心情等にも十分に配慮しつつ証人尋問等を行わなければならず、さりとて少年側から家裁の中立公正さに疑念を抱かれるようなことがあってはならない」（230頁）といった理由付けが許されるのであれば、どのような状況についても、融通無碍に「中立公正さの保持」という理由で正当化できることになりかねない。

　いずれにせよ、このように視点をぶれさせないと実務の現状を正当化できないことは明らかになった。

(7) まとめ

　このようにみてくると、「本章」は、①実務の現状を正当化したいとのバイアスに影響され適切な調査方法をとらず、②検証可能性・反証可能性を担保せず、一部の情報のみを紹介し、③その選択された情報の解釈にあたっても、実務の現状を正当化したいとのバイアスに影響され、歪んだ解釈をし、④さらには当初設定した解釈枠組みの変更すら行っている、といった特徴が指摘でき、妥当な調査研究とはとても評価できないもの、といわざるをえない。**3**に挙げたような主張をするために「本章」を援用することはできないのである。

　このような杜撰な研究になったのは、あるいは意外に単純な理由によるものなのかもしれない。執筆者らの調査・研究技術及び論文執筆技術が十分でないためにこうなってしまったという仮説も成り立ちえよう。実際、各節の意義・目的が明示されていなかったり、中見出しから最初の小見出しに至るまでに相当量の叙述（重要な点を含む）がなされたり、正確に対比させるべき箇所について論文の構成に反映させていなかったり、主張の根拠となるデータが示されていない部分があったり、先行関連業績のリファーがほとんどないなど、論文作成技術という点だけをみても「本章」には問題が多い。研

究を担当する実務家に対しては、当該研究に取りかかる前に、基本的な研究技法と論文作成技術をマスターしてもらわねばならないだろう。あるいは、そのような技術を既に持っている専門家・研究者に研究を委嘱すべきである。あわせて、このような専門家集団が当該研究の妥当性を検定できるよう、分析された情報を開示することも要請しておきたい。

　以上、内在的批判を主として行ってきたが、それだけで足りるわけではもとよりない。検察官関与制度については、そもそも立法趣旨が妥当か否かにつき激しい争いがあったのであるから、実務の現状を実証的に分析しようという場合、まず注目すべきは、弊害が生じているか否かであろう。すなわち、少年の意見表明権・手続参加権が侵害されていないかという観点から実務の現状をみることが最優先課題なのである。本研究にはそのような視点がまったく入っていない点が、なにより問題である。このような視点から実務の現状はどう評価されるか、そして、問題点を改善するためにはどのような方策が必要かについては、別稿を参照されたい[12]。

---

[12] 中川孝博「少年審判における『事実認定の適正化』」葛野尋之編『少年司法改革の検証と展望』(2006年、日本評論社) 74頁 (本書第8章) 参照。

第3編
司法制度改革下のコミュニケーション理論

第10章 裁判員制度と控訴審

1 はじめに

　司法制度改革審議会意見書は、裁判員を含む裁判体による判決につき、「裁判員が関与する場合にも誤判や刑の量定についての判断の誤りのおそれがあること」を考慮し、当事者からの事実（有罪・無罪の判定）誤認および量刑不当を理由とする控訴を認めるべきと述べた。他方、その場合のシステムのあり方につき具体的にデッサンすることは避け、「控訴審の裁判体の構成、審理方式等については、第一審の裁判体の構成等との関係を考慮しながら、更に検討を行う必要がある」と述べるにとどまった[1]。

　これを受けた裁判員制度・刑事検討会では、「たたき台」において5つの案が示され[2]、議論がなされたが、最終的には現行法どおりでいく方針を示した。この方針に沿って法案が作成され、可決された。控訴審については法改正が行われなかったのである[3]。

　もっとも、このことは今後の控訴審のありように変化が生じるべきでないとの態度決定がなされたことを意味するものではない。法改正がなされなかったのは、現行法令が裁判員制度に最もなじむものであるとの積極的選択がなされた結果とみることはできない。むしろ、理論的に明快で体系的にも整合性のとれた制度設計をするのが困難であったという消極的理由によると

---

[1] 司法制度改革審議会『司法制度改革審議会意見書——21世紀の日本を支える司法制度』(2001年) 107～108頁参照。
[2] ①現行法どおり、②控訴審では裁判官のみで審理・裁判を行うが、量刑不当および事実誤認については自判できない、③控訴審では裁判官のみで審理・裁判を行うが、事実誤認については自判できない、④控訴審では裁判官のみで審理・裁判を行うが、事実認定及び量刑不当に関する破棄理由を加重する、⑤控訴審でも裁判員が審理・裁判に関与し、覆審構造とする、の5つである。差戻審については、①新たな裁判員を選任して審理・裁判を行い、その他は現行法どおり、②新たな裁判員を選任して審理・裁判を行い、覆審構造とする、の2案が示された。
[3] ただし、裁判員法64条参照。

ころ大とみるのが適切だろう。実務における法運用あるいは法解釈に変化が生じることが大いに期待されているのである。

それでは、果たしてどのような変化が実務に生じるのであろうか。それは妥当な結果をもたらすものとなるのだろうか。本章では、事実誤認という控訴理由に焦点を当て、検討したい。変化をもたらしうる主要因は、裁判員制度が創設された背景にある一定の価値観であろう。そこで、控訴制度の改革に関する最近の議論において示された諸価値をまず整理してみよう。そのうえで、現行法の下でこれらの諸価値を考慮すると運用や解釈にどのような変化が生じるかを予測し、予測された結果が望ましいものといえるか否か、望ましい結果をもたらすためにはどのような運用・解釈がなされるべきなのかについて考察していきたい。

2 控訴制度改革案で考慮された諸価値

(1) 民主的正統性の確保

今回の司法制度改革において、控訴制度の改革に関しなされた議論には、大別して3つのポイントがあったように思われる。まず、裁判員による裁判の尊重である。市民が参加した裁判体による裁判は、それ自体重みがあるとの価値判断が種々の議論において表明された。その根拠は、市民参加という形態の民主的正統性に求められる。このような価値観によると、控訴審において裁判官のみの判断で原判決を覆すことは矛盾とみられることになる。「一般市民である裁判員の加わった結果の事実認定を裁判官だけの判断で否定すること……を許すことは、裁判員の影響力を最終的には否定することになる。それは、国民の司法への直接参加という制度の民主主義的意味を失わせるのではないか」[4]というのである。

このような価値の尊重を前提とした立法論の多くは次のようなものとなった。第1に、控訴審における事実認定のやり直しを認めない（あるいは限定的なものとする）ものである。第2に、控訴審における事実認定のやり直しを認めるが、民主的正統性を確保するために控訴審に裁判員を含ませるもの（その際に、原審よりも多数の裁判員を参加させることを要求するものが多

---

[4] 後藤昭「裁判員制度に伴う上訴の構想」一橋法学2巻1号（2003年）3、9頁。

い) である。

　控訴審の裁判体に裁判員を参加させるという法改正がなされなかった現状においては、この価値観に基づく主張は、事実認定を繰り返させない運用を主張する方向に収斂することとなる。例えば四宮啓は、「原審が裁判員制度で行われた場合、原判決には国民の意思が直接反映されていますから、従来に比べ、格段に第一審の判決を尊重する運用になるであろう」という認識の下、「裁判員裁判による判決に対する控訴を受けた控訴審は、原判決に破棄事由があるか否かを審理し、明らかに自判できる場合を除き、さらに証拠調べ等を行う必要があると判断する場合には原則として原審に差し戻し、差戻審では、新たな裁判員が参加する新たな合議体で審理判決することになります」と主張する[5]。破棄自判に終わるのが通常である現在の続審的運用を批判し、差戻しを原則とする事後審的運用によって、裁判員による裁判の民主的正統性が実質的に損なわれないようにすることが意図されている。

(2)　一審中心主義の尊重

　裁判員制度が構想される以前より、直接主義・口頭主義が徹底された第一審を当事者の攻防の中心とする一審中心主義の観点から控訴審の続審的運用に対し批判が加えられていた。もっとも、第一審においても「調書裁判」的運用が定着していたため、この実務の現状を前提とするかぎり当該批判は十分に力を持ちえなかったきらいがある。

　これに対し、裁判員が参加する裁判では、直接主義・口頭主義を徹底しないとそもそも機能しない。そこで、一審中心主義の要請が否応なく満たされていくと予想される。その結果、控訴審の運用に対する一審中心主義の観点からの批判はより力を得ることになる。例えば宮城啓子は、「裁判員が事実認定に加わることにより、第一審の審理にエネルギーが集中的に投入されることになるであろう……第一審の裁判体の出した結論を尊重すべきであるというルールが、現行制度よりさらに実質的な意味をもつことになる」[6]と述べる。

　このような価値観は、現行法の解釈論・運用論としては、事後審的性格を強めるべきことを前提に、原判決を破棄する場合には原則差戻しとすべきと

---

[5] 後藤昭＝四宮啓＝西村健＝工藤美香『実務家のための裁判員法入門』(2004年、現代人文社) 137頁［四宮啓執筆］参照。
[6] 宮城啓子「裁判員制度の導入と上訴」現代刑事法32号 (2001年) 57、60頁。

の主張に向かうことになる。結果として、民主的正統性という価値に基づく主張と同じものとなる。田口守一は、「制度的には、控訴審が裁判員の参加した原判決を破棄しまた自判しうることも、裁判官による判決の場合と同じである。しかし、裁判員制度の導入は第一審中心主義を格段に強化するものであるから、裁判官のみで構成されている控訴審としては、原判決を破棄する場合にも原則として事件を差し戻すこととなろう」[7]と述べ、民主的正統性という価値と一審中心主義という価値をミックスさせたような表現を用いている。

(3) 訴訟経済

　立法論の段階では、前述の２価値を中心に据えつつ、手続の繰り返しによる証人等の負担等を考慮して制度設計の優劣が論じられた。現行法の解釈論・運用論として、訴訟経済性を本格的に考慮した論稿は現在のところ見当たらない。もっとも、現在模索中である差戻審における審理のあり方をめぐる議論（そこでは訴訟経済性が大きな課題となる）は、控訴審のあり方に関する議論に影響を及ぼす可能性が高いと思われる。

3　これらの諸価値は今後の運用にどのような影響を与えるか

(1) 検討の視点

　これまで見てきたように、前述の諸価値に重きを置く見解は、細かな論点に関する主張はいまだ呈示されていないものの、現在のところ、控訴審をより事後審的性格を強めたものにし、破棄する際も原則差戻しとすべきと考えているようである。しかし、あらためて考えてみると、これらの諸価値は憲法に基礎を置いた権利論的性質を持つものではなく、政策的な性格を多分に有する。

　第１に、市民参加による民主的正統性の確保という価値は、市民参加による裁判を被告人の権利として要求する議論を基盤としていない。例えば、裁判員と裁判官双方を含む多数決評決制度（裁判員法67条）は、市民による裁

---

[7] 田口守一『刑事訴訟法〔第４版補正版〕』（2006年、弘文堂）462頁。白取祐司も、「とりわけ裁判員制度が導入され、一審判決の重みが増した改正後は、事後審であるという建て前は動かせないと思われる」と述べている（白取祐司『刑事訴訟法〔第５版〕』〔2008年、日本評論社〕448頁）。

判に対する違憲の疑義を回避するための方策であったことを想起すべきである[8]。

第2に、直接主義・口頭主義の要請はともかく、第一審を充実させるというコンセプトそれ自体は、基盤とする憲法規範を直接的には持たない。そして、控訴審構造論はもっぱら訴訟経済性を考慮した政策的な理論枠組みと捉えるべきである。

このように考えると、私たちは、以上の諸価値に基づいた主張を無条件に肯定すべきでなく、誤判からの救済に資する制度になっているかという観点（この観点は憲法31条に依拠することができよう）から吟味する必要があるだろう。

ところで、以上の諸価値に基づいた主張の論者が問題としている実務の現状——原則自判、続審化現象——は何に起因しているのだろうか。論者たちはこの点につき詳細に論じていない。これまでの第一審が市民参加形態をとっていなかったために控訴審は原判決を十分に尊重しなかったこと、そして、一審中心主義が貫徹されていなかったことに起因するのであれば、論者らの主張が実現されることにより問題は解決されるのかもしれない。しかし、原因は別のところに（も）あるとするならば、控訴審の事後審化が適切な処方箋となる保障は必ずしもなく、さらなる弊害を招く危険性すら生じさせかねない。

それでは、控訴審の現状をもたらしている要因は他にあるだろうか。破棄自判が原則になっているのは、事実誤認の有無が「合理的疑いを超えた証明」の有無で決定されているからである。そこで、控訴審における合理的疑いの運用状況に注目し、この危険性がどれだけ現実的なものであるかを検討してみよう。

(2) 控訴審における合理的疑いの運用状況と今後の運用の変化

私は以前、控訴審で事実誤認が争われた事件（1985年～1999年）の判決・決定につき、判決理由を検討したことがある。一定の疑いが合理的疑いといえるかについての叙述様式に着目すると、有罪判決破棄・無罪判決維持の事例と無罪判決破棄・有罪判決維持の事例とではかなりそれが異なっているこ

---

[8] 佐藤幸治＝竹下守夫＝井上正仁『司法制度改革』(2002年、有斐閣) 338～345頁参照。

とが明らかになった。すなわち、前者の事例群においては、具体的事情との連関でいかに当該疑いが合理的疑いと言えるか、詳しく論証する場合が多いのに対し、後者の事例群においては、原判決の証拠評価のどこに問題があるのか具体的に指摘せず自身の証拠評価のみを記したり、具体的な疑いに対し被告人に不利益な一般的説明によって克服しようとしたりするものが多い[9]。

このことから、控訴審における「合理的疑い」の程度は相当高度なものであることが示唆される。かなりの程度疑いの「合理性」が論証できると判断した場合でないと控訴審は有罪判決を破棄しないし、逆に、どのような疑いであれ、自身が「合理的でない」と思ったならば、十分な論証なしに合理的疑いの存在が否定されているのである。

このように合理的疑いが機能している状況において、前述の諸価値に基づく事後審化論に直面した控訴審はどのような運用の変化を示すだろうか。

まず、有罪判決破棄について考えてみよう。現在の控訴審裁判官は、前述のように合理的疑いを高度な説明可能性と捉え、有罪判決破棄に慎重になっている。そして、「事実誤認の疑い」でなく「事実誤認」が破棄理由となっている現行法の下では、合理的疑いの有無がその判断基準とならざるをえない。そのような状況において「第一審判決の尊重」を言うことは、「特別の高度な論証ができないかぎり、合理的疑いが存すると断言することはできない」と考えさせることになるだろう。合理的疑いを超えた証明を「社会経験上はその疑いに合理性がないと一般的に判断されるような場合」[10]などと定義するのが一般だが、この定義には、当該裁判官以外の社会一般の評価が織り込まれている。社会一般の承認が得られるか否かが定義の中で要請されているのである[11]。裁判員を含む裁判体による判決は、社会一般の評価を体現したものといえるから、この定義に従うならば、控訴審裁判官が有罪判決を

---

[9] 詳しくは、中川孝博『合理的疑いを超えた証明——刑事裁判における証明基準の機能』(2003年、現代人文社) 66〜85頁参照。
[10] 東京高判平成10年7月1日判時1655号3頁。
[11] 中川孝博「『合理的疑い』の果たすべき機能」季刊刑事弁護27号 (2001年) 44、46頁参照。近年、最高裁第1小法廷は、合理的疑いを超えた証明 (合理的な疑いを差し挟む余地のない程度の立証) について、「刑事裁判における有罪の認定に当たっては、合理的な疑いを差し挟む余地のない程度の立証が必要である。ここに合理的な疑いを差し挟む余地がないというのは、反対事実が存在する疑いを全く残さない場合をいうものではなく、抽象的な可能性としては反対事実が存在する疑いをいれる余地があっても、健全な社会常識に照らして、その疑いに合理性がないと一般的に判断される場合には、有罪認定を可能とする趣旨である」と定義した (最決平成19年10月16日刑集61巻7号677頁)。社会一般の承認が得られるか否かが定義の中で要請されているという、合理的疑いの日本における定義付けにみられる特徴は、ここでも踏襲されている。

破棄することは、「第一審の多数派裁判員は社会一般の感覚とずれた人たちである」旨を論証することに等しい。このような論証を回避するためには新たな証拠を調べて証拠的基礎を変化させるしかないが、無罪方向の有力な（それに依拠して合理的疑いの存在を厚く論証できるだけの）新証拠は滅多に出てこないのが現状である。かくして、自判か差戻しかを云々する以前に、そもそも有罪判決が破棄されるケースの数が大幅に減少する可能性がある。

それでは、無罪判決破棄についてはどうか。破棄自判という形が原則となっている実務の運用は、ある意味、慎重な運用のあらわれとも評価しうる。合理的疑いを超えた証明があったと確信できないかぎり破棄していないことを意味するからである。「事実誤認の疑い」でなく、「事実誤認」そのものが破棄理由となっている現行法の下で、事実の取調べは抑制せよ、そして差戻しを原則とせよと控訴審裁判官に要請するということは、合理的疑いの有無を基準とする「事実誤認」による破棄という手段を使用すること自体を抑制させ、代わりに、審理不尽という名目（実質は訴訟手続の法令違反）による破棄を多用する方向にシフトさせるのではないか。しかも、有罪心証に至らなくとも、「もう少し調べてみればよいのに」と思っただけで、破棄が可能となるのである。民主的正統性という価値はその歯止めにはならない。さらなる証拠調べの要請は職業裁判官に向けられたものだからである。したがって、現状において抽象的に破棄差戻しを原則だと要請することは、無罪判決が破棄されるケースが拡大する危険をもたらす危険性がある。

4　解決の方法

このような結果は、誤判救済という観点から望ましいものとはいえない。おそらく控訴審の事後審化論者も、このような結果を望んでいるわけではないだろう。事後審化論者の立場からこのような事態を避ける方法として、刑訴法382条の「事実誤認」を「事実誤認の疑い」と解釈する方策が考えられるかもしれない。自判することが必然的にできなくなる一方で、有罪「心証」を抱くほどにまで審査基準を高度なものに維持することが可能となるからである。しかしこのように解釈することは困難と言わざるをえない[12]。

こう考えてくると、事後審化を徹底することによって解決を図る以外の方策が必要ということになりそうである。有罪・無罪を決するポイントは合理

的疑いを超えた証明があるか否かに尽きる以上、この概念そのものにメスを入れることによって解決を図るのが本筋と考える。

　前述のように、日本では合理的疑いにつき、他者の納得可能性という要素を定義に組み込み、間主観的な概念と構成されてきた。日本の実務において合理的疑いが高度な疑いと捉えられてきたのはこの定義にも起因するところが大きい。しかし、あらためて考えてみると、不確定な蓋然性計算に依拠せざるをえない刑事裁判の世界において、ある疑いを合理的疑いと考えるか否かは、人により異なりうる。合理的疑いとは個人の疑いであり、主観的疑いであることを正面から認めなければならない。英米における「合理的疑い」もそのようなものとして誕生し、維持されている。

　もっとも、合理的疑いという概念は、個人の心証を示す概念にとどまらない。一般的抽象的には当該疑いが合理的疑いか否か意見が分かれうるのにもかかわらず、それでもなお、事実問題について判断する権限と責任を有する者すべてが合理的疑いを超えた証明があると判断すること（moral certainty）が、もう１つの意味である。一般人が納得するか否かを判断者自身が審査するのではなく、他者が審査するのでもない。現に判断者全員が疑問なしと判断したという状態が合理的疑いを超えた証明の十分条件となるのである[13]。判断者が裁判員か職業裁判官かはこの帰結に影響しない。

　控訴審における事実誤認の有無の審査基準も、このような合理的疑いの概念と整合性のとれたものとならねばならない。有罪判決破棄の場合は、心証の優越は一般に許される。控訴審で再度事実問題を争う機会を与えた以上、控訴審裁判官が主観的に合理的疑いを抱いたならば、その利益は被告人に与

---

[12] 現行法において事実誤認の有無を審査するには自ら心証を形成し、合理的疑いがあるか否かで判断するしかないとの見解を示していた後藤昭は、現行法が「事実誤認の疑い」でなく「事実誤認」と規定していることをその根拠の一つとしていた（後藤昭『刑事控訴立法史の研究』[1987年、成文堂] 309頁参照）。その後、後藤は裁判員制度と適合的な上訴制度として、自判でなく原則差戻しとすべきとする旨の改革案を示したが、その際に控訴理由を「事実誤認の疑い」と規定し直すべきと論じている（後藤・前掲注4論文12頁参照）のは示唆的である。

[13] したがって、多数決評決制は合理的疑いを超えた証明原則に反する。これに対し、「評決要件というのは、疑わしきは被告人の利益にと言いますか、合理的な疑いを超える証明が尽くされているかどうかを合議体として決めるルールであって、次元の違う問題であり、反対の意見が複数あれば疑わしい、ということになるわけではないのです。その点は、議論のレベルについて混同があるように思います」との見解がある（座談会「裁判員制度をめぐって」ジュリスト1268号6、22頁[井上正仁発言]）。反対の意見が複数あれば疑わしいということになるわけではない点については正しい。反対の意見が１人でもあればその裁判体は合理的疑いを超えた証明があったとの結論を出すことはできないのである。それがこの原則の発祥地である英米の伝統的理論の帰結である（中川・前掲注9書216～254頁参照）。論者が議論のレベルについて混同があると感じるのは、多数決評決制を無条件に前提としているからであろう。

えなければならないのである。したがって、控訴審裁判官は、原審裁判官の認定と関わりなく、第一審と同様の基準で、自由に判断すればよい。第一審の有罪判断が誤っていることを逐一論証する必要はない。

　しかし、無罪判決破棄の場合は、そうではない。なぜなら、控訴審裁判官の判断を優先させるならば、事実認定の責任を有する者すべてが合理的疑いを抱いていない場合にはじめて客観的に合理的疑いを超えた証明があったといえるという原則が崩れるからであり、それによって原審裁判官は高度な疑いを提示しなければならなくなるからである。控訴審裁判官が無罪判決を破棄できるのは、個人によって合理的疑いに関する判断が異なりうることを前提にしてもなお、原審裁判官の疑いが合理的疑いではないといえる場合でなければならない。すなわち原審裁判官の疑いはありえないということを指摘できなければならない。論理則違反等の存在を具体的に叙述し、原審の疑いが証拠に基づくものでない旨具体的に論証することが要請される。不合理であると一言ですませることは許されない。

　新証拠が新たに取調べられ、第一審と証拠の構造が異なった場合はどうか。この場合も、証拠の構造が異なったというだけで、心証の優越が全面的に許されることにはならないであろう。原審の疑いが論理則に違反した、証拠に基づかない疑いであると具体的に論証できないかぎり第一審の「合理的疑い」を否定してはならないという命題のコロラリーとして、事実の取調べが行われた場合にも次のことがいえるだろう。すなわち、新証拠と原審記録を総合評価したうえで、第一審の抱いた疑いを維持することが論理則違反になるという場合にのみ、無罪判決を破棄することが許されるとすべきである。例えば、目撃供述について、供述は一貫してはいるが、当該状況においては暗くて見えなかったはずであるとして第一審が無罪としたとする。この場合、控訴審で新たに鑑定が行われ、まったく見えない状況であったとはいえないという結果が出たとしても、暗くて見えなかったということはありえないことを具体的に論証できなければ、原審の疑いを否定できたとはいえないのである。破棄できるのは、例えば光源なしとの前提を原審がとっており、この前提が新証拠により崩れ、十分な光源ありと認定できるような例外的場合に限られるだろう[14]。なお、控訴審における積極証拠の新たな取調べは、当

---

[14] 以上の点につき、詳しくは、中川・前掲注9書261～315頁参照。

該証拠を調べることによって合理的疑いを抱くことはありえない旨論証できる蓋然性が高度である場合にのみ認められるべきだろう。

以上のように解することによって、控訴審における実務の運用は弊害なく望ましいものへと変化するだろう。このような帰結は前述の諸価値の意義を貶めるものでないことはいうまでもない。破棄自判無罪は、裁判員による裁判体の判断を非難するものではないし、破棄自判有罪は、水かけ論でなく、論理的にありえないことが論証できる場合、すなわち原判決を尊重すべき前提が欠ける場合にのみ行われるからである。

5 事後審化論における差戻し審のあり方

最後に、事後審化論によると差戻しが原則となるが、裁判員制度における差戻審の証拠調べはいかなる方式で行われるべきかについても触れておこう。刑訴規則213条の2第3号の準用という従来のやり方は、直接主義・口頭主義の徹底という価値に反する。原手続の証拠調べをビデオ録画し、それを流すことができるように規則を整備すべきだという意見もある[15]が、生の証言に接していないという点で書証の朗読との差は程度問題にすぎず[16]、またそのような運用は刑訴法321条の2が規定している要件を拡大する事態、あるいはそれに類似した事態となるであろうから、法律事項であり、規則で定められるものではない。直接主義・口頭主義の徹底という価値を貫徹するのであれば、現行法下では、証人尋問等、すべて一からやり直す以外にないと思われる。訴訟経済に反すること著しいが、やむをえない。この帰結を不合理と思う者は、むしろ、差戻しを原則とする事後審化論自体が本当に合理的といえるのか、再考すべきだと思う。

---

[15] 後藤ほか・前掲注5書142頁［四宮啓執筆］参照。
[16] 芝居のようにドラマティックなものには必ずしもならない実際の尋問を、ライブでない状況で延々と見せられることにどれだけの裁判員が耐えられるだろうか。

第11章
抗告受理申立制度

1　はじめに

　検察官に対する抗告受理申立権の付与という新制度が導入された理由は、「従来、少年側からの抗告のみが認められていたが、それ以外にも上級審による見直しの機会が全くないというのでは、被害者をはじめとする国民の納得が得られず、少年審判の事実認定機能に対する信頼も確保できないのではないか」[1]というものである。「被害者をはじめとする国民の納得」という抽象的なファクターが唯一の立法趣旨として挙げられたこと自体、この制度の危うさを示唆する。

　第1に、現実的・具体的な「被害者をはじめとする国民」は、最終的には結果に注目するのであり、抗告受理申立制度を設ければ少年審判における事実認定に直ちに納得するわけではない。したがって、審査制度を設けるのであれば、審査の中身それ自体もあわせて議論されねばならなかったはずである。そのためには、少年事件における「誤判」（非行を犯した少年が誤って非行事実なしとされた事例）がどれだけあり、それは上級審による審査があれば是正されたのか否かが実証的に検討される必要があろう。また、刑事裁判における控訴審による逆転有罪判決には国民の納得を得られなかったものも多いのであるから、刑事裁判における控訴審の現状を実証的に分析し、抗告審がミスを犯すという弊害との比較衡量、あるいは、そのようなミスを犯さないような審査のあり方が検討されてしかるべきであった。

　しかし、これらのような議論は、まったくなされなかった。抗告受理申立が認められ、実際に原決定が破棄される事案が出てきた現在、どのような審

---

[1]　岡健太郎「事実認定手続の一層の適正化」法律のひろば54巻4号（2001年）21、26頁。

査が抗告審においてなされているかを分析する必要がある。

　第2に、少年の有するさまざまな手続的権利を侵害する可能性についても十分な検討がなされていない。正面から議論されたのは、「二重の危険」、「少年の地位の不安定化の危険」という論点くらいではなかろうか[2]。むしろ、「少年側にしか不服申立が認められない現在の制度では、少年審判における事実認定や処分結果の信頼性に疑義が抱かれやすいといわざるを得ない。この点の改善を図る必要性は、少年の利益のためにも軽視すべきではあるまい」、「少年の社会復帰、改善更生のためにも審判結果が一般社会に信頼され受け入れられることが肝要である」[3]といったように、抗告受理申立制度を設けることが少年の利益であるかのような言説も登場したことに注意しなければならない。家庭裁判所において非行事実なしとされた少年の「社会復帰、改善更生」のために、手続について国民の納得を得る必要があるから、上訴制度が必要、という主張の趣旨は理解し難い。

　第8章で述べたように、少年審判における事実認定の適正化を進めるにあたって指標とされるべきなのは「手続参加権・意見表明権」の保障である。抗告受理申立制度も事実認定の適正化を指向したものである以上、手続参加権・意見表明権との抵触の可能性が真剣に検討されるべきであった。しかし、この点に関する議論はまったくなされなかった。抗告受理申立制度の運用実態を分析することによりこの問題を検討する必要性は現在高いといえよう。

　以上のような問題意識から、本章では、抗告受理申立制度の運用実態を検証し、少年の手続参加権を保障するという観点からその問題を抽出し、今後採られるべき方策について検討したい。

2　抗告受理申立制度に期待されている機能

(1)　家裁裁判官への効果

　前述のように、抗告受理申立制度の立法趣旨（果たすべき機能）は「被害者

---

[2] 例えば、抗告権を検察官に付与することが考えられていた時期のものであるが、服部朗「検察官関与をめぐる一〇の疑問」団藤重光＝村井敏邦＝斉藤豊治ほか『ちょっと待って少年法「改正」』（1999年、日本評論社）138、147頁参照。抗告受理申立制度を対象としたものとしては、甲斐行夫＝入江猛＝飯島泰＝加藤俊治『Q＆A改正少年法』（2001年、有斐閣）77頁参照。

[3] 廣瀬健二「少年審判における非行事実認定上の諸問題」猪瀬慎一郎＝森田朗＝佐伯仁志編『少年法のあらたな展開』（2001年、有斐閣）183、196、207頁。

をはじめとする国民の納得」である。この立法趣旨自体は、「少年側だけに抗告を認めているのはアンフェアーだという不満の解消」という程度のものにすぎない。本制度が設けられたことでその趣旨は満たされたともいえる。今後、「被害者をはじめとする国民の納得」というファクターが具体的な解釈論・運用論上の問題に直接的・独立的・一義的な帰結をもたらすものとなることは想像しにくい。

　もっとも、（元）実務家は、この制度が「事実認定の適正化」に関し別の機能を果たすことを予測し、かつ期待している。例えば廣瀬健二は、「訴訟においての審級制度というものは、実務をやられないと実感できないのではないかという気がするのです。……一審の証拠調べや判決がどう動くかということは、上訴審があるかないか、あったとして覆審なのか、事後審なのか、続審なのか、これによって全然違ってくるわけです。一審の審判運営は上訴審の在り方によって決定的な規制を受けるのです」、「決して上訴審におもねるとかということではなく、審査の可能性があるということになれば、その審査にたえ得るだけの審理・裁判をやろうという心構え、気配りが当然出てくるわけです」、「そうであるからこそ、弁護士会があんなに強く検察官抗告に反対していたのだと思います。それは、なければ圧倒的に有利だということを実務の実感としてよくわかっているからだと思うのです。しかし、そうであれば、極めてアンフェアな対応であるといわざるを得ないと思います」[4]と述べ、抗告受理申立制度により家裁の裁判官がより慎重に事実認定を行う可能性を認め、肯定的にその機能を評価している。

　また、伊東武是は、「検察官によって抗告受理が申し立てられるかもしれないという制度があることによって、審判を担当する裁判官は、自らの判断が、抗告審で審査に耐えれるだけの、できるだけ客観的なものにしようとする心理状態にもなり、このことによって、事実認定の適正化が図られる面も少なくないのである。これまでの少年側からの抗告制度は、裁判官に対し、証拠の十分な吟味もせずに安易に、少年に不利な事実を認定することを心理的に牽制する役割を果たした面があったが、新たな抗告受理申立制度は、これに加えて、証拠の十分な吟味もせずに安易に、少年に有利な事実を認定する（あるいは、不利な事実を認定しない）ことをも心理的に牽制することとなった

---

[4] 座談会「少年法改正の経緯と展望」現代刑事法24号（2003年）4、18頁［廣瀬健二発言］。

のである」と述べ、「この点が、抗告受理申立制度を新設した最大の意義といえるかもしれない」[5]と積極的にこの機能を評価しているのである。

しかし、抗告受理申立制度が存在しなかったために、証拠の十分な吟味をせず安易に少年に有利な事実を認定した事例が存在したという報告はなされていない。もっぱら実務感覚に依拠した主張である。自らの主張を反証可能な科学的議論として呈示しようとする姿勢に欠けた発言と言わざるをえない。

(2) 萎縮効果発生の危険

それでは、この「実務感覚」は正当なものと言えるだろうか。私は、刑事裁判の現状に照らして、大いに疑問に思う。刑事裁判においては上訴審が下級審の事実認定の当否を審査しているが、その審査方法は、一刀両断型、すなわち具体的・論理的に原判決の叙述を批判することなく、自身の見解を提示し、それと異なるから原審の事実認定は誤っていると述べるパターンのものが多い[6]。無罪判決を出そうとする下級審裁判官は、上訴審で破棄されないようにするためには、自身の抱いた疑いがなぜ合理的といえるのかについて必要以上に説明しなければならず、また、どれだけ詳細に記したとしても、上訴審は具体的説明なく、単に不合理と指摘することによって、原判決の結論を否定することが許されているのである。このような審査状況は、下級審の事実認定をより適正なものにするという方向にではなく、むしろ逆に、下級審裁判官を萎縮させ、上級審を説得するだけの具体的論証ができた場合にのみ「合理的疑い」の存在を認めるというメンタリティを涵養している。日本における「合理的疑い」の程度が不当に高くなっている原因の一つはこの点にあると考えられる。

抗告受理申立制度の下で行われる事実認定審査が、現在刑事裁判で行われているものと類似したものになるとしたら、刑事裁判におけるのと同様に、当該審査制度は家裁の裁判官に対する萎縮作用を働かせることになり、冤罪の発生を増加させる機能を営むことになるだろう。そこで、抗告受理申立制

---

[5] 伊東武是「抗告受理申立制度について」斉藤豊治＝守屋克彦編『少年法の課題と展望第1巻』(2005年、成文堂) 128、130〜131頁。
[6] 中川孝博『合理的疑いを超えた証明——刑事裁判における証明基準の機能』(2003年、現代人文社) 26〜107頁参照。一刀両断型の手法は、無罪判決を破棄する場合に多くとられている。

表1●抗告受理決定がなされた事件の結果

抗告審の結果	判断	人員
原決定取消し、差戻し	原審の非行なしとの判断に事実誤認がある。	3
抗告棄却		1
	原審の非行なしとの判断に事実誤認はない。	1

＊最高裁判所事務総局家庭局の統計による。

度が施行され、実際に申立が認められた事件において、抗告審がどのような審査を行っているかに注目しなければならない。

3　量的分析

　最高裁家庭局の統計[7]によると、2001年4月1日から2006年3月31日まで[8]に、検察官から抗告受理申立がなされた人員は5人である。対象罪名は、強姦が3人（うち2人は共犯）、強姦未遂が1人、強制わいせつ致傷が1人である。いずれも抗告審において抗告受理決定が出された。5人についての抗告審の結果は**表1**のとおりである。

　最高裁家庭局によれば、抗告棄却とされた2人のうち1人は、決定の理由中で、原審の非行なしとの判断には事実誤認があるが、その他の非行事実を併せて考慮すると主文（少年院送致）は変わらないと判示して、抗告を棄却したものである。また、抗告審決定に対し再抗告がされた人員は3人であり、再抗告審の結果はいずれも再抗告棄却であったとのことである。

　これだけのデータのみからは、具体的な分析・評価を行うことはできない。例えば、抗告受理申立件数が少ないことから、慎重な運用を検察官は心がけているという見方をとることもできようし、直近の1年で一気に5人の抗告受理申立がなされたことから、逆の見方をとることもできよう[9]。申立を裁判所がすべて受理している点についてもさまざまな憶測ができるが、確たることはいえない。

　注意すべきなのは、申立がなされた事例すべてが性犯罪事件であったとい

---

[7] http://www.courts.go.jp/
[8] 実際は、抗告受理申立がなされたケースは2004年4月以降の1年間に集中している。
[9] 「検察官が積極的に少年審判に関わろうとする動きの表れとも考えられます」との懸念を示すものもある。全司法労働組合のウェブサイト（http://www.zenshiho.net/syonenhou.html）内にある「第9回『改正』少年法運用状況調査結果まとまる」参照。

第11章　抗告受理申立制度　　247

う点であろう。周知のとおり、この種の事件にはさしたる物証もなく、被害者供述の信用性判断が決定的となるものが多い。それだけに判断が困難な事案が目白押しという推測が成り立つ。そこで、公刊されている抗告審決定を検討することにより、抗告受理申立事件の特徴と審理の方法について分析してみよう。

4 質的分析

(1) 分析の方法と対象

　決定書を対象として検討を試みることには種々の限界があるが、本章の問題意識から分析すべきなのは、抗告審はいかなる理由で原決定を批判しているかという点である。事実認定に関する結論の当否を問題とするのではなく、決定書の「書かれ方」に注目する「あとづけ可能性」分析手法を用い、決定書を検討したい[10]。この手法によれば、実際に証拠を検討することなく、かつ、分析者が証拠を評価することなく、事実認定に関する決定書の特徴を抽出することが可能となる。このような手法による分析は、直接証拠に接しえず、決定書を通してしか手続の結果を把握できない「国民」が、抗告審の決定に「納得」できるか否かという観点からも有用であろう。

　申立を受理した抗告審による決定書のうち、公刊されているものは3件ある[11]が、このうち、原審の決定書も併せて公刊されているのは、御殿場事件と呼ばれる事件に関する1少年のもの（東京高決平成16年12月20日刑集59巻2号88頁〔家裁決定〕、105頁〔抗告審決定〕）しかない。上級審の裁判書は、原審の裁判書を正確に紹介していない可能性があるため、原審の決定書が公刊されていない他の2件については検討の対象から外さざるをえない。両事件とも、さしたる物証もなく、被害者供述と少年の主張が対立し、両者いずれが信用できるかが争点となっている困難な事件であり、抗告審の決定書における叙述は、いずれも被害者供述の内容の自然性・体験供述性という「一般的には、……決め手となるほどの価値はない」とされている注意則[12]

---

[10] この手法については、中川孝博「情況証拠による事実認定に関する試論」大阪経済法科大学法学研究所紀要31号（2000年）89頁（本章第1章）参照。
[11] 仙台高決平成16年10月29日家庭裁判所月報57巻6号174頁、大阪高決平成16年12月8日家庭裁判所月報57巻8号104頁、東京高決平成16年12月20日刑集59巻2号105頁。
[12] 自白の信用性に関する評価ではあるが、司法研修所編『自白の信用性』（1991年、法曹会）42頁参照。

を駆使したものであることを指摘するにとどめておく。

(2) 御殿場事件抗告審決定の分析
(i) 決定書のマトリックス化

御殿場事件では強姦未遂行為の有無（及びその日時）が問題となり、被害者Kの供述の信用性が最大の争点となった[13]。前述のように、このようなシチュエーションは、性犯罪事件において事実を争う多くの場合と共通すると思われる。そこで、紙幅の問題も考慮し、ここではK供述の信用性に関する決定書の叙述に焦点を絞って検討したい。

後掲の**表2**（262頁）は、御殿場事件における家裁決定と抗告審決定の内容を簡易な方式でマトリックス化したものである。原決定を基準に、判断項目ごとに3ケタの通算番号をつけた。原決定の内容については、決定書に書かれてあるとおりの順序に並べている。それに対し、抗告審決定については、問題点に関する判断順序が原決定のそれとは異なるため、項目ごとに分解し、原決定の判断項目に対応させた。もともとの決定書における順序がわかるように、抗告審決定に付されていた見出し番号を記してある（「原番号」）。このように配列したのは、原決定を基準に、抗告審決定はそれをどのように批判しているかという観点から分析するためである。以下、この**表2**を参照しながら読んでいただきたい。

家裁の決定書をどのような形で批判しているかという観点から抗告審決定書を検討すると、「疑問に対する不正確な対応」、「説明不十分」、「水かけ論による一刀両断」、「論理則違反」、「無意味な事実取調べ結果の援用」という5つの特徴を挙げることができた。順に紹介する。

(ii) 疑問に対する不正確な対応

本件抗告審決定には、原決定の指摘する疑問に対応した叙述をしているように見えて、実は正確に対応していないものが多い。

① 「供述の詳細な検討①」部分（通算番号［009］）

原決定は、Gの特徴につき、前に作成された員面調書には一切叙述がないにもかかわらず、後に作成された員面調書の内容には詳細に書かれてあるこ

---

[13] 手続経過の詳細については、田中薫＝正木祐史「御殿場少年事件——少年の権利をどう保障していくか」季刊刑事弁護42号（2005年）116頁参照。

第11章　抗告受理申立制度　249

とに疑問を抱いている。これに対し、抗告審決定は、K証言に依拠し、面通しの際に誘導がなかったこと等をもって答えている[14]。しかし、原決定によれば、詳細な内容の員面調書は面通しの前に作成されている。原決定の「面通し前に同女に対し捜査官の暗示・誘導があった可能性を否定できず」という表現は、面通し直前のことを意味するものではなく、それ以前の供述段階も含んでいるものと解すべきであるが、抗告審決定はこれを正確に理解していないようである。面通しでなく、員面調書作成時における暗示・誘導の疑いは、K証言により解消される性格のものではない。

② 「検察官の主張［２］［３］に対する応答」部分（通算番号［017］）

原決定は、被害日時等に関する供述を変遷した理由に関するKの供述それ自体の推認力を問題にしているのに対し、抗告審は、変更したKの被害日時等に関する供述やその他の事情を総合評価したうえでの「供述の変更の合理性」を問題にしており、かみ合っていない。その結果といってよいだろうが、反対仮説を提示する原決定に対し、抗告審は「問題は、そのような可能性を考慮しても、なおKの供述が信用に値するか否かにある」と問題を設定し直し、「１つの可能性に過ぎない推論をあたかも真実であるかのように過大に評価した」と批判している。このように問題をすり替えることにより、原決定の反対仮説がなぜ消去されるのかにつき具体的説明をしないまま原決定を批判することが可能になっている。

③ 「検察官の主張［５］に対する応答」部分（通算番号［019］［020］）

抗告審は、O供述がKの供述と整合している点の指摘から出発しているが、原決定もそれを前提にしているところであり、原決定に対する批判としては無意味である。さらに、O供述と秋葉供述には変遷や曖昧さがみられるという原決定の疑問に対し、「相互に補完し合っており、具体的で、不自然、不合理な点はなく」と応答している。かみ合っていない。

④ 「検察官の主張［６］に対する応答」部分（通算番号［021］）

報道の影響による記憶の変容があったのではないかと原決定は疑いを呈示している。これに対し抗告審決定は、「具体的で不自然、不合理な点はなく、相互に補強し合っていて十分に信用できる」と論理的にかみ合わせることな

---

[14] 証言時における写真面割の結果をも援用しているが、暗示・誘導が仮に行われたのだとしたら「再認のくり返し」に意味はないことにつき、抗告審は理解が足りないようである。「再認のくり返し」については、中川・前掲注6書144〜146頁参照。

く自身の結論をまず提示する。M供述の一貫性を指摘しているが、報道による記憶の変容が無意識になされたのであれば、一貫した供述をするのは当然であり、反論になっていない。結局、報道による記憶の変容という反対仮説については論理的に消去されないままになっている。

⑤ 「検察官の主張［8］に対する応答」部分（通算番号［024］）

　原決定は、木下供述につき、少年に対する取調べ状況に関する記憶自体かなり曖昧であること、及び少年の１週間位前であった日に関する木下供述が変遷していることを指摘している。つまり、少年に対する取調べに関する記憶が全体としては曖昧であるにもかかわらず、犯行日に関する申立だけは明瞭に供述し、かつそれが変遷していること等を総合評価して、虚偽供述の疑いを呈示しているわけである。これに対し、抗告審決定は、これらの「総合評価」を分断し、記憶については「若干曖昧ではあるが」、犯行日に関する供述については「内容も明確」と個別に評価している。被害日時等に関する供述変遷の理由の合理性に関する評価の部分（［017］）と正反対の手法がとられている。

ⅲ 説明不十分

　「供述の詳細な検討③」部分（通算番号［011］）で問題とされている「ライトアップされたときにやめた人もいたけれども」というK供述は、わいせつ行為の被害を受けている途中に見た記憶を語っているものと受け取るのが自然である。それを前提に問題点を指摘した原決定に対し、抗告審決定は、被害を受けている時の話ではないと述べ、「弁護人の反対尋問でやや混乱して答えた点を捉えて」いるため証拠評価を誤ったと断じている。混乱して答えたのか否かに関しては具体的事情の説明がないため、決定書だけを読むしかない「国民」は、抗告審が正しいのか原審が正しいのかまったくわからない。

ⅳ 水かけ論による一刀両断

① 「供述の詳細な検討④」部分（通算番号［012］）

　Lとの交際につき、「本件被害を忘れ、その直後の心の痛手を癒してもらえる男性を探すためにした行動であると捉えることはできない」と論じる原決定に対し、抗告審決定は、根拠を示すことなく不自然・不合理でないという結論のみを述べ、原審に対し「独自の価値感を前提とするもの」と非難している。

② 「供述の詳細な検討⑤」部分（通算番号［015］）

不自然だとする原決定に対し、抗告審は実質的に不自然ではないとのみ答えている。
③ 「供述の詳細な検討⑥」部分（通算番号［016］）
　整合性がないとする原決定に対し、抗告審は、物理的に不可能ではなく、また不自然ではないとのみ答えている。抗告審の結論に立つと、Ｉは、自身が強姦未遂行為を行った直後あるいは直前、強姦未遂行為を仲間が行っているその脇で、「自然に」突如アルバイト先を探すために電話を2件かけたことになる。
④ 「検察官の主張［6］に対する応答」部分（通算番号［022］）
　［021］と同じく、まず自身の心証を提示したうえで原決定に反論している。供述の変遷があるという原決定の指摘に対し、供述の変遷があるとはいえないと反論しているが、そう評価できる根拠は示されず、結論のみが指摘されている。

(v) 論理則違反
① 「供述の詳細な検討②」部分（通算番号［010］）
　Ｆのズボンの色につきＫ供述がＦ供述と異なる点を指摘する原決定に対し、抗告審は上半身の服装については一致していると説明しつつ、下半身の服装については、Ｆ供述全体が曖昧な記憶からなされたことを指摘し、両者の供述が異なっていても不自然ではないと評価している。1つの供述を場面に応じて正反対に評価している。
　なお、抗告審決定は「看過し難い不自然さがＫの供述にあるとまではいえない」と指摘し、「些細な差異を殊更に取り上げているものと言わざるを」えないと批判しているが、原決定は「不自然な点がある」としか述べておらず、当該事実が非行事実の認定に際しどの程度の重みを持つものかについては言及していない。
② 「検察官の主張［7］に対する応答」部分（通算番号［023］）
　抗告審決定は、記憶保持の程度や確かさが高くなっているという意味においてＲ供述はＫ供述を支えるものと言えると述べているが、この推認は、Ｋ供述が信用できることを前提にしないと成立しない。ドイツであれば、「循環論法の危険」と指摘されるような表現[15]である。ベイズの定理によれば、Ｋ

---

[15] 中川・前掲注6書130～133頁参照。

供述が信用できるとしてR供述が存在する蓋然性と、K供述が信用できないとしてR供述が存在する蓋然性を比較しなければならない。原決定の「このことはKが平成13年9月9日の記憶を有していることを推認させるに止まり」とは、正確な表現とはいえないが、後者の蓋然性のほうが高いと判断したと解釈できよう。この原決定の叙述を批判するためには、なぜ前者の蓋然性が高いのかが説明されねばならない。

③　「なお書き」部分（通算番号［026］［027］）

　抗告審決定は原決定の結論に添えられた「なお書き」に対し、「結論を先取りするもの」と論理則違反を指摘している[16]が、そうとはいえない。原決定は、「上記の検討結果に照らせば、その間に本件被害にあったと推認することは困難である」と述べている。ベイズの定理に即して理解するならば、この表現は、被害にあったためにメール送信等が行われなかった蓋然性に比べて、被害にあったのではなく別の理由でメール送信等が行われなかった蓋然性のほうが高いと述べているだけである。結論先取りでもなく、検討が十分でないともいえない。抗告審は、事実の取調べによって得られたK供述を援用し、「本件被害事実を推認する重要な間接事実」と述べているが、被害にあったためにメール送信等が行われなかったとすれば、当該K供述のような経過をたどるであろうことは当然であり、ことさら詳細に叙述する必要がない。原決定が「結論の先取り」をしているのだとするならば、同等のレベルで抗告審は「結論の先取り」をしているといえよう。

(vi)　無意味な事実の取調べ結果の援用

　本件抗告審では検察官が多数の証拠を提出し、裁判所が職権により取り寄せたものも多岐にわたっている[17]。K供述の信用性判断に関して新たに取調べられた証拠は多いと思われるが、抗告審決定において、原決定を批判するため特に詳細に示されたものはごくわずかにすぎない。その中において、原決定の疑問を解消させる（とはいえ、完全な疑問消去までには至らず、「何ともいえない」のレベルにとどまっているが）ためにレトリック上有効なのは［013］［014］に挙げられている2証拠にすぎない。他の証拠（［012］［026］［027］参照）については、上述のように、原決定の判断を批判するレトリッ

---

[16] もっとも、この表現は正確とはいえない。論理学的に結論先取りの表現には原決定はなっていない。
[17] 本決定書の理由4(1)～(3)参照。

クとしては失敗している叙述に添えられているものであり、意味をなしていない。

(vii) 問題点のまとめ

以上の検討から、本件抗告審決定の問題点をまとめてみよう。

第1に、本件抗告審決定の叙述には、「原決定の叙述に正確に対応していない」、「説明を十分にすることなく、あるいは水かけ論に陥った場合に、原決定を不合理と一刀両断している」、「論理則違反を犯している」等の問題点が多々みられた。

本件を検討した結果を一般化することには疑問の声があがるかもしれない。しかし、ここで抽出された特徴は、本件固有の特殊なものとはいえない。前述のように、刑事裁判における控訴審判決にも同種パターンのものが多くみられているところである。1件の検討とはいえ、刑事裁判における控訴審と同じような手法をとっていることが確認されたことの意義は大きい。現在の控訴審と同じような手法で抗告審が審査するかぎり、刑事裁判におけるのと同様の問題が生じることは自明の理である。すなわち、刑事裁判と同様、家裁裁判官に対する萎縮効果を抗告受理申立制度は持つこととなる。したがって、少年審判における「合理的疑い」の高度化も制度上必然的に生じることになろう。本章冒頭に示した懸念は、このままでは現実のものとなりそうである。

第2に、少年に不利益な方向で、多数の事実取調べが行われていることである。しかも、それらの結果は、原決定の証拠評価に決定的ダメージを与えるようなものにはなっておらず、原決定の叙述に正確に対応していない抗告審の叙述を厚いものにする効果をもたらしているにすぎない。

このような審査形態が常態化するならば、少年は、以下のような障害と闘うことを強いられることにならざるをえないだろう。すなわち、①萎縮した家裁裁判官に対し、自身の主張に耳を傾けてもらうことはよりいっそう困難になるだろう。捜査機関による取調べ時における自身の必ずしも合理的といえない心情等を整然と説得的に説明することはただでさえ困難であるのに、主張に耳を傾ける裁判官の「合理的疑い」の程度は高度化しているため、裁判官はより「慎重」な態度になるかもしれない。あるいはより糾問的な態度をとるかもしれない。②審理不尽を指摘されることがないよう、家裁裁判官は関与検察官を介して、あるいは職権で、必ずしも必要とは思えないような

証拠を多数取調べようとするだろう。いきおい、審理は長期化するだろう。④その結果、検察官は「裁判官と少年・付添人の関係を修復させる役割を持つものとしての審判協力者」（本書第8章参照）ではなく、「裁判官と協力して、あるいは裁判官の代わりに糺問官として行動する審判協力者」として機能することになり、少年の手続参加権・意見表明権は大いに侵害されることになる。同様の機能は、抗告審において検察官が関与した場合にも果たされることになる。④抗告審においては、家裁決定が正当である旨主張するだけでは足りず、あらゆる方面からみて高度の合理的な疑いが残ることを主張・立証することを事実上強いられるだろう。⑤これらの負担を強いられる少年が増えていくと、付添人は本格的に争うのによりいっそう覚悟が必要となり、それに比例するかのように、はじめから事実を争うことをあきらめてしまう少年が増えていくことになるだろう。

　以上のように、抗告受理申立制度は、少年の手続参加権・意見表明権[18]を侵害する危険性を有している。この危険は、家裁段階も含め、手続全体に徐々に広がり、蝕んでゆく性質のものなのである。

　このような危険をもたらす制度は、実体的真実主義を指向する論者にとっても賞賛できるものではなかろう。また、このような制度が「国民の納得」を得るとも思わない。本制度が実体的真実主義を指向しているものであることは確かだが、そうであっても少年の手続参加権を侵害することが許されないことはいうまでもない。また、この権利を保障することが「少年審判における事実認定の適正化」の本旨でもある。少年の手続参加権・意見表明権を侵害しないためには本制度自体を廃止するのがベストな方策だと思われるが、さしあたりここでは、解釈論のレベルでいくつかの方策を検討してみたい。

5　手続参加権を侵害しない運用のあり方

(1)　「重大な事実誤認」の意義

　少年法32条にいう「重大な事実誤認」とは、原審で取り調べられたものの

---

[18] この権利が、少年の意見を裁判官が聴けばよしとするものでなく、少年の成長発達権を手続において侵害せず、少年の主体性が尊重されるように（尊重されていることが少年にもわかるように）、意見を自由に表明できる場を作り、少年が意見を十分に表明できない場合にはそのサポートをし、また、実際に少年の意見を十分に聴き、吟味したことを決定書等において明らかにすることが要請されることにつき、本書第8章参照。

他抗告審において取り調べられたすべての証拠により認定されるべき事実と原決定において現に認定された事実が食い違うことと解釈されるのが通常である。事実の範囲についてはともかく、認定されるべき事実と認定された事実との食い違いを意味するという点については、抗告受理申立の要件である「重大な事実誤認」（少年法32条の４）においても同じ意味と一般に解されていると思われる。

　しかし、「認定されるべき事実」とは「合理的疑いを超えた証明があると抗告審が判断した事実」のことだとするならば、ある疑いにつき合理的疑いと認めるか否かは人によって異なりうる以上、合理的疑いがないという抗告審の判断を優先させることは、必然的に制度全体としては合理的疑いの程度を高める方向に作用することになる。合理的疑いとは、証拠を適正に検討した結果残る個人的疑いであり、合理的疑いを超えた証明原則とは、論理的には他人を説得し尽くせない疑いを事実認定者が抱いた場合にその利益を（刑事裁判でいえば）被告人に与えるシステムなのである[19]。したがって、抗告審が原審の疑いを「ありえない疑い」であること、すなわち論理的に当該疑いを解消できる旨論証できないかぎり、自身の心証を優越させることはできない。単に不合理だと指摘するだけでは、原決定の合理的疑いを否定することはできない。何を合理的と感じ、不合理と感じるかは人により異なり、どちらが正しいかについて論理的に決着をつけることはできないからである。

　合理的疑いの持つこのような機能に鑑み、「重大な事実誤認」とは、不処分決定に対しては、「論理的に成り立ち得ない疑いを原審が抱いたことを抗告審が論証でき、かつ、合理的疑いを超えた証明があると抗告審が判断すること」と解釈されねばならない。なお、処分決定に対しては、単に合理的疑いを抗告審が抱いたことを指摘できることが「重大な事実誤認」の意味となる。前述のように、事実認定に関し判断する機会を抗告審に与えた以上、判断者が抱いた合理的疑いを少年の利益に用いることが合理的疑いを超えた証明原則の趣旨だからである。抗告審は、原決定の判断が論理的に誤っていることを論証する必要はない[20]。

　このように解することによって、少年は、合理的疑いを超えた証明原則に

---

[19] 中川・前掲注6書277〜280、312〜315頁参照。
[20] 中川・前掲注6書312〜315頁参照。

反しない決定を得ることができる。そして、このような基準に基づく事実認定審査システムは、家裁裁判官を萎縮させることなく、意見表明権・手続参加権を侵害しない審理を行うための担保となるだろう。

(2) 受理の要件

「重大な事実誤認」をこのように解するならば、抗告申立受理の要件もおのずと限定されたものとなる[21]。少年法32条の4第3項は、「相当とみとめる」ときに申立を受理することができると定め、抗告審の裁量に委ねているが、少なくとも家裁の決定書から論理則違反を発見できない場合には、申立を受理することはできないと解すべきである。

もっとも、検察官を少年の手続参加権・意見表明権の保障と矛盾しない「審判協力者」として機能させるという観点からは、このように解釈するだけでは不十分である。家裁における検察官は、裁判官と少年・付添人が適切にコミュニケートできるようにコーディネータとしての役割を果たすことが期待されている。そのような役割を持つ者が、突如不処分決定等を不服とし、実体的真実を追求する訴追官として行動することは許されない。検察官に抗告権を付与せず、抗告受理申立権を付与するにとどめたのは、そのような趣旨と捉えるべきだろう。検察官が場面によって異なる行動原理を持つことは、制度的に破綻を来すことになる。のみならず、矛盾した行動をとる検察官を前にした少年は、手続全体に不信の念を抱くことになるだろう。

したがって、検察官は、申立をするにあたっては、自身の努力にもかかわらず、裁判官と少年・付添人のコミュニケーションを適切にサポートすることができず、その結果論理則違反を犯した決定が出てしまったことを論証できなければならない[22]。このような論証のない申立を裁判所が受理することは許されない。

---

[21] 渕野貴生「抗告審における事実の取調べ」葛野尋之編『少年司法改革の検証と展望』（2006年、日本評論社）235頁では、「多角的視点の確保」という趣旨による限定が試みられている。
[22] その結果、抗告受理申立が受理されることはほとんどなくなると思われる。受理が相当とされうるケースとしては、例えば、本人が実は反省しているのだが、共犯者に脅かされているため明確に自分の犯行であることを供述できず、大人に対し助けを求めたい気持ちをたどたどしい表現で暗示しているにもかかわらず、裁判官はそれに気づかず、付添人も少年の気持ちを察することができず、不処分決定をとることに意識を集中していた結果、検察官の努力にもかかわらず論理則違反に基づく不処分決定が出てしまった場合などが考えられよう。

(3) 事実の取調べ
(ⅰ) 最高裁決定の意義

御殿場事件抗告審決定は、多数の事実取調べを行ったことにつき、決定書で次のように正当化している。

> 本件については、この点につき更に審理を尽くす必要があると認められるところ、この点について原審において十分な審理、判断がなされているとは認め難く、抗告審である当裁判所において、原決定を取り消す場合には抗告審では自判ができないので、結局、原裁判所に差し戻すことになることをも勘案すると、この点についての審理、判断は、本来、原裁判所において行うのが相当であろうが、審判手続の蒸し返しは少年に相当の負担をもたらすことになるため、抗告審としては自判に熟する程度まで証拠を検討するのが妥当である[23]。

これに対し付添人弁護士は、反対尋問権を侵害した取調べであり、かつ、抗告審の事後審としての性格を越えた取調べをし、さらに踏み込んだ検討・判断をなしているもので、明らかに合理的な裁量の範囲を逸脱した判例違反をしていると批判した[24]。しかし、最高裁決定[25]は次のように述べて、抗告審の事実取調べを是認した。

> 少年保護事件における非行事実の認定に関する証拠調べの範囲、限度、方法の決定は、家庭裁判所の完全な自由裁量に属するものではなく、その合理的な裁量にゆだねられたものであるところ、その抗告裁判所による事実の取調べも、少年保護事件の抗告審としての性質を踏まえ、合理的な裁量により行われるべきものと解される（少年法32条の6参照）。……本件においては、原々審が取り調べた証拠を前提とする限り、被害者の供述等の信用性に関する原々審の消極的評価は是認できないが、アリバイ供述等につき信用性の検討を行わない限り、被害者の供述等について最終的な信用性の判断をすることができないというのであるから、

---
[23] 刑集59巻2号175頁。
[24] 刑集59巻2号82～86頁参照。
[25] 最決平成17年3月30日刑集59巻2号79頁。

原審が、アリバイ供述等の信用性について、必要な事実の取調べをして検討した上で、原々決定を取消し、事件を差し戻したことは、合理的な裁量の範囲内として是認することができる[26]。

　この判示につき、抗告審の事後審性（自判が認められていないこと）を手がかりに、正反対の評価がなされている。一方で、証拠収集は原決定の当否を審査するための補完的なものであるべきことを強調し、本件に対するあてはめを批判している論者がある[27]。他方で、「自判が認められていないのは、家庭裁判所調査官のような専門家が配置されていない高等裁判所において、少年保護事件につき審判することは適当でないと考えられたからであると思われるが、非行事実のすべてが認められない場合（事実誤認）にまで自判を認めないことは根拠に乏しい」[28]ことをも根拠に、事実誤認に関しては自制的でなくともよいとの評価もなされているのである[29]。

　また、破棄判決（取消決定）の拘束力を手がかりにした分析もある。破棄判決の拘束力は直接の理由にしか生じない[30]ことを理由に、抗告審における事実の取調べは抑制的になされるべきと主張し、本件に対するあてはめを批判する論者がいる[31]。しかし、これに対しても、「非行事実の認定に関しては、家庭裁判所の判断の専門性は重視できず、抗告審の判断は刑事訴訟同様に尊重されるべきであるからできるだけ抗告審の判断を尊重する運用が心がけられるべきであろう」[32]との見解に立ち、取消決定の拘束力を手がかりにした批判は妥当しないとする論者がいるのである[33]。

　私は、事後審論や取消決定の拘束力論のような多分に政策的な論拠に基づいてこの問題を考えるべきではないと思う。軸となるべきはやはり、少年の手続参加権・意見表明権の保障という人権論でなければならない[34]。また、最高裁の判示は、事後審論や取消決定の拘束力論に基づく命題を積極的に呈

---

[26] 刑集59巻2号81〜82頁。
[27] 正木祐史「判批」法学セミナー606号（2005年）122頁参照。
[28] 平場安治『少年法〔新版〕』（1987年、有斐閣）365頁。
[29] 藤井敏明「判批」ジュリスト1304号（2006年）175、176頁参照。
[30] 最判昭和43年10月25日刑集22巻11号961頁参照。
[31] 正木・前掲注27論文参照。
[32] 田宮裕＝廣瀬健二編『注釈少年法〔改訂版〕』（2001年、有斐閣）350頁。
[33] 藤井・前掲注29論文参照。
[34] 渕野・前掲注21論文では、二重の危険の趣旨に基づく構成が試みられている。

示しているわけでもない。まずは虚心坦懐に最高裁決定をみてみよう。

　本決定を申立人の主張との関係で検討すると、この判示については3点特徴を挙げることができる。第1に、申立人は反対尋問権侵害の主張をもしているのであるが、この点につき最高裁は無視し、事後審性の主張のみを取り上げている。第2に、それにもかかわらず、抗告審の性格について規範を定立せず、「少年保護事件の抗告審としての性質を踏まえ、合理的な裁量により行われるべきものと解される（少年法32条の6参照）」という抽象的ルールを設定するにとどまり、いきなりあてはめに向かっている。第3に、あてはめにおいても、反対尋問権侵害の有無という問題に触れず、最終的な信用性の判断をするために不必要だったか否かという点にのみ注目している。

　このような特徴に鑑みると、最高裁がここで問題にしている「合理的な裁量」とは、権利侵害の可能性という「相当性」を射程に入れたものではなく、単に「必要性」に関する裁量のみを取り上げているにすぎないことがわかる。したがって、本決定が述べている「抗告審としての性質」も、特に重要な意味を付与したものではなく、事実誤認の有無を審査する場という程度の意味で用いられているにすぎないと解するのが妥当だろう。本決定の射程は決して広いものではない。事実取調べに関する「相当性」の問題については、現在のところ判例がないものと捉えるのが相当である。

(ⅱ)　手続参加権・意見表明権との関係

　それでは、少年の手続参加権・意見表明権の保障という観点から、事実の取調べの範囲はどのように捉えられるべきだろうか。

　抗告審における少年の実質的手続参加は、制度上も、事実上も、家裁におけるそれと比べてより困難といえよう。そのような状況において事実の取調べがなされることは、事実審理に関する少年の手続参加権を侵害することになる。したがって、事実の取調べが必要だとしても、それは家裁で行うのが望ましい。手続参加権の保障という観点からみるならば、抗告審の審理の充実を図るアプローチではなく、迅速に家裁に戻すアプローチが優先されねばならない。

　また、不処分決定等に対する審査は論理則違反の有無にしぼられるのであるから、新たな事実取調べが必要になる場面は実際上ほとんど想定されない。論理則違反が指摘できる場合には、それ以上の取調べを行うことなく、直ちに差し戻すべきである。例外が認められるのは、少年自身がそれを望ん

でいる場合のみである。なお、検察官による事実取調べの申出は、前述のようなコーディネータとしての役割を逸脱しない範囲に限られる。
　このように解することによって、無用の負担を少年に強いることなく、手続参加権・意見表明権を事実上放棄せざるをえないような状況に陥らせない抗告審の運用が実現されるだろう。

表2 ● 御殿場事件家裁決定と抗告審決定のマトリックス

通算番号	テーマ	家裁決定内容
		家裁決定
001	検察官の主張の要約	検察官は、〔1〕Kが本件被害の核心部分である少年らの犯行の実態及びその態様自体については一貫して供述していること、〔2〕KがFらを罪に陥れる動機がないこと、〔3〕Kの供述変更には合理的な理由があること、〔4〕被害当時の天候に関するKの供述が客観的状況と矛盾するものではないこと、〔5〕Kが被害直後の平成13年9月12日に友人Oに対し電子メールや電話で被害事実を打ち明けていることが、同人の供述などから裏付けられること、〔6〕BやCが少年鑑別所の同室者にした告白とも合致していること、〔7〕Kが同月9日を特定するためにした供述がRの供述から裏付けられること、〔8〕少年が捜査段階で犯行日が1週間違うことや犯行の際雨が降っていたなどと供述していたことから、Kの前記変更後の供述部分には信用性があると主張する。
002	検察官の主張[1]の確認	Kは、捜査段階から関連刑事事件における証人尋問（第2回、第3回）に至るまで、部活の試合を終え町田市から御殿場駅に到着した後、Fともう1人の男から言い寄られたこと、Fに手を引かれ、前記両名に挟まれる状態でカラオケ店グリーンハウスの駐車場まで連れて行かれたこと、同所で4人、その先の神社から別の4人の男がそれぞれ現れ、Kの前後を歩き、10人に囲まれる状態で中央公園に到着したこと、中央公園内の噴水脇のベンチに座らされてFから口説かれたこと、その後、リーダー格の男が「やっちまおうぜ。」などと発すると、Fに手を引かれて終日亭近くまで連れて行かれて押し倒され、複数人から手足を押さえ付けるなどされた上、着衣を脱がされたこと、リーダー格の男が最初に同女に対し、キスしたり、乳房をもんだりするわいせつな行為をし、そのとき生理用品を着けていたことに気付き、姦淫には至らなかったこと、その場にいた10人全員が同様のわいせつ行為に及んだこと、最後の男が終わったところで、リーダー格の男から口止めされたこと、逃げ帰る途中、背後から追ってくる男がいたことなどの点で一貫して供述している。
003 004	検察官の主張[1]に関連した供述変更点の確認	しかしながら、関連刑事事件の第3回証人尋問調書中で、㋐本件被害日時のほか、 ㋑帰宅時刻が1時間程度早まることに合わせて、駅から公園までの時間、公園内で口説かれていた時間、被害に遭っていた時間、被害後かけこんだコンビニエンスストアの滞在時間等の各時間の長さに関する供述を変え、
005		㋒駅で会った際、Fから自宅に嘘の電話をかけるよう言われたことはなく、電話をかけたこと自体がなかったことや午後8時24分に電子メールを送信したことに合わせて、Fと公園まで進む間の心境に関する供述を変え、
006		㋓被害当日の天候、
007		㋔犯人の中にIがいたことを確認していたこと、

		抗告審決定	
原番号	自身の評価をまず出している部分	原決定に対する批判	事実取調べの結果を加味した部分
(1)	このKの供述は、検察官の所論も指摘するとおり、終始一貫している。この点は、原決定も認めている。この供述自体は、前記のとおり具体的かつ詳細で、その時々の心情も含め体験した者でなければ述べられないと思われる臨場感のある内容であり、格別不自然、不合理な点は見当たらない。		
(2) [5]		Kは、当初、母親に対しLとのデートが露見するのを防ぐため、9月16日の犯行であると供述していたという経緯に照らすと、原判決が指摘する犯行時間の長さ等に関する供述は、特段問題視すべきものではない。	
(1) [1] (ア)		しかしながら、Fへの感情はそれなりに了解できる内容である。また、自宅への電話の存在に合わせたというのも、本件被害に遭った日を9月16日にずらしたことに起因したものと見られ、不合理とはいえず、了解できる内容である。	
(1) [2] (ウ)		Kの第2回目の証言では、Iかどうかあやふやだったのと、以前好意を持っていたため、その場にいたなんて信じられず、言えなかったというのであって、現場でのIの印象が薄く、同人の存在が目立たず、かつて好意を抱いていたIがいることを直ちに信じ難かったことなどから、これを言い出せなかったというのも、年頃の被害者の心境として格別不自然ではなく、信用性を損なう供述の変更があるとはいえない。	

第11章 抗告受理申立制度　263

008		(カ)被害当日が生理前であったことなどの点で、これまで事実と異なることを述べていたとして、当初の供述を変更した。
009	供述の詳細な検討①	そこで、同女の供述を詳細に見ると、たとえば、前記の供述変遷と関連がない部分に関し、Kの平成13年9月21日付けの員面調書には、御殿場駅にFとともに来た、Kを中央公園まで連れて行った者について、もう1人の男と表現されるにとどまり、その顔等の身体的特徴について一切言及されていないのに、Gの逮捕後である同年12月6日付けの員面調書において、前記もう1人の男の特徴について、「背はFより少し低い感じがして、体は細くて、顔は細面で、目も細く、黒縁の眼鏡をかけていて、唇は厚く、髪の毛は短めでした。」と詳細に供述し、その後Gを透視鏡で確認した後、前記もう1人の男に間違いないと特定しているという経過を辿っているところ、前記同年9月21日付け員面調書中に、犯人10人の特徴に言及した部分があるにもかかわらず、その中ではどの人物が前記もう1人の男を指すのか不明確である上、黒縁眼鏡や唇が厚いなどの印象に残りやすいはずの特徴を挙げられた者がおらず、これに、Kの変更後の供述にも、御殿場駅から飲み屋街などを通ってグリーンハウスまで2、30分間かかった（第3回証人尋問調書8丁）、Fの顔を駅の明るいところではっきり見た（同21丁）とあることを考え併せると、面通し前に同女に対し捜査官の暗示・誘導があった可能性を否定できず、同女がGを犯人と特定するに至る供述はきわめて不自然であるということができるし、
010	供述の詳細な検討②	Fの犯行時の服装についても、Kが、被害後間もない時期に、「白っぽいチノパンを履いていた（平成13年9月29日付け員面調書）。」、「薄いベージュ色のチノパンだった（同年11月26日付け員面調書）。」と供述するのに対し、Fがすでに事実を認める供述をしていた時期である同年12月12日付けの同人の「事件を起こしたときの服について」と題する上申書には、「下、黒のデニム」とあり、ズボンの色等について明らかに異なる内容となっているという不自然な点がある。

(1) [1] (イ)	事情をより率直に説明しているものと評価すべきであって、この点を捉えて、Kの供述の信用性を損なう供述の変更があるとはいえない。	
(1) [2] (イ)	しかしながら、Kは、平成13年9月21日付け警察官調書では、10人の犯人のうち、F、リーダー格の男、ローソンまで追いかけてきた男は区別して犯人の特徴を供述し、「もう1人の男」を含めた他の犯人については他と区別してその点を述べていないが、Kは、第1回目の証言で、警察署でFに次いで逮捕された人を確認したとき、すぐには分からなかったが、その人相、姿、形、顔をよく考えたら、眼鏡と唇の厚いところが特徴的であったので、Fと一緒に駅まで連れに来た人かなと思った旨供述しており、その供述内容からしてもKが自ら目で見て判断したもので、その間に警察官の誘導が入ったとは窺われない。また、警察官が面通しをして「もう1人の男」をKから確認する必要があったにしても、その男がGであることにつきFから供述を得ていた警察官において、面通しに際して誘導してまで、Kの供述を確保する必要があったとも窺われない。加えて、Kは、第1回目の証言時ではあるが、Gにつき、10人の写真の中からGである番号6の男を指摘していることなどに照らすと、原決定の前記判断は首肯し難い。	
(1) [2] (ア)	しかしながら、Kは、犯人が10人で、その中にFがいたことを断言しており、Fとは既知の間柄であることを考えれば、同女にとってFの服装が犯人であるという識別における重要な要素とはいえない。そして、Kは、第1回目の証言では、警察官調書について、警察官から、犯人の服装を細かく聞かれ、また、(身体的な特徴も)目はどうだったか、まゆ毛はどうだったかなどと聞かれ、漠然とした印象でもいいから答えてくれと言われたので、(10人のその特徴を)答えた旨供述している上、原決定指摘の前者の調書の記載からは、その10人の年齢、身長、体格、頭髪、目、服装の特徴などにつき警察官が答えを引き出そうとしていることが窺われるところ、Fの服装につき、Kの前者の調書では、「チェックの半袖シャツ、白っぽいチノパン」と供述し、Fの上申書では「上、黒とねずみ色のチェックぽいやつ(ノウティカ)、下、黒のデニム(ノーベター)」と供述しており、両者を比較しても上着の色はチェック様のもので同じであり、また、Fは、同上申書で他の人がどんな服装をしたかちゃんと覚えていない旨、また、同年12月12日付け警察官調書で3か月近く前のことなので100パーセント間違いないとは言い切れませんと供述していることなどに照らすと、Fのチノパンの色に関するKの供述の変更やFの供述との対比から看過し難い不自然さがKの供述にあるとまではいえない。この点の原決定の判断は、些細な差異を殊更に取上げているものと言わざるを得ず、肯認できない。	

011	供述の詳細な検討③	また、前記変更後の供述部分に関し、Kは、前記犯人10人の特徴に言及した部分の供述について、何の記憶に基づいて顔や服装の特徴を述べたか尋ねられると、「中央公園の噴水のところで噴水が出たときにライトアップされたときにやめた人もいたけれども、でもあんまりはっきりと覚えていなかったので、大体こんな感じの人がいたんじゃないかな、という自分の記憶で言っていました。」と供述し（第3回証人尋問調書32丁）、わいせつ行為の被害を受けている途中に見た記憶を述べている点は明確にしているところ、中央公園の噴水は、夜間稼働する際はライトアップされるが、遅くとも午後9時までには止まっていることは認められる（平成14年1月22日付け「噴水の稼働時間について」と題する電話聴取書）からすれば、同女の供述する被害時刻と符合しないことが明らかである。
012	供述の詳細な検討④	さらに、Kは、「平成13年9月9日夜に中学校の同級生を含む10人の男性から公園内で続けてわいせつ行為を受けて夜も歩けなくなるくらいの精神的な苦痛を被ったが、当時電子メールを交換する友人だったOに本件被害を打ち明けても信じてもらえず、冷たくされた感じだったので、その直後である同月13日ころに、だれでもいいから優しくしてくれる男の人が欲しいと思い、Lとメール交換を始め、同月16日に同人と初めて会ってデートをし、森みたいな林の中に止めていた同人の車中で肉体関係を持った。」などと供述するが（第3回証人尋問調書44、45丁）、実際同女が同月17日の帰宅後に母親に話す前に、前記Lに対し本件被害を打ち明けたことはなく（57丁）、同帰宅後、同人に対し、電子メールで『同級生から駅から公園に連れて行かれてやられたという話にしてあるから大丈夫だよ』などといって母親からの追及をごまかしたことを伝えていること（46丁）などを考え併せれば、性犯罪被害に遭って間もない者が取る行動としてはきわめて不合理なものであるといわざるを得ず、前記Lとの交際について、本件被害を忘れ、その直後の心の痛手を癒してもらえる男性を探すためにした行動であると捉えることはできない。
013	供述の詳細な検討⑤→検察官の主張〔4〕に対する応答	さらに、〔4〕平成13年9月9日の降水量について、御殿場市萩蕪沢1369番地所在の御殿場地域気象観測所では、午前0時から午後6時までが計37ミリメートル、午後7時台が1ミリメートル、午後8時台が3ミリメートル、午後9時台が1ミリメートル、午後10時台が1ミリメートルであった（平成14年8月5日付け捜査関係事項回答書）、同市東田中1丁目19番1号の御殿場消防署敷地内観測所では、午前0時から午後6時までの降水量が計29ミリメートル、午後7時台が0、午後8時台が3ミリメートル、午後9時台が0.5ミリメートル、午後10時台が2ミリメートルであったと認められる（平成14年7月27日付け捜査報告書）ところ、前者の方が本件被害現場との距離が近く、それだけ同所の天候に近いと推測できるから、同日、本件被害現場付近には、未明から断続的に相当多量の降水があった上、午後8時台と午後10時台には2、3ミリメートルという相当量の降水が、午後7時台と午後9時台には1ミリメートル程度の降水があったことを認めることができる。しかるに、Kの関連刑事事件における証人尋問調書（第3回）には、「ベンチで座っているときに噴水の霧だか雨の霧だか分からないが霧のようなものが顔にかかった。家に帰るときもたまにぽつぽつという雨が顔にかかった。同日の天気のことははっきり覚えていないので分からない。Fと一緒に歩く間傘を差した記憶はない。押し倒されたときに服が汚れたような記憶はあるが、濡れていたような記憶はない。」とあり（14、36、50丁）、他方、「御殿場駅からグリーンハウスまでFらと大体2、30分歩いた。その間は恋の相談とか思って嬉しかった。公園内のベンチでFと30分間ぐらい話した。わいせつ行為の被害を受けていたのは40分間ぐらいだと思う。午後11時前に帰宅した。」とあること（3、7、8、10、12丁）を総合すると、Kは相当長時間にわたり、屋外で計5、6ミリメートル以上の雨を受けた上、公園まで移動し、ベンチに座っていたという午後8時台には約3ミリメートルの雨を受けたはずであるにもかかわらず、雨の降り方を霧のようと表現し、着衣の濡れを認識しなかったというのであるから、その途中から本件被害にあったことにより異常な心理状況に至ったであろうことを考慮しても、同女の前記供述部分は不自然であると言わざるを得ない。

(1) [2] (オ)		Kがライトアップにより犯人の顔や服装を見たのは噴水脇のベンチに座っている最中であり、その時間帯にライトアップされていたことと矛盾するものではない。Kが弁護人の反対尋問でやや混乱して答えた点を捉えて、原決定は、わいせつ被害を受けている途中であるとの前提で論じており、Kの供述評価を誤っているものであり、この点の原決定の判断は首肯し難い。	
(1) [1] (ウ)		Kの供述は、十分に理解できる内容である。そして、Kが、初めて会ったLに対して本件被害に遭ったことを話さなかったことをもって格別に不自然であるともいえない。また、Lとの密会による帰宅の遅れを交通機関の事故のせいにし、母親の追及をかわそうとしたが、母親に見破られ、本件被害に遭った日を9月16日にずらすことによって弁解に充てたをもって、性犯罪被害者の行動として不合理であるともいえない。また、……本件被害事実をすぐに家族に言わなかった理由も頷ける内容である。もっとも、Kが年上のLとの交際を求め初対面で性交渉を持ったというのは、些か理解し難いとの見方もないではないが、最近の性風俗の変化を論ずるまでもなく、早くから性体験があり、しかし、いまだ精神的に未熟な年齢の少女であるKが本件被害に遭ったことの癒しの気持ちから年上の男性との交際を求めたことは、Kの年下のOとの交際状況などに照らすと、同女にしてみればこれまた不自然、不合理とまではいえない。そうすると、「性犯罪被害に遭って間もない者がとる行動として極めて不合理である」と断ずる原決定の判断は、独自の価値観を前提とするもので、前記のようなKの心情や性格を十分に理解しているものとはいえず、説得的ではなく、首肯し難い。	さらに、Kは、第3回目の証言で、前記3(2)〔5〕(e)ないし(g)のとおり、9日帰宅後の状況、翌10日アルバイトに行ったこと、本件被害に遭った心情などにつき、納得できる説明をしていること、Lも関連刑事事件での証人尋問調書で、前記9月16日、17日の連絡状況に沿う供述をしており、また、Kの母親も関連刑事事件での証人尋問調書で、9月16日部活の後にメールの友達である男性に会って車中で肉体関係を持ったが、母親に怒られるからそのことを言えなかった旨、事後的にKから聞いた旨、Kの第2回目の証言に沿う供述をしていることなどの当審における事実取調べの結果に照らせば前記判断をした原決定はなお一層首肯し難い。
(2) [2]		原判決の指摘する証拠からみても、御殿場市内でも同一時間帯で降水量に地域差があるところ、原決定がいうように、観測所との遠近から中央公園での降雨量を即断することは困難であると思料され、降水量を前提に論じているのは、必ずしも当を得ていない。	その上、当審における事実取調べの結果によれば、以下の事情が認められる。すなわち、鬼山博光は、平成15年3月5日付け検察官調書で、9月9日、静岡県駿東郡小山町須走所在の自宅から昼過ぎころ御殿場市竈にあるパチンコ店に行ったが、車のワイパーを動かした記憶はなく、須走では雨が降っていなかった、午後9時過ぎころまで遊んだ後、同店駐車場に駐車していた車に乗るまでの間、雨が降っていたという記憶はなく、帰宅途中、午後9時25分ころ、同市茱萸沢14番地の1先の路上で脇道から出てきた乗用車と接触する物損事故を起こしたが、そのときはこぬか雨よりちょっと降っていた位のポツポツといった感じで、傘をさすかどうかという点ではさほどでもない程度であり、相手の運転手の両親が来るまで待っていたが、その間、傘が車の中にあったが、使わなかったし、相手の親も傘をさして雨の中を現れたという記憶もなく、御殿場警察署駐車場で車の損傷状況を確認したときも誰も傘を差しておらず、警察官も合羽など着ていなかったし、雨は上がっていたような記憶であり、30分位同署で事情聴取等の手続きをした後、同署を出るときも雨は降っていなかったと思うし、須走の自宅までの道中も雨が降っていた記憶は残っておらず、ここ数年で事故を起こしたのはこのときだけであり、当時の状況はよく覚えている、なお、須走に住んで30年以上になるが、御殿場や小山、須走という地域は山あいの土地であるという特性からか同じ御殿場市内でも少しで

第11章　抗告受理申立制度

014		
015		そのうえ、前記の犯行に至る経緯及び犯行状況に関する供述に関し、平成13年9月9日のHの携帯電話の通信記録からは、同日午後8時49分から約17分間高校の同級生と会話したと認められるところ（平成14年8月15日付け捜査報告書〔H分〕、附6）、Kが中央公園内のベンチに座ったまま10人から囲まれていた状況との整合性に疑問の余地があるし、
016	供述の詳細な検討⑥	同様に、Ⅰの携帯電話の通信記録からは、同人が同日午後10時32分及び午後10時36分にアルバイト先を探すため、2か所の飲食店に電話したことが認められるところ（平成14年8月15日付け捜査報告書〔Ⅰ分〕、附7、8）、同時刻は犯行終了直前ないし直後ころにあたることになり、その場の状況からはその整合性に大いに疑問がある。
017	検察官の主張[2][3]に対する応答	そして、Kは、被害日時等に関する供述を変遷した理由について、「16日にLと会っていたことがメールとかで出てきてばれてしまい、やっぱり本当のことを言わなければいけないと思ったからである。」などと供述する（25、42丁）。これは同女の平成13年9月16日の行動を裏付ける証拠を示され、もはや嘘をつき通せない状況に追い込まれたため、同日を本件被害日とする供述を維持できなくなったから、供述を変更するに至ったという限りでは合理性があるが、この供述は単なる記憶違いにとどまらず、供述者自らが積極的に偽証していたことを認めるもので、それ自体、同女の供述全体の信用性を著しく低下させるものであるし、1週間前の日を新たに本件被害日であるとする部分の変更の供述の合理性を何ら推認させるものではなく、かえって、Kが「私が具体的にFと言ったので、警察がFのところまで行くとは思ったが、同人を呼んできて、こういうことをしたのかと言って怒るだけかと思い、日にちのことまでは考えていなかった。」などと供述していることから（21、22丁）、当初大事にならないと軽信して本件被害を申告したことが認められること、Kが被害申告当時15歳の少年であったこと、前記認定の母親や教師に促されて本件被害を警察に届け出た経緯、本件被害自体が嘘であることをKが認めれば、虚偽告訴の罪に問われることになる可能性があり、当初の嘘が発覚したからには別の被害日を特定する必要があるという状況に陥っていたことを総合すると、Kには、たとえ虚偽の内容であっても、新たな被害日を申告し、本件被害があったとの供述を維持すべき動機がないとはいえない。

		も場所が離れると、急に天気が晴れていたり、雨が降っていたりすることがあり、時間帯によっても天気がころころ変わる旨供述しており、この供述は、その内容自体、当時の事故の状況も交えて具体的かつ詳細なもので、不自然、不合理ではなく、その信用性は高いといえる。
		また、気象の専門家である静岡気象台次長の城田博は、関連刑事事件の証人尋問調書で、9月9日午後7時から午後11時までの間の御殿場地域気象台観測所における実際の観測雨量は、午後7時の値が1mm、午後7時から午後8時の値が3mm、午後9時の値が1mm、午後10時の値が0mm、午後11時の値が2mmであるところ、同観測点で午後8時台が3mmであるものの、約500m離れた中央公園では、観測される雨量が違うことはあり得るし、全く降っていないこともあり得る、降水量からは、1時間の間に結果的に降ったということまでしか分からず、降ったりやんだりしたかなど、降り方、強さは分からないので、体感的にどのような降り方をしたかも分からない、さらに、当日の時間帯のレーダーアメダス解析雨量のデータから9月9日の中央公園付近では、「午後7時以降の夜間は弱いながら雨がほぼ降り続いていた」と科学的に言い切ることはできない旨供述しており、この内容は、基礎的な資料や専門知識経験に基づいたものであってその信用性は高いといえる。これらの諸事情に照らすと、9月9日の降水量から、Kの天候に関連する供述内容につき、不自然であると言わざるを得ないという原決定の証拠評価は肯認できない。
(1) [2] (エ)	Iの場合と同様に、個別的に携帯電話で通話することは可能であり、本件の事態の推移からしても不自然ではないから、Hの通話記録等をもって、Kの供述の信用性を損なうものではなく、これに反する原判決の判断は首肯し難い。	
(1) [2] (ウ)	Kは、常に10人から囲まれていたと供述しているわけではない上、携帯電話で電話していた者がいなかったと言い切っているわけでもない。Kが犯人と一緒に行動していたといえども、多数の犯人の中にいたIにおいて、その現場にいた他の仲間や他の場所にいた知人やアルバイトの求人先に携帯電話を使ったとしても不自然ではない。また、アルバイトの求人先への電話は、犯行直後でなく犯行の時間帯にかけたとしても、I自身が犯行に実際に加担する場面でない限り、そのような通話自体はできないわけではない。したがって、この通話記録をもって、Iが犯人の1人であるというKの供述の信用性を損なうものではない。	
(2) [4]	その供述は、十分納得できるものであって、1週間前の日を改めて被害日と供述するに至った理由として十分に合理性があるといえる。	
	原判決がいうところの「積極的に偽証していたもので、それ自体、供述の信用性を著しく低下させる」というKが変更した供述は、過去1回限りの社会的事象である強姦未遂の被害に遭ったこと自体ではなく、隠そうとした9月16日の出来事に合わせて本件被害に遭った日とそれに関連する被害に遭った時刻やその前後の行動の時間帯等についてだけであり、日にちの点は、以前に供述した9月16日日曜日を基準にして、	

第11章 抗告受理申立制度

018		そのうえ、一件記録によっても、KにFを罪に陥れる動機があるとは窺えないが、前記のとおり、FがKの中学校の同級生で、ブソウチンセンという愚劣な集団を構成する素行不良な少年であったことを考えると、Fを加害者の1人として挙げることは被害事実に迫真性を与えるものという見方すらできる。
019	検察官の主張［5］に対する応答	ア〔5〕O及び秋葉環の関連刑事事件における各証人尋問調書によれば、Kが前記Oに対し大勢から襲われたなどと電子メールで知らせたことは認められるが、その内容は襲われた日時に言及するものではない上、同人らがKから上記内容の電子メールを受けたのは平成13年9月12日であったと供述するところ、時日が相当経過しているためその記憶はかなり曖昧であり、電子メールを受信した場所である飲食店の利用日時を特定する根拠として注文内容、天候や前記秋葉の給料日などを併せて供述する内容には、精算状況に関し供述の変遷が見られたり、給料を受け取った日と飲食した日の結びつきも曖昧さがあること、同月12日前後から同月19日までKが前記Oに対し同月17日を除き1日に多数の電子メールを送信し、その間度々電話もかけていたことが認められること（平成15年9月25日付け捜査報告書）などからして、上記の電子メールを受信した日時に関する前記Oらの各供述をそのまま信用することはできない。
020		

		その1週間前の日曜日と特定しているのであって、全くかけ離れた日にちや曜日を供述しているわけでもなく、同女の被害状況に関する供述と矛盾していない。母親から追及されたため、Lとの交際をごまかそうと、被害があったことは事実であるから、その日を1週間ずらして母親に弁解し、それを前提に外部的にも事が進んでいった経緯、Lとの関係でごまかせなくなり、結局、正しい被害日を供述するに至った経緯等については、同女の立場にしてみれば十分納得でき、合理性も認められる。したがって、1週間前の日を新たに被害日とする変更は変更後の供述の合理性を推認させるものではないという原判決の判断は、皮相的な見方であって是認できない。	
		原判決が、本件被害自体が嘘であることをKが認めれば虚偽告訴の罪に問われることになる可能性があり、当初の嘘が発覚したからには別の被害日を特定する必要があるという状況に陥っていたことなどを挙げて、「Kには、たとえ虚偽の内容であっても、新たな被害日を申告し、本件被害があったとの供述を維持すべき動機がないとはいえない。」という点については、もとよりそのようなことが可能性の1つとしてないとはいえないが、問題は、そのような可能性を考慮しても、なおKの供述が信用に値するか否かにある。既に述べたところからも明らかなように、原判決は、10名から性的被害に遭った被害少女の心情を正当に理解しない極めて独断的な見解から、その信用性判断を誤り、1つの可能性に過ぎない推論をあたかも真実であるかのように、過大に評価した疑いが濃厚であり、首肯し難い。	
(2) [3]	この供述は、本件被害に遭った日が9月9日であったというKの供述と整合しているといえる。		
	（Oと秋葉の供述は）相互に補完し合っており、具体的で、不自然、不合理な点はなく、信用性は高いと評価することができる。したがって、同電子メールを受信した日時に関するOらの各		

第11章 抗告受理申立制度　　271

021	検察官の主張〔6〕に対する応答	イ〔6〕について、Mは、平成15年8月27日付け員面調書において「Bと少年鑑別所で同部屋になった際、同人が、『強姦未遂で鑑別所にきたけどやってない。後輩が俺の名前を出したので捕まった。その日は相手の女の子は彼氏と遊んでいた。本当は事件はその日の1週間前か後だった。』などと言っていた記憶がある。」と供述し、同年9月19日付け検面調書において「Bは、『本当はやってない。』と言っていたが、親だか弁護士と会った後、部屋に戻ってくると、『女がおかしいんだよ。調べたら最初に言った日にちと1週間くらい日にちがずれているみたいだ。』などと言っていた。それはBが審判を受ける平成14年3月8日より少し前のことである。平成15年1月か2月に私が自宅でテレビを見ていた際、御殿場の強姦未遂事件が報道され、被害者の女の子が被害に遭った日を1週間ごまかしていたことがわかったなどという内容を見て、Bの事件だと分かり、興奮しながら、隣にいた村松邦昭に『鑑別所で一緒だった子が僕に日付が違うと言っていた。』などと話した」などと供述し、前記Mの関連刑事事件における証人尋問調書には前記検面調書と同旨の供述がある。そして、前記村松は、員面調書、検面調書及び関連刑事事件における証人尋問調書において「Mが御殿場の強姦未遂事件について報道したテレビを見て、『日付が違うと鑑別所で聞いた。』などと興奮して話していた。」などとMの供述に沿う供述をしている。しかしながら、前記Mの供述が、Bが少年鑑別所在所中に同人が知り得ないKの9月16日の行動について述べている内容になっていることを考えると、関連刑事事件に関してされたテレビ報道の影響を受けて記憶が変容していることが明らかであるし、前記Mが前記村松に話した内容も単に日付けが異なるという限度にとどまるのに、前記Mがずれの幅を「1週間」と特定しているのを、前記報道の影響によると考えるのが合理的であるから、Bから犯行日が1週間ずれていると聞いたとの前記Mの供述部分をそのまま信用することはできない。
022		そして、Nは、平成15年10月8日付け員面調書において「Cと少年鑑別所で同部屋になったとき、同人が、Nに対し『強姦未遂で来ました。俺はやってないです。近くにはいたけど手は出していないんです。』などと言っており、何日か経つと、犯行日について『日が違う。』などと言っていたが、その理由などは話してなかった。」などと供述し、同月14日付け検面調書（抄本）において「Cと同部屋になって何日か経つと、親だか弁護士だかと面会したと説明した上で『僕は、事件の日には現場には行っていないんです。僕には事件の日にアリバイがあるんです。事件があったのは、本当は1週間前なんです。』などと言った。僕がその意味を聞き直すと、Cは『日にちが違うからやってないんです。』などと意味の分からないことを言っていた。」などと供述するが、両供述の間には、具体的な犯行日に関する供述があったかどうか、犯行日が異なる理由まで言及していたかどうかというきわめて重要な部分に変遷が見られるところ、変遷について合理的な根拠が窺えず、その供述経過に不自然さが窺え、これに上記供述の際前記Nが少年院中に在院中であったことをも考え併せると、Cから犯行日が1週間前であると聞いたとの前記Nの供述部分を信用することはできない。
023	検察官の主張〔7〕に対する応答	ウ〔7〕Rは、「平成13年9月9日の宗教行事に参加予定であったKが、部活動の試合の日と重なったという理由から欠席し、そのことで、同女に強い口調で欠席は困ると言った」などと供述し（平成14年8月7日員面調書）、これはKの関連刑事事件における証人尋問調書（第3回）の内容（4、29丁）と符合するが、このことはKが平成13年9月9日の記憶を有していることを推認させるに止まり、本件強姦未遂行為の被害日であることの裏付け証拠とはならない。
024	検察官の主張〔8〕に対する応答	エ〔8〕本件に関し少年の取調べを担当した警察官である木下耕二は、平成14年9月2日付けの員面調書において「勾留後3日目のときに、平成13年9月のカレンダーを示しながら犯行日について取り調べていると、少年は、私の提示したカレンダーを確認しながら、ふと『僕たちが被害者を襲ったのは9月16日になっているけど、自分の記憶だとその1週間位前だったような気がする。』と申し立てた。そのため、他の共犯者の供述内容をふまえて少年に当時の記憶を喚起させてさらに取調べを行ったところ、少年は同年9月16日のことで間違いないと申し立てた。その後、少年は、犯行日の様子と違う供述をすることがあり、たとえば『被害者を中央公園のベンチに座らせているとき、ジュースを買いに行っているが、この時、雨がポツリ、ポツリ降っていた記憶がある。』などと供述したこともあったが、9月16日当日の天候は晴れであった旨申し向けると、自分の勘違いであったと納得していた。」などと供述し、当審判廷において「少年が犯行日が1週間位前であると申し立てたのは平成14年1月15日の取調べの際であり、雨が降っていたと申し立てたのは同月19日である。私はそのいずれもメモを取らず、他の捜査官にも話していない。」などと供述しているが、これに沿う少年その他の者の供述が一切なく、自らメモすら取らなかった内容であること、少年から1週間位前との申立てがあった日に関する前記木下の供述は変遷しており、その他の同人の供述経過からは少年に対する取調べ状況に関する記憶自体かなり曖昧であることが窺えること、前記の少年の雨に関する表現は、

	供述をそのまま信用することはできないという原決定の判断は肯認できない。		
(2) [6] (ア)	これらMらの供述は、具体的で不自然、不合理な点はなく、相互に補強し合っていて十分に信用することができる	「女の子が彼氏と遊んでいた」という供述は、Mの警察官調書のみであり、同人の前記検察官調書及び関連刑事事件での証人尋問調書にはない上、Mは、その証人尋問で の弁護人の執拗な反対尋問に耐えて、Bが「日にちが1週間ずれている。」言っていたことを一貫して供述している。また、Mは、テレビの報道の中で、初めて言った日にちは友達だか、彼氏と会っていた旨の話を言っていたのを聞いて記憶していた旨説明していることに照らすと、Mとしては、重ねて事情聴取を受ける中で記憶が整理されたことの証左であると理解するのが自然であるから、この点の原決定の判断は、その信用性評価を誤っており、肯認できない。	
(2) [6] (イ)	その供述内容は、具体的で不自然、不合理な点はなく、信用性を疑うべき事情も見受けられず、この供述もKの本件被害に遭った日の特定に関する供述に沿うものといえる。	供述の変遷があるとはいえ、同検察官調書において、より具体的に供述しているに過ぎないと認められるから、Nの供述の信用性を否定する原決定の証拠評価は肯認できない。	
(2) [1]		Rの供述自体は、Kが本件被害に遭った日の特定に関する直接の裏付けになるというわけではないにしても、その特徴的な出来事がKの9月9日の出来事の記憶と結びついて、記憶保持の程度や確かさが高くなっているという意味においてKの上記供述を支えるものといえるから、原決定の指摘は当を得ておらず、この点の原決定の証拠評価は肯認できない。	
(2) [7]		木下警察官が取調べメモに取らなかったことは捜査進展状況から直ちに不自然とまではいえない。記憶が若干曖昧ではあるが、取調べ時に少年から聞いた点は一貫しており、内容も明確であり、また、少年が言ったという当日の雨に関する内容は、前記〔2〕の降雨に関する事実関係に照らすと、9月9日の雨量と符合するとは言い難いともいえない。犯行日は16日であると思っていた木下警察官が、少年を説得した時の気持ちや発言は捜査官として極めて自然であるといえる。そうすると、木下警察官の供述の信用性を否定する原決定の証拠評価も首肯し難い。	

		前記認定の平成13年9月9日の雨量と符合するとは言い難いことなどに加え、前記員面調書の作成時期は前記認定のとおりKが本件被害日時に関する供述を変遷させた後であり、捜査官としてはこれに沿う証拠収集を重視していたことが明らかであることを考え併せると、前記木下の供述はにわかに措信し難いものというべきである。
025	結論	こうしてみると、Kの一連の供述の中には、本件被害にあった被害者であれば、容易に供述できるはずの点に関し、不自然な供述経過を辿っていたり、客観的な状況と符合しない、あるいはその状況からするとかなり不自然な内容になっている点が見受けられる等その信用性を疑わせる事情があるほか、被害日時等に関する供述変遷については、その経過に合理性は窺えず、むしろその供述全体の信用性を低下させるものと見る余地があり、そのうえ、検察官が平成13年9月9日を被害日であると主張するために提出したその他の証拠についても、いずれもそうした裏付け証拠とみるには相当疑問があるのであって、後記4(3)のとおり、同女が本件被害にあったと窺わせる事情がないとはいえない状況にあることを考慮しても、なお本件被害が同日にあったとするKの供述部分を信用することはできないというべきである。
026	なお書き	なお、Kの携帯電話通信記録によれば、毎日頻繁に行われていた同女からOに対する電子メール送信及び電話が、同月9日午後8時24分から同月10日午前0時28分までの間には行われていないことが認められるが（平成15年9月25日付け捜査報告書）、上記の検討結果に照らせば、その間に本件被害にあったと推認することは困難である。
027		
028		

(1) [1] (ア)	Kの第2回目の証言を総合的に検討しても、推認をすることが困難であるという原決定の上記の判断は、結論を先取りするものであって、検討が十分であるとはいえない。		現に、Kは、第3回目の証言では、前記3(2)〔5〕(d)のとおり、本件当時、Oと頻繁にメールのやり取りをする中で、9日午後7時43分のものは御殿場駅に着いて後に送ったこと、同日午後8時24分のものは、Fらに歩いて公園まで連れて行かれている最中に打ったこと、Fに腕をつかまれてないという第2回目の証言は、このメールがあることが分かったからではないこと、その後、翌10日午前零時28分から3件のメールがあるが、その間にはメールを発信していないのは、本件被害に遭っていたのでメールができなかったからであることを供述している。このKの供述は、十分了解可能であり、本件被害事実を推認する重要な間接事実の一つである。
(2) [8]			加えて、Kは、第3回目の証言において、本件被害に遭った日が9日である根拠について、前記3(2)〔5〕(a)のとおり、Lと会った1週間前に本件被害に遭ったことが心に残っていたからであるなどと付加しているほか、本件被害に遭った日が9日であることを前提として、同(b)ないし(f)のとおり、9日やその前後の日の自分の行動を具体的かつ詳細で客観的な事実と整合した内容を供述している。しかも、その供述内容は、9日に被害に遭ったということを矛盾なく語っていると認められる。その上、Kの第3回目の証言時(平成16年1月27日実施)は、関連刑事事件のBらの弁護人らがF、B及びDに関するアリバイ主張などを含む冒頭陳述書(平成15年9月30日付け)を提出し、F及びBのアリバイに関係する証人尋問もなされた後に、同弁護人らにおいて種々の角度からKに対して尋問を重ねているが、これにも崩れていないものといえる。
(3)	(3) 以上の検討によれば、原決定が、原決定理由「3」において、指摘した諸点をもって、被害日時等を変更させた後のKの供述の信用性を揺るがすものがあるとはいえないから、この点に関する原決定の認定、判断は首肯し難い。したがって、これに沿う所論は採用できる。		

第11章　抗告受理申立制度　275

第12章 再審請求審における「明白性」の解釈

1 はじめに

再審実務は逆流状況にあるとも言われる現在、理論のほうはどのような展開を示しているか。そこにどのような問題があるか。再審理論は今後いかなる道を歩むべきなのか。これらが本章の検討課題である。ここでは、総合評価のあり方および証拠構造分析という、明白性をめぐる近年の主要争点２つに焦点をしぼる。

まず、これら２つの問題の「議論のされ方」をみてみよう。議論のされ方自体が非常に特徴的であり、理論の進展を妨げる要因となっているように思われるからである。

2 明白性をめぐる議論の特徴

(1) 限定的再評価説対全面的再評価説

総合評価のあり方をめぐり、新証拠の持つ重要性と立証命題が有機的に関連する部分についてのみ旧証拠の再評価をするのか、それとも全面的に再評価すべきなのかが争われている。前者は限定的再評価説と呼ばれ、後者は全面的再評価説と呼ばれる。

この議論は、再審に関する最高裁諸決定の解釈という形でなされることが多い。この傾向は特に限定的再評価説に顕著である。限定的再評価説の論稿は概して理論的検討を前面に出さず、「最高裁諸決定は何と言っているか」の分析を主とし、「なぜそう言っているのか、それは正当か、なぜ正当か」という観点からの検討を行わない傾向がみられるのである。

白鳥決定[1]に関し田崎文夫は、限定的再評価説を同決定が採っていると解

すべき実質的根拠として、「再審が確定前の判決に対する事後審査ではなく確定した判決に対し、その確定力を破壊し事案全体についての審判を行う特殊の救済手続であるという認識に立つ以上、旧証拠の再評価といっても限度があると考えるべき」[2]と述べている。ここには確定力重視の価値判断が示されている。限定的再評価説の実質的根拠が示された例は、これくらいしかない。その後、限定的再評価説を最高裁諸決定が採用しているとの解説は絶えることがないが（財田川決定[3]に関する磯辺衛解説[4]、第5次名張決定[5]に関する中谷雄二郎解説[6]、尾田決定[7]に関する三好幹夫解説[8]、第6次名張決定[9]に関する判例時報のコメント[10]など）、これらには限定的再評価説を正当とする理論的根拠がほとんど示されていないのである。

しかし、学説上は、再審は無辜の救済のための制度であるとの共通認識があり、確定力重視の価値判断は不当である旨、批判・論証が繰り返されてきている。限定的再評価説を正当とする論者がこれらの批判に応えないかぎり、議論の発展はみられない。反論なくして結論のみを主張し続ける限定的再評価説VS同じ批判をし続ける全面的再評価説という図式が続くばかりである。

(2) 証拠構造論

明白性判断のテーマにつき、確定判決の証拠構造が揺らぐか否かが問題だとするのが証拠構造論である。これに対し、「裸の事実問題」すなわち有罪か無罪かがテーマとなるとの見解がある。

ここでも、再審に関する最高裁諸決定の解釈という形でもっぱら争われ、かつ、証拠構造分析不要論の論者から理論的・実質的根拠が十分に呈示されないため、議論が深められないという特徴がみられる。それに加え、証拠構造論の内部でも具体的判断方法につき争いが激化しており、証拠構造論は混

---

[1] 最決昭和50年5月20日刑集29巻5号177頁。
[2] 『最高裁判所判例解説刑事篇（昭和50年度）』(1979年、法曹会) 82、93頁。
[3] 最決昭和51年10月12日刑集30巻9号1673頁。
[4] 『最高裁判所判例解説刑事篇（昭和51年度）』(1980年、法曹会) 284頁。
[5] 最決平成9年1月28日刑集51巻1号1頁。
[6] 『最高裁判所判例解説刑事篇（平成9年度）』(2000年、法曹会) 1頁。
[7] 最決平成10年10月27日刑集52巻7号363頁。
[8] 『最高裁判所判例解説刑事篇（平成10年度）』(2001年、法曹会) 130頁。
[9] 最決平成14年4月8日判時1781号160頁。
[10] 判時1781号160頁。

迷のただ中にあるといってよい。

(3) 問題

このような非生産的な状況を打開するためには、その素を除去する必要がある。私は、この素は3つあると考えている。第1に、確定力重視の論者が理論面での反応をしないことである。第2に、全面的再評価説や証拠構造論をとる立場にも、判例、特に白鳥・財田川決定の解釈に対するアプローチにある種の混乱がみられることである。第3に、白鳥・財田川決定の枠の中で議論がなされていることである。全面的再評価説や証拠構造論もその例外ではない。第2の点からみてみよう。

3 判例に対するアプローチ

(1) 判例理論における白鳥・財田川決定

白鳥・財田川決定は、「開かずの門」とも呼ばれた再審の扉を開いたものとして画期的であった。しかし、その判示には曖昧な点が多数あり、多くの解釈を呼んだ。総合評価のあり方、及び証拠構造分析の要否・方法についてもそうである。

しかし、今や白鳥・財田川決定から30年近くが経過しようとしており、この間、最高裁も証拠の明白性判断に関し判断を積み重ねてきている。これに伴い、多様な解釈を生む余地があった白鳥・財田川決定の意味も、最高裁の中では絞り込まれつつある。したがって私たちは、「判例理論における白鳥・財田川決定」を把握し、それに対する評価をしなければならない。ところが、このような評価は必ずしも全面的再評価説・証拠構造論の立場から十分になされていない。

例えば川崎英明は、白鳥・財田川決定につき、明白性判断は確定判決の事実認定に対する合理的疑いの有無の判断であり、この判断は確定判決の証拠構造に即して旧証拠の全面的再評価の上に新証拠を加えて行う総合評価によるべきことを示したと解し、近年の第5次名張決定や尾田決定を、確定判決の事実認定を支えた決定的証拠が破綻したときに総合評価により有罪認定を維持するものと批判し、白鳥・財田川決定に依拠することにこそ今後の救済の道があると論じている[11]。

しかし、最高裁の諸決定の中に矛盾はないと考えるのが判例研究の基本であるから、「逆転した総合評価」の手法が判例変更なくとられた以上、「判例理論における白鳥・財田川決定」は、「逆転した総合評価」を許容するもの、すなわち、確定判決の証拠構造が動揺すればそれだけで明白性が認められるという意味での証拠構造論は採用していないと解さねばならない[12]。白鳥・財田川決定を矮小化したことに対する批判は可能だが、白鳥・財田川決定に依拠して、証拠構造論を適用させ、係争中の裁判を適正化させることは、もはや不可能、もしくは、著しく困難になった、と言わざるをえない。実務における白鳥・財田川決定は「判例理論における白鳥・財田川決定」だからである[13]。

　前述のように、総合評価のあり方および証拠構造論に関する議論は、判例解釈という形をとってなされることが多い。錯綜した議論が続く中、その混乱を解きほぐすためには、白鳥・財田川決定のみならず、これまでの再審に関する最高裁決定全てを見渡した、現時点における「判例理論」を抽出し、それに対する評価という形で判例評釈のアプローチを統一させる必要がある。

(2)　判例理論における総合評価のあり方

　それでは、判例理論において総合評価のあり方はどのように捉えられているか。

　この点、白鳥決定以降、最高裁は繰り返し全証拠を総合評価すると述べ続けている。白鳥決定では「明らかな証拠であるかどうかは、……当の証拠と他の全証拠と総合的に評価して判断すべき」と述べ、財田川決定では白鳥決定を引用し、第5次名張決定では「再審請求後に提出された新証拠と確定判決の言い渡された第二審で取り調べられたその余の全証拠とを総合的に評価した結果として、確定判決の有罪認定につき合理的な疑いを生じさせ得るか否か」を問題とし、実際に「新旧全証拠を総合して検討」したと述べている[14]。

---

[11] 川崎英明『刑事再審と証拠構造論の展開』(2003年、日本評論社) 40～45頁参照。
[12] このように書いたところ、「実証性に欠ける」との批判を得た (冨田真「刑事再審における明白性判断の構造」小田中聰樹先生古稀記念論文集『民主主義法学・刑事法学の展望 上巻』〔2005年、日本評論社〕383、405頁)。次節および次々節の叙述を無視した批判でないとすると、申し訳ないが、私には意味がわからない。
[13] 同じ視点に立ったうえで「白鳥・財田川決定に依拠しない証拠構造論の展開が必要」とする見解として、石塚章夫「[書評]川崎英明『刑事再審と証拠構造論の展開』」法律時報76巻8号 (2004年) 97、98～99頁参照。

第12章　再審請求審における「明白性」の解釈　　279

限定的再評価を最高裁は採用しているとの解釈は文理上無理であり、このことは従来から多くの論者により指摘されてきた[15]。
　もっとも、尾田決定と第6次名張決定については検討の必要がある。尾田決定では、「刑訴法435条6号の再審事由の存否を判断するに際しては、O作成の前記書面等の新証拠とその立証命題に関連する他の全証拠とを総合的に評価し」て判断するとの判示がなされている。限定的再評価説と類似した表現がとられているのである。
　しかし、同決定は「全証拠を総合的に評価」したとも述べており、限定的再評価説を採用したと解することはできない。それでは「立証命題」とは何を意味するか。前記引用部分を注意深く読むと、「O作成の前記書面等の新証拠」という言葉からも示唆されるように、一般的に総合評価のあり方を論じたものではなく、本件における総合評価のあり方を論じたものにすぎないことがわかる。なぜ本件において特別の判示をする必要があったのか。それは、本件が科刑上一罪と認定されたうちの一部（現住建造物放火罪）を問題にしたものだからであろう。つまり、科刑上「一罪」だからといって現住建造物放火以外の部分について検討する必要はないことを注意的に明らかにする必要があったのである。新証拠の「立証命題」とは、「現住建造物放火の部分につき435条6号事由があること」にほかならない。限定的再評価説のいう「立証命題」とは意味が異なるのである。
　第6次名張決定は、旧証拠に新証拠（Aノート）を加えれば申立人に10分間の犯行機会があったとする確定判決の認定には合理的疑いが生じるとの申立人の主張を取り上げて検討を加え、「申立て人に10分間の犯行機会があったとした確定判決の認定には、合理的な疑いが生じる余地はないというべきであるから、その余の点について論じるまでもなく、Aノートが刑訴法435条6号にいう『無罪を言渡すべき明らかな証拠』に当たらないとした原々決定及びこれを是認した原決定の判断は、正当である」と述べている。「その余の点について論じるまでもなく」とのフレーズが用いられていることから、この決定は限定的再評価説に立つとする評価[16]もなされている。

---

[14] 第2次狭山決定（最決平成17年3月16日判時1887号15頁）でも「所論引用の新証拠のほか、再審請求以降において新たに得られた証拠を含む他の全証拠を総合的に評価し」たと述べている。
[15] 最も詳細なものとして、小田中聰樹『誤判救済の課題と再審の理論』（2008年、日本評論社）69頁以下参照。
[16] 判時1781号162頁参照。

しかし、そのように解することはできない。本決定理由は、補足説明が必要と最高裁が判断した、申立人の主張の一部を取り上げて論じているにすぎない[17]。435条6号に該当しないとの原々決定及び原決定の当否を検討した過程全てを書いているわけではないことに注意しなければならない。もともと主張の一部だけを取り上げて補足説明をし、当該主張は認められないと判断しているのだから、「その余の点について論じるまでもなく」と書くのは当たり前なのである。なお、「論じる」の通常の意味は「筋道を立てて物事を説明する」である。「その余の点について説明するまでもなく」ということは、その余の点につき最高裁が検討していることを示している[18]。

以上のように、最高裁が限定的再評価説を採っていることを積極的に示すものはなく、むしろ一貫して全面的再評価を行っていることがわかる。「判例理論における総合評価のあり方」は、全面的再評価なのである。

(3) 判例理論における証拠構造論

尾田決定は、確定判決の認定した事実の一部に合理的疑いが存することを認めながら、「罪となるべき事実の存在そのものに合理的な疑いを生じさせるに至らない限り、刑訴法435条6号の再審事由に該当するということはできない」と判示し、新たに事実認定をし直して、現住建造物放火罪が成立することは明らかだと述べている。判断の対象は、確定判決の証拠構造ではなく、罪となるべき事実そのものであることが明示されたのである[19]。

この尾田決定は、白鳥・財田川決定に反するだろうか。前述のように、尾田決定が判例変更をしていない以上、「判例理論」としては、証拠構造論を採

---

[17] 本決定は、「所論は、……申立て人に一〇分間の犯行機会があったとする確定判決の認定には、合理的な疑いが生じるというので、この点について、職権で判断を加える」と述べている。これまでは三行半か、または、「所論にかんがみ職権をもって調査すると」（財田川決定）「所論にかんがみ職権をもって判断するに」（第5次名張決定）として詳細に検討過程を記す場合しかなかった。

[18] 袴田決定（最決平成20年3月24日〔判例集未掲載〕）には、「この点に関する新旧全証拠を総合しても」というフレーズが登場する。しかし、これも限定的再評価説を採用するシンボルとして理解することはできない。別の箇所で登場する「前記1(2)のとおりの本件における客観的証拠による強固な犯人性の推認」というフレーズからわかるように、新証拠の立証命題に直接関連しない部分についても評価がなされている。

[19] この判断は、その後の最高裁決定においても踏襲されている。第2次狭山決定では「申立人が強盗強姦、強盗殺人、死体遺棄、恐喝未遂の各犯行に及んだことに合理的な疑いが生じていないことは明らかである」と述べている。袴田決定では、「（新証拠は）罪となるべき事実の存在そのものに合理的な疑いを生じさせるものでなければならない」と尾田決定の前述判示を引用したうえで新証拠等の検討に入り、結論として「申立人が本件住居侵入、強盗殺人、現住建造物等放火事件の犯人であるとした確定判決の事実認定に合理的な疑いが生じる余地はない」と断じている。

第12章　再審請求審における「明白性」の解釈　281

らないことは白鳥・財田川決定と矛盾しないことになるのだろう。

　白鳥・財田川決定は証拠構造論を採用しているとの主張が従来根拠としてきたのは、主として決定理由中の「確定判決の事実認定」、「確定判決においてなされたような事実認定」（白鳥決定）、「確定判決における事実認定の正当性」（財田川決定）といったフレーズである。しかし、「事実認定」というフレーズは多義的である。

　私は、財田川決定中の、「確定判決が認定した犯罪事実の不存在の確実性」を要するか、それとも「犯罪の証明が十分でないことが明らかになった」場合でもよいかという問題立てをし、後者が妥当とする論拠として「確定判決における事実認定の正当性についての疑いが合理的な理由に基づくものであることを必要とし、かつ、これをもって足りる」と述べている部分が重要だと思う。「事実認定」という言葉は、あくまでも犯罪の証明の程度という枠の中で用いられているのである。「犯罪の証明が十分」か否かというフレーズは、かつて最高裁が長坂町放火事件判決において、被告人と犯人の同一性に関する証明度を説明するために使用したフレーズにほかならない[20]。裁判所が新旧証拠を総合評価し、確定判決の認定した「罪となるべき事実」の証明があるか否かが明白性判断のテーマである、と財田川決定を解釈することは可能である。

　最高裁諸決定は、「原判決の有罪認定とその証拠関係」「原判決の基礎となった証拠関係」（白鳥決定）、「確定判決の有罪認定とその対応証拠の関係」「確定判決の有罪認定及びその証拠関係」（財田川決定）、「確定判決の事実認定とその証拠関係」（第5次名張決定）というフレーズも使用している。これらは証拠構造論をとっていることを示すようにもみえ、また実際に証拠構造分析を決定理由中に示している。しかし、証拠構造論者も、白鳥決定や名張決定について「証拠構造分析を誤った」とか「証拠構造の組替えや証拠のかさ上げをした」と批判してきた。なぜ証拠構造分析を誤り、なぜ証拠の組替え等をしたのだろうか。最高裁の「証拠構造分析」は犯罪の証明が十分か否かを判断するための一方策にすぎず[21]、明白性の判断対象そのものとして確

---

[20] 最判昭和48年12月13日判時725号104、111頁参照。本件判決は結論として、『疑わしきは被告人の利益に』の原則に従い、公訴事実につき犯罪の証明が十分でないとして、被告人に対し無罪の言渡をすべきものである」と述べ、無罪の自判をしている。なお、本判決と白鳥決定では4人の裁判官、本判決と財田川決定では3人の裁判官が同一である。

定判決の証拠構造を明らかにするために分析しているわけではないからだとの説明ができよう。

このように、「判例理論」としては、証拠構造論は採用せず、「有罪か無罪かという裸の実体判断」を問題にしていると解釈することができる。

(4) 判例からの解放

全面的再評価を行うけれども、あくまでも判断対象は「犯罪の証明があるか否か」だというのが判例理論である。もちろん、このような判例理論は批判されなければならない。

第1に、利益再審しか認めていない現行刑訴法の「無辜の救済」理念を貫徹したものになっていない。

第2に、二重の危険禁止の保障を貫徹するためには、再審の段階でも国家による再度の手続負担を強制してはならず、当該訴因についての再審理にとどまらなければならないが、裸の実体判断を問題にするかぎり、これにとどめることはできなくなってしまう[22]。

第3に、口頭主義・直接主義や、証人審問権等の権利が保障されない決定手続において新たな事実認定をすることはできない[23]。

第4に、当事者主義が採られておらず、訴因変更手続もなく、争点が明確にされることもない場で新たな事実認定をする手続は、不意打ち認定の危険を必然的に内在させ、防禦権侵害をもたらす。

ただ、白鳥・財田川決定に依拠する形でこれらの批判をすることはもはやできない。私たちは別の形で批判を展開しなければならない。しかし、再審理論に関する議論を進展させるという観点からみると、この状況が必ずしも悪いものとはいえないと思う。延々と続く判例解釈論争のループから解放され、新たなアプローチに目を向けることができるからだ。そこで、**2**(3)で指摘した第1と第3の問題をみてみることにしよう。

---

[21] 事実誤認の有無を判断するために控訴審も原判決の「証拠構造分析」をしてそれを判決理由中に叙述することがある。事後審という建前が考慮されているのかもしれないが、実際上も、簡単な証拠構造分析をしておくと、ゼロの状態から記録を読まなくてもよいので、便利という側面もあるのだろう。
[22] 大出良知「再審法理論検討の基本的視点」法律時報55巻10号（1983年）20頁参照。
[23] 松宮孝明「再審請求審と『事実の認定』」竹澤哲夫先生古稀祝賀記念論文集『誤判の防止と救済』（1998年、現代人文社）523頁参照。

4　再審理論の進むべき方向

(1)　判例から解放された理論研究のメリット

　判例に依拠せずに再審のあり方を検討するということは、判例理論を批判し、独自の法解釈論、あるいは立法論を呈示するということである。判例に依拠しないのであるから、実務の動向に肯定的な論者は、「判例はそう言っていない」といった形で反論することができない。当該研究成果を批判するためには、自らの法理論的根拠や価値判断を前面に出さざるをえない。したがって、判例解釈から離れた法解釈論・立法論を進展させることは、再審をめぐる議論の活性化につながることになる。2(3)で述べた第1の問題はかなり解消されると思われる。

　また、判例に依拠しない研究は、従来の帰結を根本的に再検討させることにもなる。「判例理論でない白鳥・財田川決定」に依拠するかぎり、再審請求審を無辜の救済のために運用させるベストの方策は、全面的再評価説と証拠構造論のセットということにならざるをえない。他の方策を探るというアプローチに目が向きにくくなるのである。そこで、議論は必然的に、証拠構造論者どうしの争いの坩堝と化し、非生産的な状況を生み出すことになる[24]。これが2(3)で述べた第3の問題である。判例から解放された研究の活性化は、このような問題を解消させることになる。

　以下、全面的再評価説＋証拠構造論に対し批判的に検討を加え、435条6号に関する法解釈論を試論として呈示してみる。

(2)　全面的再評価説と証拠構造論の問題

　全面的再評価説と証拠構造論のセットは、孤立評価説・心証引継説・疑わしきは被告人の利益に原則の不適用に基づいた白鳥決定以前の実務に対するカウンターとして生み出され、発展してきた[25]。白鳥・財田川決定を登場させたものとして、この理論の歴史的意義は大きい。しかし、そこには限界ないし検討不十分な点もあるように思われる。

　第1に、確定判決の証拠構造を分析するにあたり、何を素材とするか、そ

---

[24] 水谷規男「再審の現代的課題を学ぶ」季刊刑事弁護34号（2003年）66、67頁参照。
[25] 川崎・前掲注11書87～118頁参照。

の素材をどのように分析するかに関する法的ルールが具体的な形で呈示されていない。記録の保存の具合も、判決理由の書かれ方も、事件により千差万別である。いかなる証拠構造論を採るにせよ、原判決の証拠構造を一義的に明らかにするのは困難なのである。このことは、請求審自身が先に心証を形成し、それに基づいて、複数考えられる「確定判決の証拠構造」から、証拠構造の組替えと言われないようなものを選択して決定理由に書いてすませる危険が高いことを意味する。これでは、証拠構造の組替え、証拠のかさ上げを防止するという証拠構造論の目的が果たされない。

　第2に、裁判所に十全な証拠構造分析をさせる手続的担保がない。確定判決が証拠構造分析の過程を決定理由中に記すという法的ルールもなく、証拠構造分析を記さないこと自体を法的に問題とするルールもない。請求人は、裁判所が証拠構造分析を行ったのか、正しく行ったのかを判断するための材料を獲得する保証がないのである。

　第3に、旧証拠の全面的再評価を裁判所に行わせる手続的担保もない。請求審の証拠評価過程を理由中に記すという法的ルールもなく、理由の書き方に関するルールもない。再審請求における上訴審は、通常審において事実誤認の有無を判断する場合と同様、自ら心証を形成し、結論が下級審と同一か否かを問題にしているのが実務の現状であり、この現状を前提とするかぎり、下級審が全面的再評価を行わないこと自体を法的に問題とすることはできない。上級審の規制もできない。請求人は上訴するたびに証拠評価につき全面的に主張を繰り返さなければならないし、自身の主張がどのように考慮されたかを判断するための材料を獲得する保証も一切ないのである。

　このような問題を解消するためには、証拠構造分析の方法に関する研究を精緻に行うとともに、手続的ルールに関する検討を深める必要がある。手続的ルールが整備されないかぎり、結局再審請求における裁判所の判断のブラックボックス化を防止することはできない。私は、通常審における事実認定について同様の問題を指摘し、ドイツ上告審が行っている「あとづけ可能性審査」類似の審査を日本でも導入すべきことを論じている[26]。全面的再評価＋証拠構造論を維持するかぎり、同様の方策は再審請求手続についても必

---

[26] 中川孝博『合理的疑いを超えた証明――刑事裁判における証明基準の機能』(2003年、現代人文社) 111～166、294～306頁参照。

要である。すなわち、確定判決の判決理由は書かれたものをそのままに受け取ること（例えば、証拠評価過程につき記されていない場合には、証拠評価をしていないとみなす）、再審請求手続における決定理由において証拠構造分析及び証拠評価過程を記すべき旨義務付けること、記されたもの自体の当否を上訴審が審査すべきこと、審査にあたっては、確定判決の解読の場合と同様、記されたもの自体をそのままに受け取ること等である。

(3) 試論

このように証拠構造論を強化するというアプローチも考えられるが、これが果たしてベストの法解釈論なのかという疑問は残る。

第1に、再審請求審が決定手続であり、当事者主義構造を持たない以上、手続の適正化には限界があり、通常審における事実認定手続と同等の適正化を図ることは困難といわなければならない。もともと構造上限界のある請求審を「第四審化」（審理の充実化）させることには限界があるし、また、2段階構造の下で請求審の「実体審理」が充実したものになるほど、請求人の負担は増していくというジレンマをもたらす。請求人は、何度も何度も全面的に裁判官を説得しなければならないのである。

第2に、全面的再評価説と証拠構造論のセットは、全証拠を再評価させるという、実質的に有罪・無罪の結論につき心証を抱かせる大きな誘惑材料を裁判官に与えておいて、有罪心証を持ったとしても、確定判決の証拠構造が動揺したならば「無罪を言渡すべき明らかな証拠」ありと判断するという「自制」を求める点において、実質的難点を持っている。どれだけ手続的適正化を図ったとしても、「有罪心証」を持った裁判官に証拠構造論を受け入れさせる最終的担保は、当該裁判官の「自制」であるという点で、証拠構造論は脆弱さを内に抱えている[27]。この脆弱さを取り除くためには、そもそも有罪・無罪という心証を抱かせる契機を与えないような制度が望まれるのではないか。

以上の疑問から、私は、実体判断を極力必要としない、簡易な請求審の実現を目指すべきだと考える。

---

[27] 請求審の判断は「仮の事実判断」であり、事実認定とは区別されねばならないとの主張もある（松宮・前掲注23論文525頁参照）が、同様の問題がある。

このような観点に基づき立法論を今後展開していくことが重要だと思われる。しかし、現行法の解釈という方法により簡易な審理の実現を目指すアプローチも必要だろう。あらためて435条の請求理由をみると、非常に形式的な審査ですむものばかりである。6号だけに重たい審理を要求するのは整合性に欠く。ノヴァ型とファルサ型という違いもあるが、それだけでは、6号にのみ重たい審理を要求することはできない。
　従来、435条6号を解釈する前提として、どのような立場であれ、「証拠から結論」に至るべきと考えてきた。しかし、法をそう読まねばならない論理的必然性はない。反対に「結論から証拠へ」と法を読むことも可能である。つまり、「新証拠は、仮に無罪が言い渡されるとしたらその理由として使用されるものになりうるか」を法は問題にしているとも読める。確定判決よりも軽い刑を認めさせるのに使われうる証拠としてしか評価できないのであれば「無罪を言い渡すべき証拠」ではなく、「軽い刑を言い渡すべき証拠」であって、6号に該当しないということになり、要証事実の存在を疑わせる理由となりうる証拠であればそれは「無罪を言い渡すべき証拠」だということになる。
　「無罪を言い渡し」との規定は、新証拠は「罪とならない、または犯罪の証明がない」ことに関する証拠でなければならず、量刑事実等に関する証拠ではだめだとの、いわば外枠としての条件を示しているにすぎない。再審の入り口で受け付ける新証拠は、無罪、免訴、刑の免除、軽い罪への変更に関するものだけで、それ以外のことを主張するための証拠は受け付けませんよ、ということを6号は示しているにすぎず、そのことを「べき」「明らか」という言葉で強調していると解される。要するに、「無罪を言渡すべき明らかな証拠」とは、新証拠が消極証拠（無罪のための証拠）であることが明らかだということである。
　6号はこのように解することができるし、そう解すべきである。これにより、前述した簡易な審理が実現できるし、435条6号における「非常」性の二重の算入を防ぐこともできる。435条6号は、「非常」救済手続ということで、ノヴァにつき再審請求審で受け付ける事実誤認の種類を制限した規定である。これに加え、さらに解釈を施して何らかの絞りをかける[28]のは、「非常」性の二重の算入と言わざるをえない。この二重の算入を防ぐためには、事実誤認の種類を制限したものにとどめる解釈がなされねばならない。それが私

第12章　再審請求審における「明白性」の解釈　　287

の試論なのである。

　請求審は新証拠の関連性を形式的に審査するだけでよい。「明らかな証拠」が要求されているから、量刑事実等に関する証拠をうっかり許容してしまわないために関連性の有無は厳格に審査しなければならない。しかし、消極証拠であることが明らかになればそれでよいのであり、関連性の程度などを判断する必要はない。それは再審開始後の審理で行うことである。また、新証拠を見ただけでは必ずしも関連性の有無が明らかでない場合には、旧証拠の確認もしなければならないだろうが、その限度においてである。

5　まとめ

　以上、大雑把にではあるが、再審理論をめぐる現状とその問題点、及び、当該問題を克服するためのアプローチについて、思うところを述べた。再審は無辜の救済のためのシステムであることに異論を唱える者はない。このシステムをよりよく作動させるための方策につき、自由な発想に基づく活発な議論が現在求められている。

---

[28]証拠構造論も、解釈により、証拠構造に動揺を与えるという要件を付加して、再審請求に絞りをかけているのである。

第13章
証拠評価をめぐるコミュニケーションの適正化

1 はじめに

(1) 用語法

　本章で用いる言葉のうち、一般的なイメージとは異なる使い方をしているものについてまず説明しておこう。

　第1に、「証拠評価」について。一般的には、裁判所による最終評価のみを指すようにイメージされることも多いが、本章では、当事者等による、証拠評価に関わる意見表明全般を指して使っている。したがって、証拠評価をめぐるコミュニケーション行為には、当事者の弁論等が含まれる。

　第2に、「訴訟関与者」について。ここでは、刑事裁判を問題にする場合には、「被告人、弁護人、検察官、裁判所（官）」、少年審判を問題にする場合には、「少年、付添人、裁判官」を総称するものとして使用している。これらの人々を指す言葉として「訴訟関与者」という言葉を使用するのはやや不適切なのであるが、他に適切な言葉がないので、やむなくこの言葉を使用している。

　第3に、「コミュニケーション」について。この言葉からは、人と人とが直接・間接に対話しているさまがイメージされるかもしれないが、ここでは社会学上の定義の一つである、「刺激に対する反応」というかなり広い意味で使用している。したがって、対話が必ずしも双方向的になされない場合も含まれる。例えば、上級審が原判決の判決理由を批判して破棄自判するという場面では、上級審と下級審の双方向的なやりとりが確保されていないが、原判決理由という刺激に対する上級審の反応として上級審の判決理由の叙述があるという意味で、ここではこのような形態もコミュニケーションとして捉える。

　ちなみに、社会学においては、コミュニケーションという言葉に関し100

以上の定義があるそうである。研究目的に応じて定義が変わるわけである。本章は、証拠評価に関わるさまざまな場面を、場面ごとに分断して検討するのではなく、総合的に考察するという目的を持っているので、このような広い定義が必要となった。このような目的に鑑み、柔軟にこの言葉を捉えていただきたい。

(2) 視点と検討の順序

次に、本章の視点について述べる。近年、事実認定の適正化に関する理論研究は相当進展してきている。特に、事実認定者が適正に事実認定を行うための精神論あるいは心証形成論を中心とした議論から、事実認定を可視化し、当事者による検証可能性及び統制可能性を拡大することを意識した議論へと広がりをみせてきていることには注目される。この動きは、「実体的問題から手続的問題へ」と標語化することができるだろう[1]。

事実認定の適正化論がこのように手続的問題へと軸を移動させることにより、新たに本格的な検討の対象としなければならない領域が生じているように思われる。それは、証拠評価をめぐる訴訟関与者のコミュニケーションのありようである。なぜなら、裁判官・裁判所の証拠評価は訴訟関与者のコミュニケーションを通じてなされるものであるから、その検証や統制もまた、訴訟関与者のコミュニケーションを媒介として行われざるをえないからである。したがって、証拠評価をめぐるコミュニケーションが適正に行われていないのであれば、必然的に、事実認定の適正化は十分に果たされないことになってしまうわけである。

そこで本章では、まず、訴訟関与者による証拠評価のコミュニケーションの現状を実証的に明らかにしたい（**2**）。次に、現在生じている問題を解決するための理論的軸を検討する（**3**）。最後に、その軸をもとに、具体的方策につき、立法論、解釈論、運用論それぞれのレベルにおいて一定の提案を行いたい（**4**）。

---

[1] 中川孝博「情況証拠による事実認定に関する試論」大阪経済法科大学法学研究所紀要31号（2000年）89、90頁（本書15〜16頁）参照。

2　証拠評価をめぐるコミュニケーションの現状

(1) コミュニケーション・フェイズ

　それでは、証拠評価をめぐる訴訟関与者のコミュニケーションがどのようになされているのか、現状をみてみよう。まず重要な局面におけるコミュニケーションのパターンを紹介する。次に、コミュニケーションのためのツールの使われ方に注目する。この2つの観点から実務の現状を検証することにしたい。本来ならば、検証の方法も含め、その過程をつぶさに示さなければならないのであるが、ここでは、ごく大雑把に結論しかお示しすることができない。詳細については、注に掲げた文献をご覧いただきたい。

　それではコミュニケーション・パターンの問題から始めよう。訴訟関与者のコミュニケーションが重要となる局面としては、3つ挙げられる。上級審裁判官と下級審裁判官による裁判書を通じたコミュニケーション、当事者と裁判官による、弁論と裁判書を通じたコミュニケーション、そして当事者どうしによる、弁論の応酬を通じたコミュニケーションである。順に見ていこう。

　第1に、上級審と下級審の裁判書を媒介としたコミュニケーションである。原判決や原決定と上級審の裁判書との間で証拠評価が分かれる場合がある。上級審は下級審の証拠評価を批判することになるが、その際には、一刀両断型、すなわち、原審の証拠評価にいかなる問題があったのかを具体的に論証することなく上級審の証拠評価および結論を提示し、正当だと述べるものが多い[2]。このことは、判決理由の叙述をマトリックス化するとよくわかる。例えば、少年事件であるいわゆる御殿場事件における抗告審決定では、被害者か否かが争われている人物の証言の信用性評価をめぐり、当該証人の一定の行動を不合理と評価した原決定に対し、「不合理であるとはいえない」とだけ述べたうえで、原決定に対し、「独自の価値感を前提とするもので……首肯し難い」と断じている。その他にも、問題のあるパターンはいくつか指摘できる[3]。

　第2に、当事者と裁判官のコミュニケーションをみてみよう。周知のとお

---

[2] 中川孝博『合理的疑いを超えた証明——刑事裁判における証明基準の機能』(2003年、現代人文社)26〜85頁参照。
[3] 中川孝博「抗告審における『事実認定の適正化』」葛野尋之編『少年司法改革の検証と展望』(2006年、日本評論社)256、261〜268、276〜290頁(本書248〜255、262〜275頁)参照。

り、裁判書は、当事者の主張に対し、先ほどのような一刀両断型で応じたり、当事者の主張を具体的に示したりすることすらせず自身の結論のみを述べる「独白型」が多くみられる。そのため、当事者は、原審の裁判書に依拠して新たな論戦を展開することが十分にできず、控訴審では一審と同じ争いを再び全面的に反復しなければならなかったり、一審判決理由中の叙述の意味について争わねばならなかったりするという無駄が生じている[4]。

第3に、当事者同士のコミュニケーションはどうだろうか。ここでも、反対当事者の主張や公判廷での攻防のありようを反映させることなく「独白型」の主張をする場合がみられる。例えば、いわゆる道頓堀事件では、ある目撃者が検面調書で述べた内容と公判廷で証言した内容が異なっているにもかかわらず、両者をひとくくりにして、当該目撃者の供述には信用性があると簡潔に述べた論告要旨が提出された。弁護人は、両者をまとめて論じること自体がおかしいという批判から弁論要旨を書かねばならなかった。一審判決は無罪だったが、その理由中で、両者の供述内容が異なることが明示されたため、検察官は控訴趣意書において、両者をひとくくりにせずに、具体的かつ詳細な検討を始めた。本来一審で済ませておくべきであった主張の交換がようやく控訴審でなされるに至ったわけである[5]。このように、当事者の主張を一審の段階で十分に絡ませておかなかったために、無駄・混乱、被告人の無用な手続負担といった現象がみられているところである。

このように、証拠評価をめぐる訴訟関与者のコミュニケーションは、重要な局面において、いずれも「一刀両断型」や「独白型」が猛威をふるっている現状にある。このような現状は、検証可能性および統制可能性という視点からみると、決して望ましいものとはいえない。これらのコミュニケーション・パターンが、事後検証可能性や統制可能性を大きく妨げるものであることは明らかである。

(2) コミュニケーション・ツール

次に、コミュニケーション・ツールについてみてみよう。周知のように、証拠評価のあり方については、主観的・直感的方法と客観的・分析的方法が

---

[4] 中川孝博「証拠評価をめぐるコミュニケーション研究序説」『光藤景皎先生古稀祝賀論文集下巻』(2001年、成文堂) 601、614〜623頁 (本書139〜145頁) 参照。
[5] 中川・前掲注4論文607〜621頁 (本書133〜144頁) 参照。

対置され、検証可能性および統制可能性を担保する手段としては後者が妥当と考えられることから、概ねこちらの方法が承認される傾向にある。この客観的・分析的証拠評価方法がうまく機能するためには、検証および統制のツールとして、注意則や論理則といった準則が充実している必要がある。

しかし、残念ながら注意則は現在のところ発展途上の段階にある。また、論理則も「一刀両断型」のコミュニケーション・パターンと相まって、無視されることが多い[6]。実務においては、確度の高い注意則よりも、検証あるいは反証可能性の低い、確度の低いものが多用される傾向にある。例えば、自白の信用性評価の場面においては、体験供述性というような、これまでの注意則研究が「重視すべきでない」と警告を与えているものが使用される頻度が高いという状況である[7]。

これらの検討からは、コミュニケーション・ツールが、未開発か、あるいは十分に活用されないというのが現状であって、検証可能性および統制可能性を担保する手段として十分に機能していない場合が多いことが示唆されるのである。

(3) 小括

以上の検討結果をまとめてみよう。証拠評価に関し、実務において行われているコミュニケーション・パターン及びコミュニケーション・ツールは、当事者による検証可能性、及び当事者による統制可能性の確保という観点からみるならば、決して満足のいくものではない。被告人や少年は、検察官や裁判所の証拠評価によって、誤判という結果をもたらされ、かつ、十分にコミュニケートすることができないために十全に手続に参加できないという、二重の被害を受けているということができるだろう。

しかし、証拠評価に関するコミュニケーション不全という状態を法的にどう捉えるべきかについては、必ずしも検討が十分になされてきていない。もちろん、このような状況に対し不満を訴える被告人、少年、弁護人、付添人は多数いる。それに対応して、十分なコミュニケーションをなすことが望まし

---

[6] 中川・前掲注1論文102〜108頁(本書26〜32頁)、同「情況証拠による事実認定——札幌地判平13・5・30」法学セミナー570号(2002年)112頁、同・前掲注3論文265〜266頁(本書252〜253頁)、同・前掲注2書295頁注1参照。

[7] 中川孝博「自白調書の信用性評価に関する試論」村井敏邦編『刑事司法と心理学——法と心理学の新たな地平線を求めて』(2005年、日本評論社)147、157〜165頁(本書78〜86頁)参照。

いといった趣旨の叙述も論文や教科書等でなされることは多かったと言えるだろう。しかし、証拠評価をめぐるコミュニケーションが事実認定の適正化にダイレクトに結びつく問題だと捉え直すならば、「望ましい」といった程度の主張にとどめておくことが妥当でないことは明らかである。あらためて、証拠評価をめぐるコミュニケーションそれ自体の法的意義を具体的に検討する必要がある。

3 コミュニケーション適正化の法的指標

(1) 当事者主義

　以上のような現状認識および問題意識を踏まえたうえで、コミュニケーションの適正化を図るための法的指標を何に求めるかについて検討を進めることにしよう。
　証拠評価をめぐるコミュニケーションの適正化が事実上問題にされてきたとはいえ、法的問題としては必ずしも捉えられてこなかった背景には、少なくとも刑事裁判の領域では、当事者主義に対する一般的理解のされ方があるように思われる。
　第1に、当事者の意見は「真実発見のための有益な参考意見」として捉えられている。したがって、意見を言わなかったとしても特に支障はないということになる。実際、検察官の論告は必要的でないとするのが判例である[8]。このような理解を前提とすると、当事者のコミュニケーションが円滑に行われなかったとしても、それ自体を法的に問題にする余地はないということになりそうである。
　第2に、事実認定は裁判所の専権事項であるという理解が一般的である。当事者の意見が参考意見としてしか扱われないのもそのためである。
　第3に、控訴審や抗告審の審査という場においては、上級審が下級審の誤りを正すという側面が前面にでてくるため、そもそも当事者主義というポリシーがどこまで妥当するのかということ自体が問題とされてしまう状況である。
　このように、当事者による証拠評価の統制というポリシーは理論的にそれ

---

[8] 最判昭和29年6月24日刑集8巻6号977頁参照。

を担保する安定した拠り所がなかったという状況にあったように思われる。

(2) 当事者主義を発展させる最近の議論

　これに対し、当事者主義という概念自体を再構成し、事実認定に関する当事者の統制可能性を極大にしようとする見解が最近あらわれてきており、注目される。この見解は、「事実認定の領域を当事者主義の規制が及ばない職権主義の支配領域と化す結果となる」ことを避けるために、検察官に対し訴因の立証にあたって証拠構造を提示することを要請し、裁判所の事実認定はそれに拘束されることを主張する[9]。あるいは、当事者主義的な事実観や公正な裁判という概念に依拠し、類似の主張をする見解もある[10]。

　これらの見解は注目されるべきであるが、現行法の枠組みの中でこれらの主張を組み込むことができるかについては、私にはよくわからないところもある[11]ので、ここでは、事実認定は裁判所の専権事項であるという建前を変更することなく、事実認定を当事者が統制できるような理論を構築するアプローチを追求してみよう。

　そのためには、多義的な「当事者主義」というマジックワードをさしあたり使用せずに検討を進めることが有益だと思われる。抽象的・多義的な「当事者主義」概念を用いて理論構成するのではなく、証拠評価をめぐるコミュニケーションの適正化がなぜ必要とされるのか、当事者主義という言葉を使用することによって確保を図ろうとされている被告人の実質的利益は何であるかを具体的に抽出し、その利益が権利として認められるべきか、そしてどのような権利として認められるべきなのかを明らかにする作業が必要だと思うのである。このような方法によって、当事者主義構造をとっていない少年審判における少年の利益についても共通の土俵で論じることができるようになる。

---

[9] 川崎英明『刑事再審と証拠構造論の展開』(2003年、日本評論社) 223〜226頁参照。
[10] 豊崎七絵『刑事訴訟における事実観』(2006年、日本評論社) 358〜359頁参照。
[11] 本章は日本刑法学会第84回大会における報告を文章化したものであるが、大会当日、この点につき説明を求められた。以下のようにお答えした。「論者らは挙証責任が検察官にあること等を理由に証拠構造の主張を検察官に義務付けようとしているが、挙証責任の対象となるものは『要証事実』と従来考えられてきたのであるから、それを超えて証拠構造まで挙証責任が問題となると主張するのであれば、それ自体論証が必要であろう。このような主張が成立するためには、つまるところ、『審判対象は訴因および証拠構造である』という必要があると思われるが、そのような主張を裏付けることができる実定法上の手がかりはない、と私は考えている」。

(3) 証拠評価をめぐる適切なコミュニケーションを必要とする理由

それでは早速、そのような作業に取りかかることにしよう。証拠評価をめぐるコミュニケーションの適正化を図ることによって被告人や少年にどのような利益が具体的に確保されるのかについては、検討の手がかりを与える素材が近年提供されているので、その紹介から入ることにしよう。

検討の手がかりを与える素材とは、2000年の少年法改正時における検察官関与の当否をめぐる議論である。周知のように、非行事実の認定にあたり検察官関与が必要だとの声をあげたのは家庭裁判所裁判官であった。少年と対峙的状況に陥る場合があり、それを避けるために検察官関与が必要だというのがその理由の一つであった。この理由を挙げる裁判官は、少年の声をただ聞くだけでは真相の解明にならないことを強調した。他方、この理由に否定的な裁判官は、少年の声に真摯に耳を傾けることの重要性を強調した。このように、議論はすれ違いに終始したまま法改正がなされたのであるが、本来議論されねばならなかったのは、そもそもの前提として、「少年の声を聴く」ということはどういうことか、どのような条件を満たしたならば少年の声を聴いたことになるのか、だったはずである。

この点に関し、近年の少年法研究は、「少年の声を聴く」ということは、少年の有する意見表明権を保障することだと法的に位置づけ、実証研究等を通じて、どのような条件を設定すれば意見表明権を保障したことになるのかを明らかにしつつある[12]。以下の点が重要である。

第1に、裁判官は、主張しやすい環境整備をしなければならない。例えば、「はい、主張しなさい」というだけでは意見表明権を保障したことにならない。主張すること自体が困難な少年一般に対し、主張しやすいような質問を工夫するなどの方策をとることが求められている。

第2に、少年の主張をコンテクストどおりに聴かねばならない。コンテクストどおりに聴くとは、記録検討により構成した裁判官自身の物語はいったん脇に置き、少年の物語それ自体に耳を傾けることを意味する。裁判官の物語枠組みを維持したまま聴くことは、少年の言葉の意味解釈を誤らせる危険を高く有しているので、これでは少年の話を聴いたことにはならない。

第3に、少年の主張を聴き、吟味したことを少年に示すことが必要である。

---

[12] 詳しくは、中川孝博「少年審判における『事実認定の適正化』」葛野編・前掲注3書74頁（本書第8章）参照。

結論がいかなるものであれ、少年の声をしっかりと聴いていることを少年自身が実感することによって、はじめて少年はそのプロセスにおいて自身が尊重されているという感覚を得ることができるわけである。

以上のような条件を整えることによってはじめて少年の意見表明権が保障されたということになるわけであるが、このような条件が要請されるのは、意見表明権という権利が、手続過程における少年自身の主体性を確保する手段、あるいは、個人の尊厳を確保する手段として捉えられ、かつ、自らを成長発達させるためのツールとして捉えられているからである。訴訟関与者に意見を聴いてもらえなかったり、聴き、かつ考慮したことを示してもらえなかったりすることは、個人の尊厳が侵害されることを意味するわけである。

このように、少年審判のフィールドにおいては、主張を聴き、吟味したことを示されることなどが個人の尊厳の確保にあたって不可欠であることが承認されようとしている。このような理解を前提にしたうえで、あらためて刑事裁判のフィールドを振り返ってみると、被告人が十分な主張をできないこと、そして主張をしたとしてもそれを十分に考慮したことが示されないということが個人の尊厳を侵害するという点は、検察官送致された後の少年の審理については言うまでもないことであるが、それを超えて、成人の審理についても承認すべきように思われる。確かに、成人の被告人については、訴訟の場において意見を述べることによって自らの成長発達に資する権利があるということはできないかもしれない。その意味で、子どもの権利である「意見表明権」を、そのままの形で成人にも認めよという主張をすることは困難である。しかし、終局裁判の結果を自己決定することができない被告人が、それまでに至るプロセスにおいて主張を無視されるなどすることによって主体性を害され、個人の尊厳を傷つけられているという点それ自体については、少年の場合と同様、成人に対してもいまや法的に承認されねばならないだろう。

このようにして、成人の刑事裁判において主張を無視したりすることは、「望ましくない」という程度の取り扱われ方にとどまってよいものではなく、個人の尊厳を傷つけるものとして、すなわち憲法上の具体的権利を侵害するものとして把握されるべきだと考えるべきだろう。個別の事件においてさまざまな被告人・弁護人が示してきた不満・怒り・悲しみは、少年法研究の進展を通じて、法的救済を必要とする法的権利侵害状態として捉えられるべき

時期が来ているように思われるのである。

(4) 適切なコミュニケーションが確保される利益の具体的権利化

　以上の検討の結果、証拠評価をめぐるコミュニケーションの適正化は、憲法13条を淵源とする権利を保障するポリシーを表明するものだということが明らかになった[13]。事実認定の適正化、そして事実認定の検証可能性及び統制可能性の確保という目標も、誤判の防止という目的のみによって唱えられていると解すべきではなく、いまや、事実認定に関する手続に加わることを強制された被告人及び少年の当該手続過程における主体性及び個人の尊厳確保という目的を達成するための手段と捉えるべきであることが明らかになったように思われる。この権利は、憲法31条以下の規定を通じて手続的権利として構成されることにより、個別具体的な諸権利の再構成、あるいはその内実の具体化を迫るものとなるだろう。

4　証拠評価をめぐる適正なコミュニケーションが確保される権利を保障する方策

(1)　コミュニケーションの充実化による権利保障

　それでは、以上の考察によって得られた理論的軸をもとに証拠評価をめぐるコミュニケーションを適正化する方策についていくつか検討してみよう。
　第1に、当事者の主張どうしというフェイズに関連して、論告は必要的と解されるべきであり、かつ、内容も規制されるべきである。刑訴法293条1項の「意見を陳述しなければならない」という規定を、訓示規定と捉えるべきではない。刑事裁判という当事者主義的訴訟構造のもとでは、検察官の主張に対する応答という形で被告人が主張するのが原則となる。したがって、論告の内容も、「独白型」であってはならず、被告人が十分に反論できるよう、審理の経過を十分に反映させた「対話型」でなければならない。そうなっ

---

[13] 憲法13条は根拠として漠然としており、当事者主義という概念に依拠するアプローチと大差ないのではないかという質問が大会当日になされた。これについては、次のようにお答えした。「当事者主義という概念は多義的で曖昧なのに対し、憲法13条それ自体は曖昧ではない。問題はあてはめの当否にすぎない。現実に起こっている問題を13条によって救済されるべきものとして承認するか否かに関する議論は、実証研究を積み重ねることによって行われる。反証可能性・検証可能性が高い、開かれた議論を行うことができるという点で、憲法13条の問題として捉えるほうが合理的である」。

ていない論告に対し、裁判所は、補正を命ずるなどの措置をとる必要がある。また、被告人側の最終弁論を行うにあたっては、検討のための準備期間が確保されねばならない。

同様のことは、控訴趣意書と答弁書によるコミュニケーション等についても言うことができるが、同じように考えればよいので、詳細は省略する。

第2に、当事者と裁判所あるいは裁判官というフェイズに関連して、心証開示の義務化が果たされねばならない。事実認定が裁判所の専権事項であるという建前を維持しつつ、不意打ち認定による阻害を防止するためには、検察官の主張と異なる証拠評価をする可能性がある場合には、刑訴規則208条1項の求釈明を通じ、それについて常に被告人に対し意見を主張する機会を与えねばならない。

同様のことは少年審判においてもいえる。付添人とのコミュニケーションや少年とのコミュニケーションにおいて、裁判官は、どのような記録に基づきどのような認定をしようとしているかが少年にわかるようにしなければならない。十分な心証開示のないままされた非行事実認定は、それ自体、決定に影響を及ぼす法令違反とみなされるよう解釈される必要がある。

第3に、同じく当事者と裁判所あるいは裁判官というフェイズに関連して、証拠説明は原則義務化されるべきである。これは、被告人や少年の意見を吟味したことを示すために必須のものであるし、また、不服申立てをする際に意見を主張するための拠り所となるという点においても不可欠のものとなる。したがって、記載されるべき証拠説明の内容は、当事者の主張に正面から対応するものでなければならないし、有効なコミュニケーション手段を奪うことのないように、注意則・論理則を正しく使用していることを明示するものでなければならない。以上の命題は、さしあたり刑訴法44条の解釈論として提案する[14]が、立法化が望ましいことはいうまでもない。

第4に、コミュニケーションを不全にしないために、コミュニケーション・ツールをより充実化させなければならない。コミュニケーション・ツールとしての注意則を発展させようとするならば、2点につき注意が必要である。まず、従来のような、事実認定をする裁判官をもっぱら名宛人とした、裁判官の心構えとしての注意則を作るという発想から離れるということである。このような注意則は、それに従ったことを裁判官が判決理由中で論証することもできず、また当事者も十分に検証できないものになりがちである[15]。そ

のようなものを連ねていくのではなく、事実認定を検証し、統制するツールが必要であることを自覚した研究を行うことによって、最近停滞気味である注意則研究が再び進展の道を歩み始めることになるだろう[16]。

　また、特に論理則違反につき、どのような書き方をしたら論理則違反になるのか否かがわかるような、実証研究を通じた判決理由の書き方注意則とでもいうべきものの生成が必要である。論理則に違反した判決理由の叙述は、裁判所自体が意識せず書かれる場合が多いと思われるから、この点に関する注意則が必要となるだろう[17]。

　第5に、上級審と下級審のコミュニケーションというフェイズに関連するが、コミュニケーションが適正になされること自体を担保させようとするならば、控訴審では、事実認定に関する判決理由の審査を、事実誤認の判断とは別のフィールドで行うべきである。事実誤認というフィールドでは、控訴審の心証が先に立ち、それとの比較で原判決の当否を判断するという方法を防ぐことができないため、コミュニケーションが適正になされたか否かそれ自体が見過ごされがちになることを否定できない。したがって、判決書のみを審査資料とし、それ自体に注意則違反・論理則違反がみられるか否かを審

---

[14] 大会当日、証拠説明の要求は実定法上の根拠に乏しいという意見が示された。これについては、本文でも触れたように刑訴法44条の解釈によって対応可能だとお答えした。この解釈の詳細は、中川・前掲注2書299〜306頁参照。また、裁判員による裁判においては従来行われてきたような詳細な判決理由を要求できないのではないかという意見も示された。これについては、次のようにお答えした。「裁判員制度のもとにおける判決理由に関するこれまでの議論には、判決理由の長さと質に関して混乱がある。例えば、従来の判決理由が長大で精密だという前提が置かれているようにみえるが、長いということと精密ということは同義ではない。従来の判決理由には、一方で無駄・混乱が多い（いたずらに長い、とりわけ、合理的疑いが存するとの論証が不必要に長い）ものが多々みられ、他方で当事者の主張には応えない（一刀両断型・独白型）ものが多いのであって、長くはあるが、精密であるとは言い難い。従来の判決理由は、合理的疑いを超えた証明の意義の無理解、および上訴審におけるコミュニケーション・ツールとして判決理由が使用されることの意義の検討不在等に基づくものが多いのであるから、まずそれを正さねばならない。裁判員制度のもとでも事実誤認を理由とする上訴が認められ、その審査において原判決の理由が用いられる以上、事実誤認の有無をめぐりどのような審査がなされるべきか、そのような審査をするために判決理由はどのように用いられるべきかという観点から判決理由の書き方が議論されねばならない。もちろん、これまでの上訴審における事実誤認審査のあり方に関する批判的検討が前提として不可欠である。裁判員制度のもとにおける判決理由のあり方に関する議論には、以上のような視点が欠けている。長大な判決理由である必要はない。質が問題なのである」。この主張がわかりにくいと思われる方は、中川・前掲注2書及び中川孝博「裁判員制度のもとにおける控訴審のあり方」季刊刑事弁護43号60頁（本書第10章）を参照していただきたい。なお、後者の論文について、「裁判員制度のもとでの控訴審は事後審性を徹底し、差戻しを原則とすべき」と説いていると紹介しているものがある（佐藤博史『「裁判員制度と事実認定」の課題』刑事法ジャーナル4号〔2006年〕31、38頁注28、同『刑事弁護の技術と倫理——刑事弁護の心・技・体』〔2007年、有斐閣〕323頁）が、誤解である。事後審性を徹底し差戻しを原則とすることの弊害を説く、すなわち全く逆のことを述べている論文なので、注意されたい。

[15] 例えば、情況証拠による事実認定に関する注意則につき、中川・前掲注1論文90〜95頁（本書15〜20頁）参照。

[16] 中川・前掲注7論文147〜157頁（本書67〜78頁）参照。

[17] 中川・前掲注1論文108〜110頁（本書32〜34頁）参照。

査し、違反がみられれば、刑訴法378条4号により理由不備・齟齬ありとする判決理由審査の場を創設すべきである[18]。

(2) コミュニケーションの軽減化・不要化による権利保障

(1)ではコミュニケーションの充実化による権利保障の方策を考察したが、問題を解決するためには常にコミュニケーションを充実化させねばならないというものではない。コミュニケーションの充実化によってはどうしても問題が解決しない場合はありうる。そこで、そのような場合において、コミュニケーションを軽減化もしくは不要とすることによって個人の尊厳の侵害を防ぐべき領域について最後に検討しよう。

第1に、事実誤認審査における判断基準は片面的に構成されねばならない。刑事裁判であれ、少年審判であれ、合理的疑いを超えた証明があるか否かが実体的基準となるが、合理的疑いを超えた証明という基準は、もともと、論理を尽くすだけでは解決のつかない、我々の限られた認識能力のもとでは水かけ論にしかならない性質の疑いにつき、そのような疑いを抱いた事実認定者がいる場合にはその利益を被告人に与えるというものとして発展したものである。つまり、コミュニケーション不要化による論証負担軽減ツールとしての機能をもともと備えているわけである。そうである以上、無罪判決または非行事実なし決定に対し、論理的に当該疑いを解消できないにもかかわらず上級審がその判断を覆すことはこの基準の趣旨に反するといわねばならない。合理的疑いという言葉を使用して下級審の判断を一刀両断できるのは有罪判決または非行事実ありの決定に対してのみということになる[19]。

第2に、再審請求審における明白性判断の基準についてである。現在活発に行われている議論は、明白性判断における審理の充実化を志向する点において共通するものがあるが、あらためて考えてみると、決定手続という場においては、公開法廷の場における当事者のコントロールが効いた手続と比較すると、どう頑張ってみてもそれと同等の充実化を図ることはできない。無用の負担を当事者に与えないためには、コミュニケーション不要化・軽減化という視点からの法改正がなにより望まれるが、さしあたりは、刑訴法435条6号にいう「無罪とすべき明らかな証拠」とは消極証拠のことだと解釈す

---

[18] 中川・前掲注2書294〜299頁参照。

ることにより、他の号と同等のシンプルかつ形式的審査にとどめることが最適だと思われる[20]。

　なお、前述の判決理由審査制度も、それが事実誤認審査に優先して用いられることによって、一審におけるのと同等の活動が必ずしも保障されない控訴審における被告人の負担軽減に資することになるだろう。

5　まとめ

　本章を振り返る。まず証拠評価をめぐるコミュニケーションに関する実務の現状を検討し、一刀両断型や独白型などの叙述により、いずれのフェイズにもコミュニケーション不全が生じていること、そして、有効なコミュニケーションを行うためのツールである注意則等も十分に機能していないことを明らかにした。

　次に、このような問題を解決するための法的指標として、近年の少年法研究が明らかにしてきた意見表明権の具体的内容及び性格を手がかりに、個人の尊厳という権利に依拠したうえで、被告人や少年がコミュニケーション不全に陥っている状態は、法的権利が侵害されていると把握すべきことを見出した。最後に、このような指標に基づき、適正なコミュニケーションを行い、かつ受ける権利を保障するための方策として、コミュニケーションの充実化による方策と、コミュニケーションの軽減化・不要化による方策とに分けていくつかの提案を行った。拙い検討ではあるが、ご意見・ご批判を賜れば幸いである。

---

[19] 中川・前掲注2書312〜315頁参照。なお、合理的疑いを超えた証明という概念に関する私の主張につき2つの批判が出ているので、この場を借りてお答えしておこう。第1に、合理的疑いを個人的疑いと構成することに対する批判で、上級審を含めた裁判所を構成する者の誰もが疑いを抱かなかった場合、それでも無罪を訴える者にこの理論は正当性を与えないというものである（豊崎・前掲注10書470頁）。「正当性」という言葉の意味をより明らかにしてほしいが、いずれにせよ、私の提唱する理論が有罪判決の無謬性を保証するものでないことは確かである。なお論者は、無罪判決に対する介入については証明論ではなく二重の危険の法理等に照らして批判すべきだというが、これについては一刀・前掲注2書263頁参照。第2に、私が全員一致制を主張していることとの関係で、「控訴審の裁判官が積極的に疑いの不合理性を論証すれば無罪判決を破棄できるのに、なぜ原審の多数派が積極的に疑いの不合理性を論証した場合には無罪判決を妨げ得ないのか」（裁判員裁判の場合もまた同じ）という批判が出されている（内山安夫「事実認定論・その2——証明の方法」村井敏邦＝川崎英明＝白取祐司編『刑事司法改革と刑事訴訟法下巻』〔2007年、日本評論社〕731、756頁）。これに対しては、「人数の多いほうが正しい（不合理でない）意見であるとか、人数の少ないほうが不当な（不合理な）意見であるとかいう前提に立たないとこのような批判は出てこないと思うが、そのような前提に立つべきではない」（中川・前掲注2書283〜284頁参照）というしかない。

[20] 中川孝博「再審理論の再検討」法律時報75巻11号（2003年）22頁（本書第12章）参照。

中川 孝博（なかがわ たかひろ）

[略歴]
1969年生まれ
1993年　一橋大学法学部卒業
1999年　一橋大学大学院法学研究科博士後期課程修了・博士（法学）
2000年　大阪経済法科大学法学部助教授
2004年　龍谷大学法学部助教授
2006年　龍谷大学法学部教授
2008年　國學院大學法学部教授（現在に至る）

[主要著書]
『ドイツ刑事証拠法』（共訳）（1998年、成文堂）
『科学的交通事故調査──実況見分調書の虚と実』（共著）（2001年、日本評論社）
『弁護のための国際人権法』（共著）（2002年、現代人文社）
『合理的疑いを超えた証明──刑事裁判における証明基準の機能』（2003年、現代人文社）
『21世紀の刑事施設──グローバル・スタンダードと市民参加』（共著）（2003年、日本評論社）
『「改正」少年法を検証する』（共著）（2004年、日本評論社）
『刑務所改革のゆくえ──監獄法改正をめぐって』（共編著）（2005年、現代人文社）
『目撃供述・識別供述に関するガイドライン』（共著）（2005年、現代人文社）
『代用監獄・拘置所改革のゆくえ──監獄法改正をめぐって』（共編著）（2005年、現代人文社）
『刑事法入門』（共著）（2006年、法律文化社）
『ケイスメソッド刑事訴訟法』（共著）（2007年、不磨書房）

刑事裁判・少年審判における事実認定
証拠評価をめぐるコミュニケーションの適正化

2008年12月20日　第1版第1刷発行

著　者　中川孝博
発行人　成澤壽信
編集人　北井大輔
発行所　株式会社 現代人文社
　　　　〒160-0004 東京都新宿区四谷2-10 八ッ橋ビル7階
　　　　電話：03-5379-0307（代表）　FAX：03-5379-5388
　　　　Eメール：henshu@genjin.jp（編集）hanbai@genjin.jp（販売）
　　　　Web：www.genjin.jp
　　　　振替：00130-3-52366
発売所　株式会社 大学図書
印刷所　シナノ書籍印刷株式会社
装　幀　加藤英一郎

検印省略　Printed in JAPAN
ISBN978-4-87798-402-1 C3032
©2008　Takahiro NAKAGAWA

本書の一部あるいは全部を無断で複写・転載・転訳載などをすること、または磁気媒体等に入力することは、法律で認められた場合を除き、著者および出版者の権利の侵害となりますので、これらの行為をする場合には、あらかじめ小社または著者宛に承諾を求めてください。

事実認定を適正なものにするために

合理的疑いを超えた証明

刑事裁判における証明基準の機能

中川孝博●著

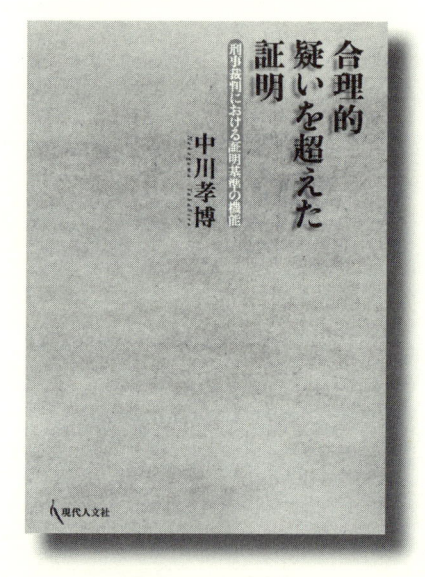

第1章 日本における事実認定審査の現状
第1節 検討の方法
第2節 最高裁の判決理由（1）
第3節 最高裁の判決理由（2）
第4節 控訴審の裁判例
第5節 1審で確定した無罪事例
第6節 日本の裁判例検討総括

第2章 ドイツにおける事実認定審査の現状
第1節 検討の視点
第2節 事実認定審査手続の概要
第3節 あとづけ可能性による事実認定審査
第4節 心証概念による事実認定審査
第5節 ドイツの裁判例検討総括

第3章 英米における「合理的疑い」の機能
第1節 検討の視点
第2節 アメリカにおける証明基準の定義
第3節 「合理的疑い」と評決制
第4節 英米における証明基準の機能総括

第4章 「合理的疑い」をめぐる諸問題の検討
第1節 前章までのまとめ
第2節 心証概念としての「合理的疑い」
第3節 評決制
第4節 事実問題に関する控訴制度
第5節 「合理的疑い」の検討総括

定価 **7,000**円＋税
2003年2月刊　A5判・上製・325頁

現代人文社　〒160-0004 東京都新宿区四谷2-10 八ッ橋ビル7階
電話03-5379-0307／ファクス03-5379-5388／ウェブサイト www.genjin.jp